Finnisch stricken

ISBN 978-3-517-10266-5

1. Auflage

Das Buch ist eine Übersetzung aus dem Finnischen.
First published in 2022 by Otava Publishing Company Ltd.
with the Finnish title **Minun suomalaisneuleeni.**
Published in the German language by arrangement with Otava Publishing Company Ltd., Helsinki.

Copyright und Bildnachweis für die finnische Originalausgabe:
Modelle und Anleitungen: Pirjo Iivonen, Annika Konttaniemi, Niina Laitinen, Katja Makkonen, Merja Ojanperä, Soile Pyhänniska, Anna-Karoliina Tetri, Marjukka Vuorisalo und Minttu Wikberg
Technische Bearbeitung der Anleitungen: Heli Rajavaara
Fotos: Anna Wallendahr, außer S. 132: Teemu Mäkinen
Grafikdesign und Layout: Satu Kontinen

Für die deutschsprachige Ausgabe:
Projektleitung: Vanessa Silbermann
Übersetzung: Andrea Hauss-Honkanen
Redaktion und Lektorat: lesezeichen Verlagsdienste, Köln
Herstellung: Karin Herres
Satz: Satzwerk Huber, Germering
Umschlaggestaltung für die deutschsprachige Ausgabe: Veruschkamia, München, www.veruschkamia.de
Druck und Bindung: Alföldi, Debrecen
Printed in Hungary

MIX
Papier | Fördert gute Waldnutzung
FSC® C010328

Penguin Random House Verlagsgruppe FSC® N001967
www.suedwest-verlag.de

Pirjo Iivonen • Annika Konttaniemi • Niina Laitinen • Katja Makkonen • Merja Ojanperä
Soile Pyhänniska • Anna-Karoliina Tetri • Marjukka Vuorisalo • Minttu Wikberg

Finnisch stricken

Neue Strickmuster für fabelhafte nordische Pullover

Aus dem Finnischen von Andrea Hauss-Honkanen

südwest

Inhalt

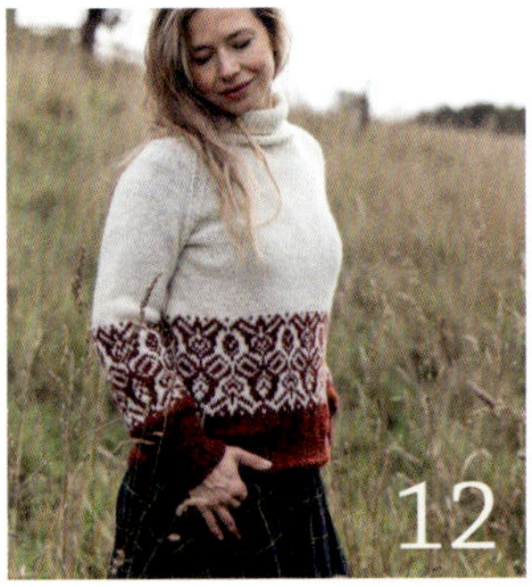

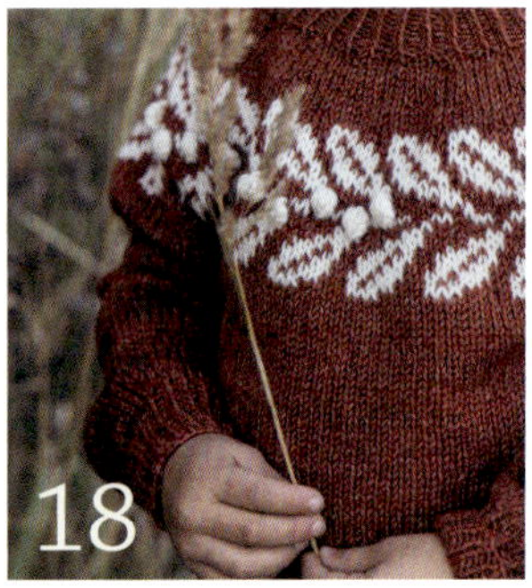

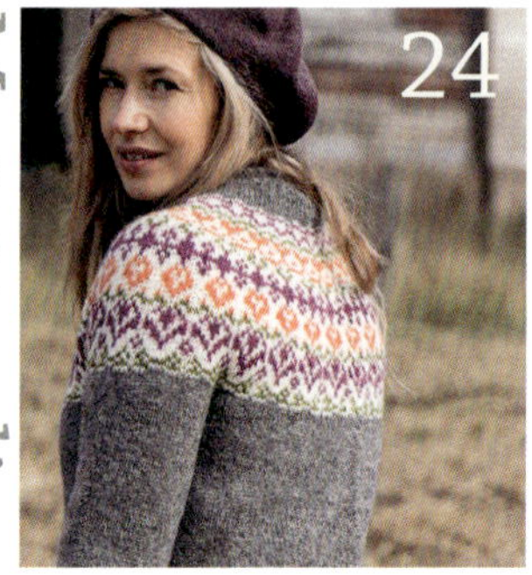

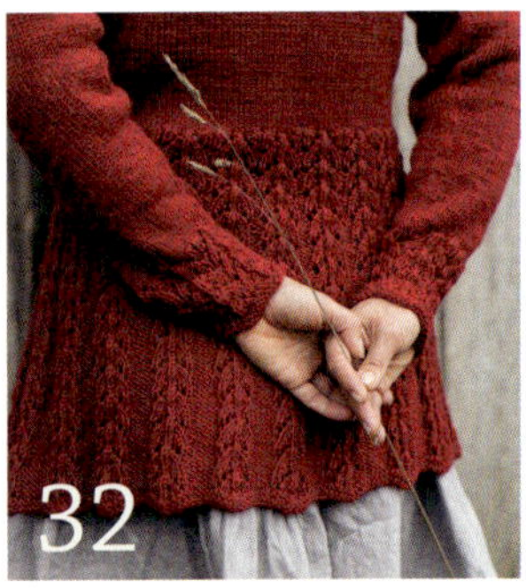

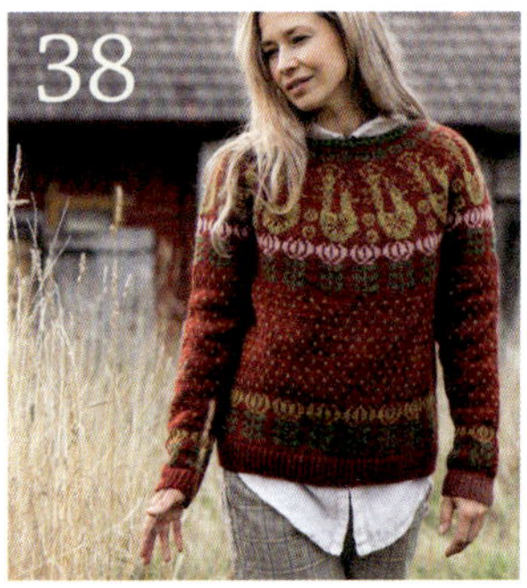

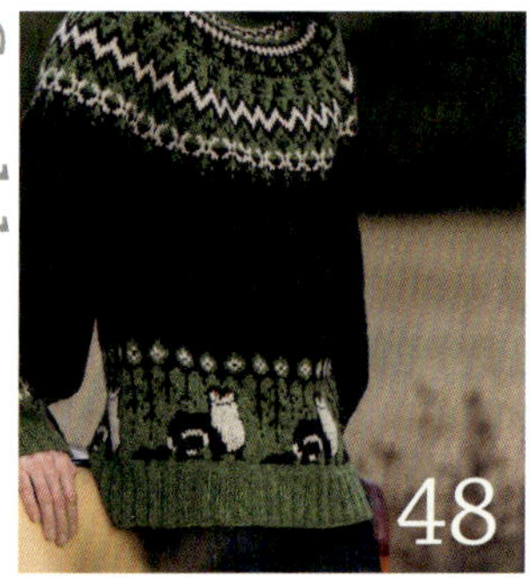

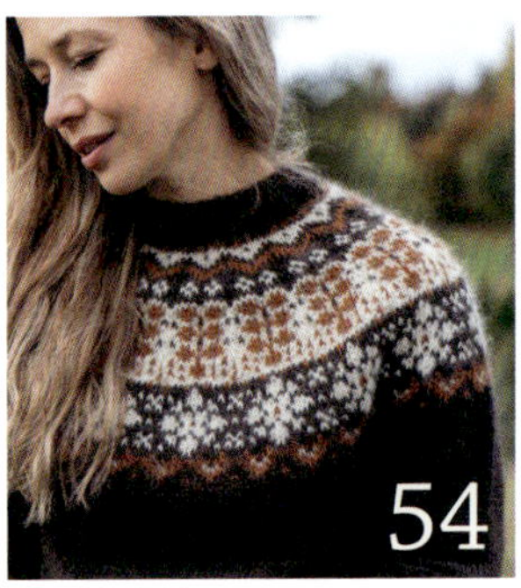

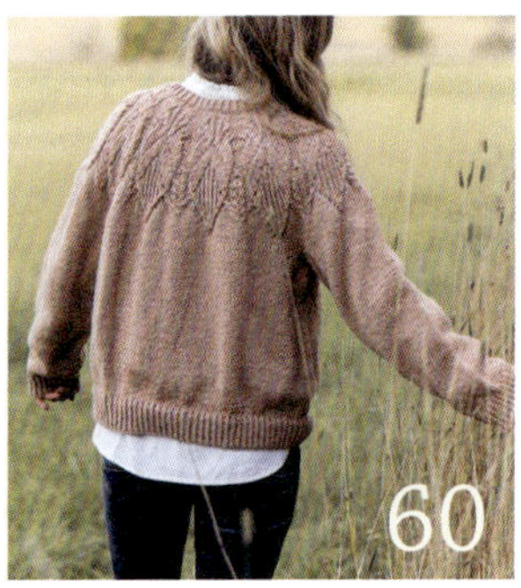

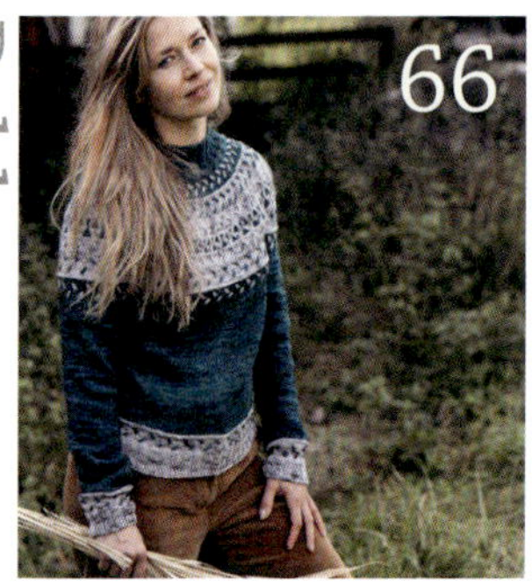

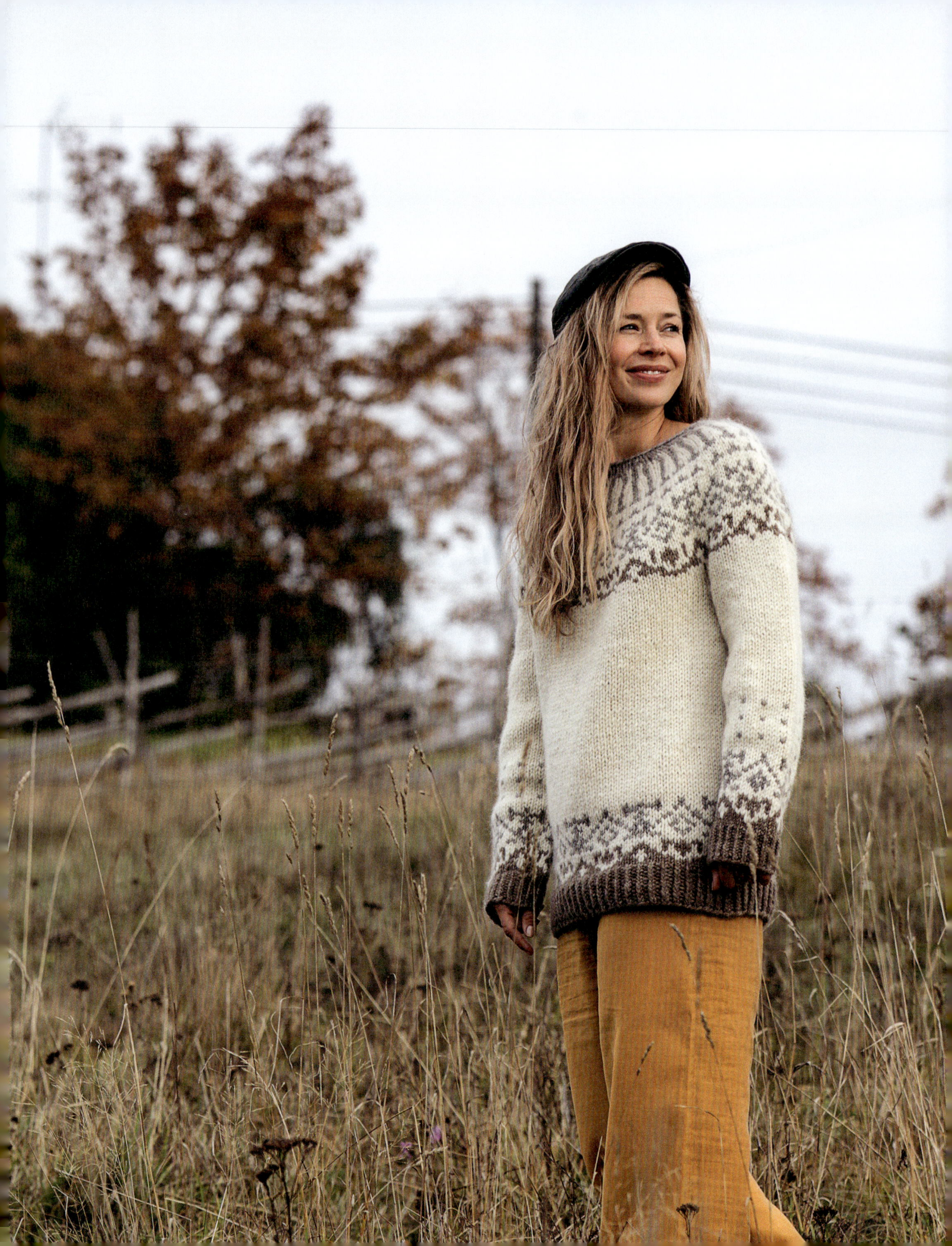

Pullover aus Finnland

Jeder kennt Islandpullover, aber was sind Finnlandpullover?

Neun finnische Designerinnen sind in sich gegangen und haben sich auf ihre Geschichte, Heimat und Traditionen besonnen. Herausgekommen sind Strickmodelle, durch die man die finnische Natur förmlich sehen, hören, fühlen und riechen kann – Wälder, Seen, Sümpfe und Berge, Wiesen und Getreidefelder, Formen und Farben, Licht und Schatten, Geräusche und Stille. Wir spüren eine Vorfreude auf die warme Weichheit und den vertrauten Geruch von Wolle. Beim Stricken können wir zu lieb gewonnenen Erinnerungen, Orten und Landschaften zurückkehren, unseren Geist beruhigen und uns von all der Schönheit verzaubern lassen.

Die Strickwaren in diesem Buch werden hauptsächlich aus finnischer Wolle gestrickt. Die Wollproduktion in Finnland erfolgt in kleinen Manufakturen, da es nicht genug Rohmaterial für eine industrielle Fertigung gibt. Finnische Schafe werden in Familienbetrieben gehalten, wo sie artgerecht in einer Herde leben und sich selbst um ihren Nachwuchs kümmern dürfen. Die Wolle wird in kleinen Spinnereien verarbeitet.
Die hochwertigste Wolle von finnischen Schafen ist sehr weich, fast so weich wie die beliebte Merinowolle. Die Wollfaser ist lang, flexibel und glatt, was sie glänzend und besonders wetterfest macht. Durch die schonende Behandlung behält die Wolle ihr natürliches Lanolin.

Finnische Wolle ist außerhalb Finnlands nicht ganz leicht erhältlich, aber die in der Anleitung angegebenen Garne können durch ähnliche Garne der gleichen Qualität und Lauflänge ersetzt werden. Isländische Wolle zum Beispiel ist eine gute Alternative für Outdoor-Strickwaren, während Lammwolle oder Merinowolle für einen weicheren Griff verwendet werden kann.

Finnische Garnhersteller und Einzelhändler, die ins Ausland liefern mit deutsch- und englischsprachigen Seiten:

englisch:
iloyarn.fi
tititvy.fi/en
tukuwool.com/en
vuonue.fi/en

deutsch:
garnkontor.eu
callingsheep.com
novitaknits.com

UND NUN VIEL FREUDE BEIM STRICKEN!

Abkürzungen und Techniken

* ... *	Die Angaben zwischen den Sternchen wiederholen
1/1 M rvkr	(Zopf über 2 Maschen) 1/1 Maschen nach rechts verkreuzt: 1 Masche auf eine Hilfsnadel nehmen und hinter die Arbeit legen, 1 Masche rechts stricken, die Masche von der Hilfsnadel rechts stricken
1/1 M rvkr/li	(Zopf über 2 Maschen) 1/1 Maschen nach rechts verkreuzt/links: 1 Masche auf eine Hilfsnadel nehmen und hinter die Arbeit legen, 1 Masche rechts stricken, die Masche von der Hilfsnadel links stricken
1/1 M lvkr	(Zopf über 2 Maschen) 1/1 Maschen nach links verkreuzt: 1 Masche auf eine Hilfsnadel nehmen und vor die Arbeit legen, 1 Masche rechts stricken, die Masche von der Hilfsnadel rechts stricken
1/1 M lvkr/li	(Zopf über 2 Maschen) 1/1 Maschen nach links verkreuzt/links: 1 Masche auf eine Hilfsnadel nehmen und vor die Arbeit legen, 1 Masche links stricken, die Masche von der Hilfsnadel rechts stricken
1/2 M rvkr	(Zopf über 3 Maschen) 1/2 Maschen nach rechts verkreuzt: 2 Maschen auf eine Hilfsnadel nehmen und hinter die Arbeit legen, 1 Masche rechts stricken, die 2 Maschen von der Hilfsnadel rechts stricken
1/2 M lvkr	(Zopf über 3 Maschen) 1/2 Maschen nach links verkreuzt: 1 Masche auf eine Hilfsnadel nehmen und vor die Arbeit legen, 2 Maschen rechts stricken, die Masche von der Hilfsnadel rechts stricken
2 M li zus	2 Maschen links zusammenstricken (= 1 Masche abgenommen)
2 M re zus	2 Maschen rechts zusammenstricken (= 1 Masche abgenommen)
3 M re zus	3 Maschen rechts zusammenstricken (= 2 Maschen abgenommen)
2 M re ab/zus	2 Maschen rechts abgehoben zusammenstricken: 2 Maschen nacheinander wie zum Rechtsstricken auf die rechte Nadel heben, sodass das rechte Maschenglied hinten liegt. Zurück auf die linke Nadel legen und von hinten zusammenstricken (= 1 Masche abgenommen)
3 M re ab/zus	3 Maschen rechts abgehoben zusammenstricken: 3 Maschen nacheinander wie zum Rechtsstricken auf die rechte Nadel heben, sodass das rechte Maschenglied hinten liegt. Zurück auf die linke Nadel legen und von hinten zusammenstricken (= 2 Maschen abgenommen)
2 M re überz/zus	2 Maschen rechts überzogen zusammenstricken: 1 Masche abheben, 1 Masche rechts stricken, die abgehobene Masche über die gestrickte ziehen (= 1 Masche abgenommen)
1 M re zun	1 Masche rechts zunehmen: den Querfaden zwischen zwei Maschen aufnehmen und rechts abstricken (= 1 Masche zugenommen)
1 M li zun	1 Masche links zunehmen: den Querfaden zwischen zwei Maschen aufnehmen und links abstricken (= 1 Masche zugenommen)
1 M zun/re	1 Masche zunehmen mit Rechtsneigung: den Querfaden zwischen zwei Maschen mit der linken Nadel von hinten aufnehmen und von vorn das linke Maschenglied abstricken (= 1 Masche zugenommen)
1 M zun/li	1 Masche zunehmen mit Linksneigung: den Querfaden zwischen zwei Maschen mit der linken Nadel von vorn aufnehmen und von hinten das linke Maschenglied abstricken (= 1 Masche zugenommen)

DM	Doppelmasche: Garn vor der Arbeit halten, 1 Masche wie zum Linksstricken auf die rechte Nadel heben. Das Garn über die Nadel nach hinten legen und ziehen, sodass sich eine Doppelmasche bildet. Doppelmasche in der nächsten Reihe/Runde als eine Masche abstricken.
fortf	fortfahren
GF	Grundfarbe
Hin-R	Hinreihe
li	linke/links
M	Masche(n)
MDA	Mittige Doppelabnahme: 1 Masche abheben, 2 Maschen rechts zusammenstricken, die abgehobenen Maschen über die zusammengestrickte Masche ziehen (= 2 Maschen abgenommen, Neigung zur Mitte hin)
MF	Musterfarbe
MM	Maschenmarkierer
MM abh	Maschenmarkierer abheben
MM entf	Maschenmarkierer entfernen
Nd	Nadel(n)
R	Reihe(n)
Rd	Runde(n)
re	rechte/rechts
Rück-R	Rückreihe
rückw. Mitte	rückwärtige Mitte
U	Umschlag (= 1 Masche zugenommen)
verschr	verschränkt (durch das linke Maschenglied abstricken)
ZM	Zählmuster

ABKETTEN MIT KORDELRAND (I-CORD)

2 M re, 2 M re ab/zus, 3 M zurück auf die linke Nadel legen, von * bis * wiederholen, bis noch 3 Maschen übrig sind. Die Maschen gemäß Anleitung abketten.

ITALIENISCHER ANSCHLAG

Vom Knäuel die dreifache Länge des Bündchens abwickeln. Den Faden über Daumen und Zeigefinger der linken Hand legen, der Arbeitsfaden zum Knäuel liegt hinten. Mit der Nadel in der rechten Hand eine Anfangsschlinge bilden: Hinter den Querfaden, runter und außen hoch: Fertig ist die erste (= linke) Masche. Gut festhalten, der Anschlag ist insgesamt instabil, bis die erste Reihe danach gestrickt ist.

Für die nächste re M die Nadel von vorn unter den Daumenfaden, dann von hinten über den hinteren Faden führen und über unten nach vorn durchholen. Für die nächste li M von hinten über den Zeigefingerfaden, in der Mitte hoch, nach vorn über den Daumenfaden, über hinten nach oben durchholen. Nach Belieben die letzte Masche im Kreuzanschlag, dann hält es besser.

Vier Vorbereitungsreihen:
In der ersten Reihe die linken Maschen abheben (Faden vor der Arbeit), die rechten Maschen (ins hintere Maschenglied) stricken.
In der 2.–4. Reihe wieder linke Maschen abheben (Faden vorn), die rechten Maschen normal stricken.

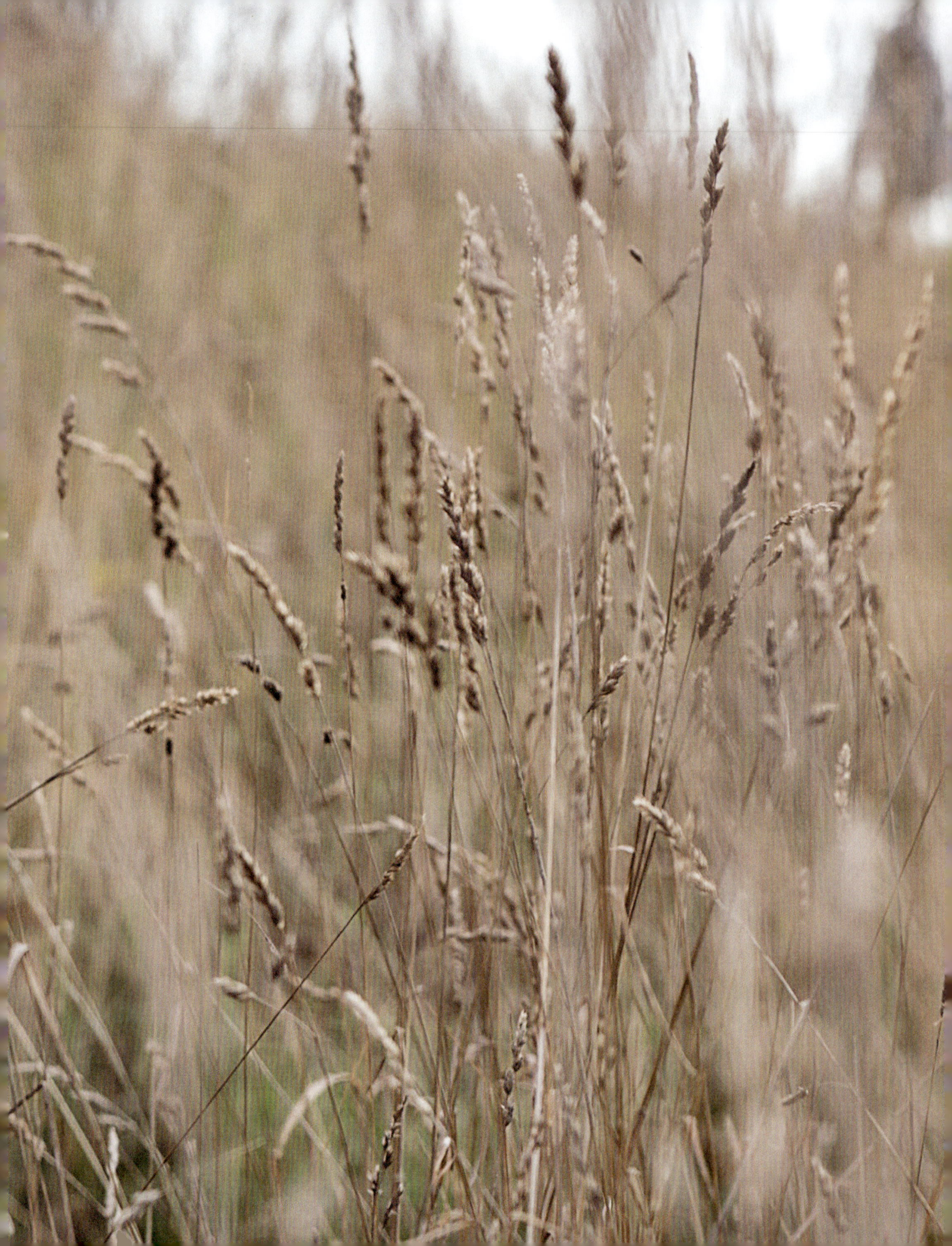

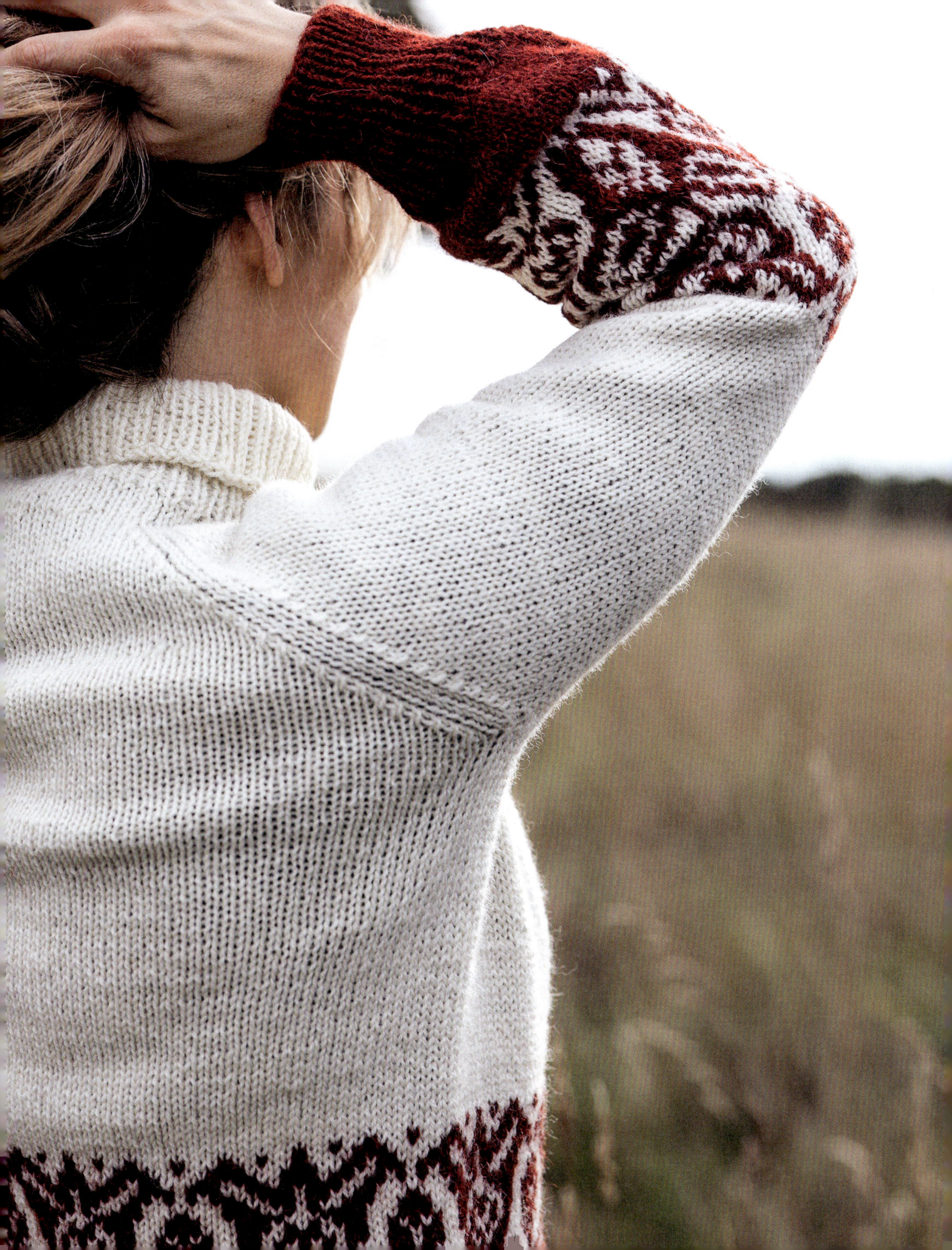

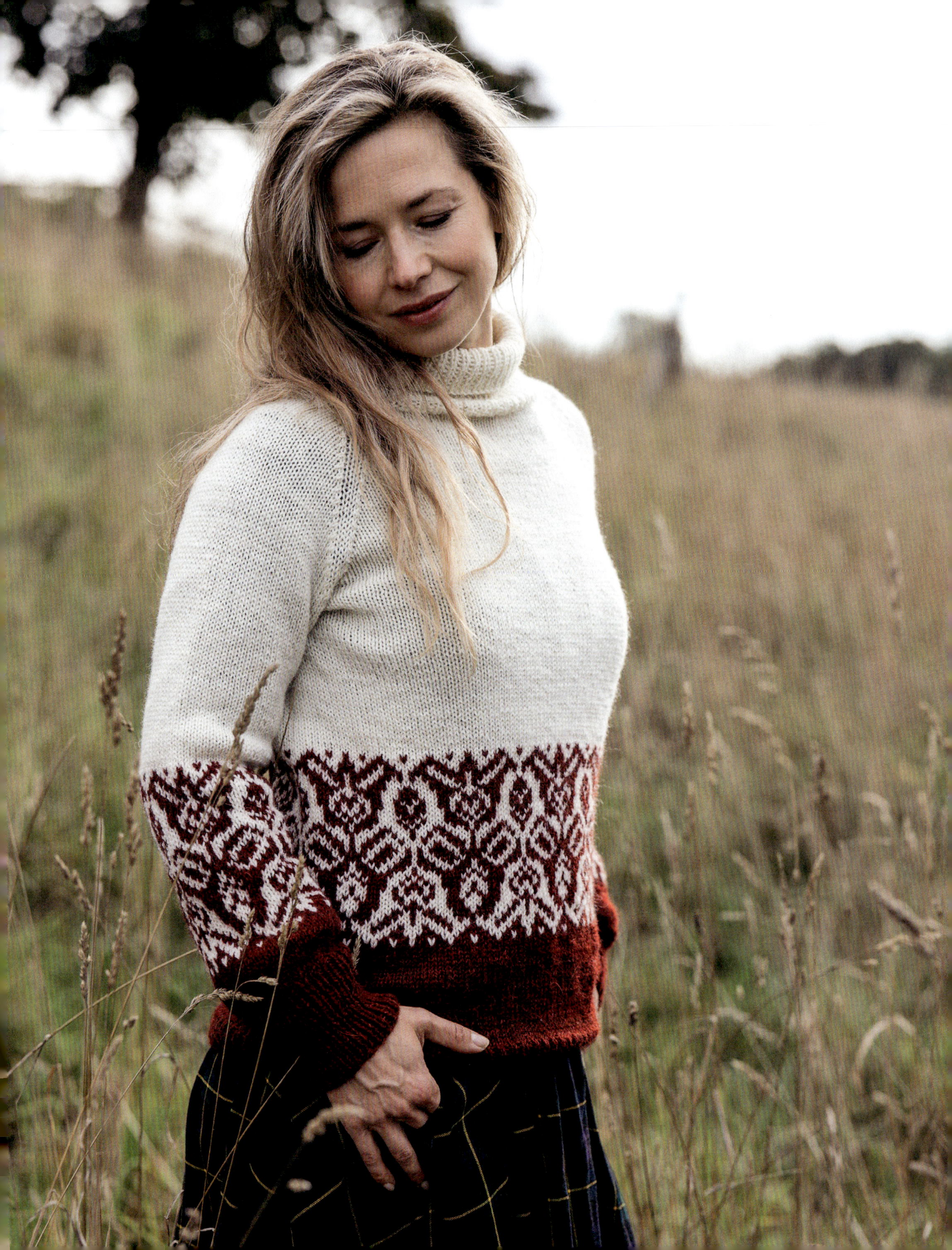

»

Heijastus bedeutet Spiegelung oder Reflexion. Wenn die Oberfläche eines Gewässers völlig ruhig ist, kann man die am Ufer wachsenden Pflanzen spiegelbildlich im Wasser sehen. Dieser beruhigende Anblick, der sich mir in einer Nacht vom Bootsdeck aus bot, inspirierte mich zu diesem Design. Heijastus ist ein Modell, bei dem finnische Wolle auf finnische Handwerkskunst trifft. Der Musterstreifen dieses Pullovers ist einem Stoffmuster nachempfunden, das um die Wende vom 19. zum 20. Jahrhundert entworfen wurde. Es befindet sich im Wetterhoff-Archiv.

Heijastus

DESIGNERIN: PIRJO IIVONEN

Heijastus

UNSER MODELL TRÄGT GRÖSSE M

Größen: XS (S, M, L) (XL, 2XL, 3XL, 4XL)
Empfohlene Bequemlichkeitszugabe: 2 cm

Maße der fertigen Arbeit:
Brustumfang:
72 (82, 92,5, 102,5) (113, 123, 133,5, 143,5) cm
Rumpflänge (Achsel bis Bündchen):
43 (44, 45, 46) (47, 48, 49, 49) cm
Gesamtlänge (Kragen bis Bündchen):
59 (62, 64, 66,5) (68, 70,5, 73,5, 75) cm
Ärmelumfang Oberarm:
32 (33, 35, 37) (39, 41, 43, 45) cm
Umfang Ärmelbündchen:
19,5 (21,5, 21,5, 23,5) (25,5, 25,5, 31, 31) cm
Innere Ärmellänge (Achsel bis Bündchen):
44 (45, 45, 46) (47, 47, 48, 48) cm

Garn: Wetterhoff Vouti (100 % Wolle; 130 m / 50 g) oder ein anderes Wollgarn mit entsprechender Lauflänge
GF: 30146 Weiß, 6 (6, 7, 7) (8, 9, 10, 11) Stränge oder 770 (770, 900, 900) (1030, 1160, 1290, 1420) m
MF: 30247 Rot, 4 (4, 5, 5) (6, 6, 7, 7) Stränge oder 480 (480, 640, 640) (770, 770, 900, 900) m

Nadeln: Rundstricknadeln Nr. 3,5 und 4, 80–100 cm lang
Nadelspiele Nr. 3,5 und 4 zum Stricken der Ärmel

Sonstiges: Maschenmarkierer, Hilfsfaden oder Maschenhalter, Wollnadel

Maschenprobe: 19,5 M und 26 R/Rd = 10 cm × 10 cm glatt rechts, leicht gespannt

Achtung! *Die Maschenprobe auch in Bezug auf das Muster überprüfen und, falls notwendig, die Nadelstärke wechseln.*

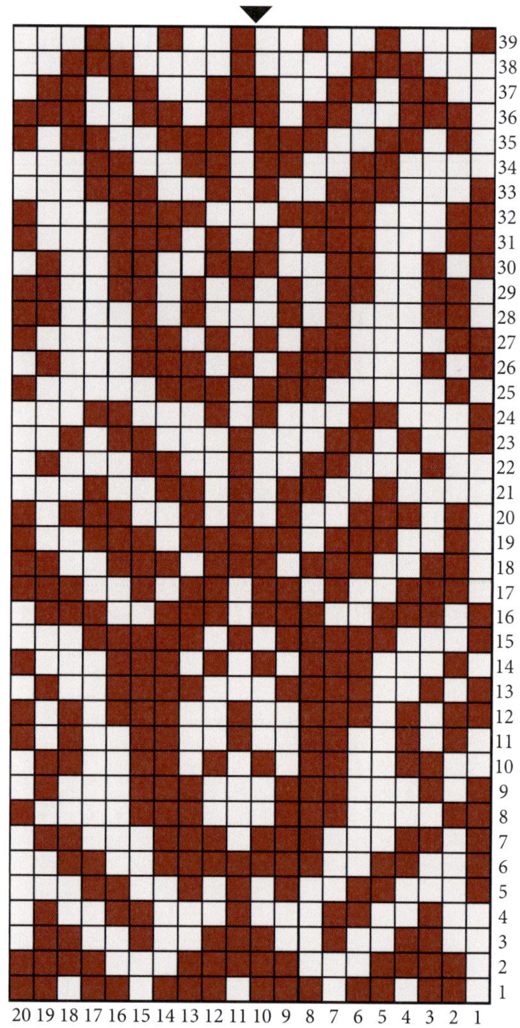

GF
MF
vordere Mitte

RUMPF

140 (160, 180, 200) (220, 240, 260, 280) M in MF mit Nadel Nr. 3,5 anschlagen. Zur Runde schließen, dabei darauf achten, dass sich die M nicht verdrehen. Der Rundenanfang befindet sich in der rückwärtigen Mitte; mit einem MM oder einem Faden markieren.
4 cm im 1/1-Rippenmuster (1 M re, 1 M li im Wechsel). Danach 8 cm glatt rechts stricken.
Für das Einstrickmuster zu Nadel Nr. 4 wechseln. Die GF hinzunehmen und gemäß Zählmuster arbeiten. Es ist einfacher, dem Rapport zu folgen, wenn man nach jeder 20. M einen MM setzt. Der Rapport des Zählmusters wiederholt sich 7 (8, 9, 10) (11, 12, 13, 14)× pro Runde. Wenn alle 39 Rd des Zählmusters fertig sind, MF trennen und alle MM bis auf den am Rundenanfang entfernen.
Nun den Rundenanfang so verschieben, dass die Markierung für die Mitte des Zählmusters auf der hinteren Mitte der Arbeit liegt.
Zu Nadel Nr. 4 wechseln und in GF glatt re weiterstricken, bis der Rumpf ab Anschlag 43 (44, 45, 46) (47, 48, 49, 49) cm misst und der Rundenanfang erreicht ist.
Den Rumpf zur Seite legen und die Ärmel stricken.

ÄRMEL

38 (42, 42, 46) (50, 50, 60, 60) M mit MF und Nadelspiel Nr. 3,5 anschlagen. Zur Rd schließen, dabei darauf achten, dass sich die M nicht verdrehen. Den Rundenanfang mit einem MM oder einem Faden markieren. Der Rundenanfang befindet sich auf der Unterseite des Ärmels und verbleibt dort bis unter die Achsel.
8 cm im 1/1-Rippenmuster (1 M re, 1 M li im Wechsel) arbeiten. Dann 1 Rd re M stricken, dabei gleichmäßig verteilt 22 (18, 18, 14) (10, 10, 20, 20) M zunehmen. Auf der Nadel liegen jetzt 60 (60, 60, 60) (60, 60, 80, 80) M.
4 cm glatt re stricken.
Für das Einstrickmuster zu Nadel Nr. 4 wechseln. Die GF hinzunehmen und gemäß Zählmuster arbeiten. Wenn alle 39 Rd des Zählmusters fertig sind, die MF trennen. Mit Nadel Nr. 3,5 in der GF glatt re fortfahren. 1 Rd re M stricken, dann mit den Zunahmen beginnen.
Zunahme-Rd: 1 M re, 1 M zun/li, weiter re M str, bis 1 M übrig ist, 1 M zun/re, 1 M re [= 2 M zugen].
Die Zunahme-Rd alle 0 (10, 4, 3) (2, 2, 15, 5) cm insgesamt 0 (1, 3, 5) (7, 9, 1, 3)× wdh. Auf der Nadel liegen jetzt 62 (64, 68, 72) (76, 80, 84, 88) M. Glatt re weiterstricken, bis der Ärmel ab Anschlag 44 (45, 45, 46) (47, 47, 48, 48) cm lang ist. Am Anfang und Ende der Rd jeweils 5 (5, 6, 8 (10, 11, 11, 12) M auf einem Hilfsfaden stilllegen, also insgesamt 10 (10, 12, 16) (20, 22, 22, 24) M für das Ärmelloch. Den zweiten Ärmel ebenso arbeiten.

PASSE

Jetzt werden Ärmel und Rumpf auf einer langen Rundstricknadel Nr. 3,5 vereint: In der GF weiterarbeiten. Ab Rundenanfang in der hinteren Rumpfmitte 30 (35, 39, 42) (45, 49, 54, 58) M re str, MM, die nächsten 10 (10, 12, 16) (20, 22, 22, 24) M auf einen Hilfsfaden legen, die 52 (54, 56, 56) (56, 58, 62, 64) M des ersten Ärmels re str, MM.
60 (70, 78, 84) (90, 98, 108, 116) M vom Vorderteil des Rumpfes re str, MM, die nächsten 10 (10, 12, 16) (20, 22, 22, 24) M auf einen Hilfsfaden legen, die 52 (54, 56, 56) (56, 58, 62, 64) M des zweiten Ärmels re str, MM. Bis zum Rundenanfang 30 (35, 39, 42) (45, 49, 54, 58) M re str. Auf der Nadel liegen jetzt 224 (248, 268, 280) (292, 312, 340, 360) M. 6 (5, 4, 5) (5, 7, 6, 5) Rd re M str, dann mit den Raglanabnahmen beginnen:

1. Rd (Abnahme): *Re M str, bis noch 3 M vor dem nächsten MM (den MM in der hinteren Mitte ignorieren) übrig sind: 2 M re ab/zus-str, 1 M re, MM abh, 1 M re, 2 M re zus*. Von * bis * noch 3× wdh, dann bis zum Rundenende re M str [= 8 M abgen].
2. Rd: Bis **Rundenende** re M str.
Die 1. und 2. Rd stets wdh, bis noch 88 (88, 92, 96) (100, 112, 116, 120) M übrig sind.

HALSAUSSCHNITT

Alle MM bis auf den Markierer am Rundenanfang entfernen.
Um den Nacken etwas zu erhöhen, werden verkürzte Reihen gearbeitet:
1. R (Hin-R): 10 (10, 10, 10) (10, 10, 10, 10) M re, Arbeit wenden.
2. R (Rück-R): 1 DM, li M bis zum MM für den Rundenanfang str, MM abheben, 10 (10, 10, 10) (10, 10, 10, 10) M li, Arbeit wenden.
3. R: 1 DM, re M bis zum MM str, MM abheben, re M bis zur DM str, DM re zus abstr, 10 (10, 10, 10) (10, 10, 10, 10) M re, Arbeit wenden.
4. R: 1 DM, li M bis zum MM str, MM abheben, li M bis zur DM str, DM li zus abstr, 10 (10, 10, 10) (10, 10, 10, 10) M li, Arbeit wenden.
5. R: 1 DM, re M bis zum MM str, MM abheben, re M bis zur DM str, DM re zus abstr, 10 (10, 10, 10) (10, 10, 10, 10) M re, Arbeit wenden.
6. R: 1 DM, li M bis zum MM str, MM abheben, li M bis zur DM str, DM li zus abstr, 10 (10, 10, 10) (10, 10, 10, 10) M li, Arbeit wenden.
7. R: 1 DM, re M bis zum MM str, MM abheben, re M bis zur DM str, DM re zus abstr, 10 (10, 10, 10) (10, 10, 10, 10) M re, Arbeit wenden.
8. R: 1 DM, li M bis zum MM str, MM abheben, li M bis zur DM str, DM li zus abstr, 10 (10, 10, 10) (10, 10, 10, 10) M li, Arbeit wenden.
9. R: 1 DM, re M bis zum MM str, MM abheben, re M bis zum Rundenende str (dabei die DM re zus abstr).

1 Rd re M, dann im 1/1-Rippenmuster (1 M re, 1 M li im Wechsel) noch 15 cm oder bis zur gewünschten Höhe str. Alle M mustergemäß locker abketten.

FERTIGSTELLUNG

Die Ärmellöcher im Matratzenstich schließen und alle Fadenenden auf der Innenseite der Arbeit vernähen. Das Strickstück in lauwarmem Wasser waschen, das Wasser in einem Frotteehandtuch ausdrücken, den Pullover in Form ziehen und liegend trocknen lassen.

Der von unten nach oben gestrickte Pullover mit bequemem Schnitt hält aufgrund des wunderbar hohen Kragens bis in den Winter hinein warm.

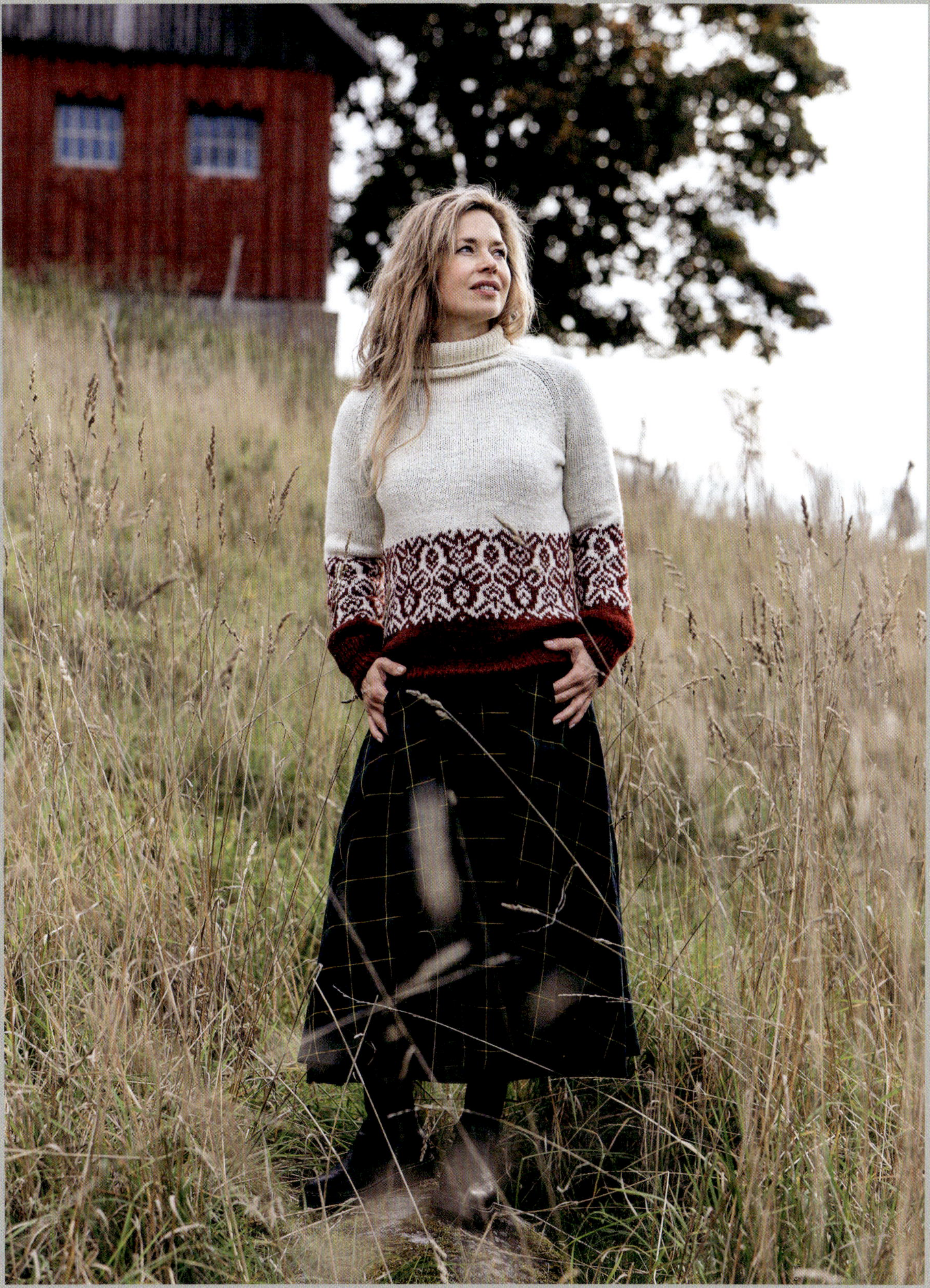

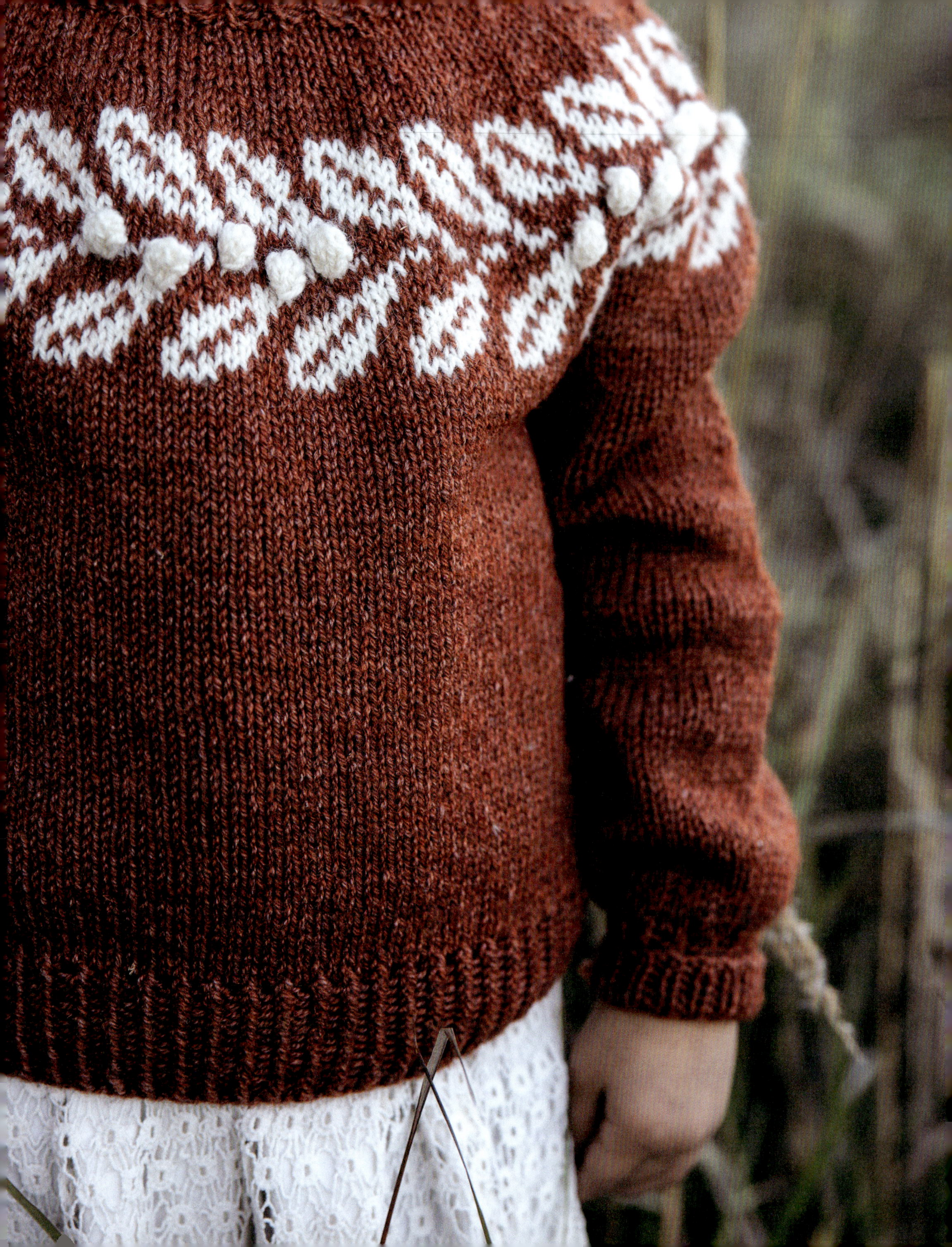

«

Ein Blätterkranz mit Beeren schmückt diesen schönen Rundpassenpullover für Kinder. Lumimarja bedeutet Schneebeere, darum sind die Beeren hier weiß. Die Anleitung lässt Ihnen die Freiheit, viele oder nur wenige Beeren zu stricken. Mit einer anderen Farbe werden aus den Schneebeeren Blaubeeren (blau) oder Vogelbeeren (rot). Der Pullover wird von oben nach unten gestrickt, sodass er nachträglich verlängert werden kann, wenn das Kind größer wird – einfach die Abkettkanten an Rumpf und Ärmeln wieder öffnen und längere Bündchen stricken.

Lumimarja

DESIGNERIN: MINTTU WIKBERG

Lumimarja

UNSER MODELL TRÄGT GRÖSSE 4

Größen: 1 (2, 3, 4) (5, 6, 7, 8)
Empfohlene Bequemlichkeitszugabe: ca. 10 cm

Maße der fertigen Arbeit:
Brustumfang: 54 (60, 62, 68) (72, 78, 82, 84) cm
Rumpflänge (Achsel bis Bündchen): 17 (20, 22, 24) (28, 32, 34, 36) cm
Höhe der Passe: 14 (14, 15, 16) (17, 18, 19, 20) cm
Gesamtlänge (Kragen bis Bündchen): 32,5 (35,5, 38, 40) (46, 50, 53, 56) cm
Ärmelumfang Oberarm: 22 (23, 24, 25) (27, 28, 28, 29) cm
Umfang Ärmelbündchen: 13 (14, 15, 16) (16, 18, 17, 18) cm
Innere Ärmellänge (Achsel bis Bündchen): 19 (24,5, 26,5, 30) (33, 36,5, 39, 41) cm

Garn: Vuonue Pentti (70 % finnische Wolle, 30 % Tencel; 240 m / 100 g) oder ein anderes Garn mit entsprechender Lauflänge (120 m / 50 g)
GF: Ruoste (Rost), 2 (2, 2, 3) (3, 4, 5, 5) Stränge oder 300 (360, 430, 520) (670, 860, 980, 1050) m
MF: Luonnonvalkoinen (Naturweiß), 1 (1, 1, 1) (1, 1, 1, 1) Strang oder 60 (80, 100, 120) (140, 160, 180, 200) m

Nadeln: Nadelspiele Nr. 3,5 und 4, Rundstricknadeln Nr. 3,5 und 4, 80–100 cm lang. Bei Bedarf für den Musterstreifen Rundstricknadeln Nr. 4,5

Sonstiges: Maschenmarkierer, Hilfsfaden oder Maschenhalter, Wollnadel

Maschenprobe: 20 M und 28 Rd = 10 cm × 10 cm glatt rechts auf Nd Nr. 4

Achtung! *Die Maschenprobe auch in Bezug auf das Muster überprüfen und, falls notwendig, die Nadelstärke wechseln.*

SPEZIALTECHNIK

NOPPE

1. R: 3 M re in dieselbe M str (1 M im vorderen Maschenglied, 1 M im hinteren Maschenglied, 1 M im vorderen Maschenglied), Arbeit wenden.
2. R: 1 M li, U, 1 M li, U, 1 M li, Arbeit wenden.
3. R: 1 M re, den U verschr abstr, 1 M re, den U verschr abstr, 1 M re, Arbeit wenden.
4. R: 2 M li zus, 1 M li, 2 M li zus, Arbeit wenden.
5. R: 3 M re zus.

PASSE

Für den Halsausschnitt 80 (80, 82, 84) (84, 86, 86, 88) M in der GF mit Rundstricknadel oder Nadelspiel Nr. 3,5 anschlagen. (Zur Rundstricknadel spätestens dann wechseln, wenn es mehr M werden, als das Nadelspiel aufnehmen kann.) Die Arbeit zur Runde schließen und den Rundenanfang mit einem MM kennzeichnen. Der Rundenanfang liegt zwischen dem Rückenteil und dem linken Ärmel.

5 cm im 1/1-Rippenmuster (1 M re verschr, 1 M li im Wechsel) arbeiten. Zu Nadel Nr. 4 wechseln. Mit den Zunahmen beginnen:

Zun-Rd: Re M bis zum Rundenende str, dabei gleichmäßig verteilt 4 (12, 14, 16) (10, 10, 12, 14) M zunehmen. Jetzt liegen 84 (92, 96, 100) (94, 96, 98, 102) M auf der Nadel.

1 (1, 2, 2) (3, 3, 3, 3) Rd glatt re in der GF str.

Nur Größen 5–8: Re M bis zum Rundenende str, dabei gleichmäßig verteilt (14, 16, 18, 18) M zunehmen. Jetzt liegen 84 (92, 96, 100) (108, 112, 116, 120) M auf der Nadel.

Wenn ein erhöhter Nacken gewünscht wird, kann er wie folgt mit verkürzten Reihen gearbeitet werden:

1. R: 24 (27, 28, 30) (32, 34, 36, 38) M re, Arbeit wenden.

2. R: 1 DM, li M bis zum MM (Rundenanfang) str, Arbeit wenden.

3. R: 1 DM, re M bis zur DM str, DM re zus abstr, 9 (9, 10, 10) (11, 11, 11, 11) M re, Arbeit wenden.

4. R: 1 DM, li M bis zur DM str, DM li zus abstr, MM abh, 9 (9, 10, 10) (11, 11, 11, 11) M li, Arbeit wenden.

5. R: 1 DM, re M bis zum MM für den Rd-Anf str.

0 (0, 0, 0) (3, 3, 3, 3) Rd re M mit der GF arb.

Zun-Rd: *4 M re, 1 M zun/li*, von * bis * bis zum Rd-Ende stets wdh [= 21 (23, 24, 25) (27, 28, 29, 30) M zugen = 105 (115, 120, 125) (135, 140, 145, 150) M].

3 Rd re M str.

Zun-Rd: *5 M re, 1 M zun/li*, von * bis * bis zum Rd-Ende wdh [21 (23, 24, 25) (27, 28, 29, 30) M zugen, d. h. insgesamt 126 (138, 144, 150) (162, 168, 174, 180) M auf der Nd].

4 Rd re M str.

Das Einstrickmuster mit der 1. Rd des Zählmusters beginnen. Der Rapport des Zählmusters wiederholt sich 21 (23, 24, 25) (27, 28, 29, 30)× pro Rd.

Alle 19 Rd des Zählmusters arb, dabei zunehmen, wie dort angegeben. In der 10. und 12. Rd können an den im Zählmuster angegebenen Stellen nach Wunsch Noppen gestrickt werden. Bei unserem Modell wurden nicht an allen Stellen, sondern in einem unregelmäßigen Rhythmus Noppen gearbeitet. (Eventuell im Rücken komplett darauf verzichten, damit sie beim Anlehnen nicht drücken.)

Nach dem Zählmuster die MF trennen und mit der GF glatt re über alle 168 (184, 192, 200) (216, 224,

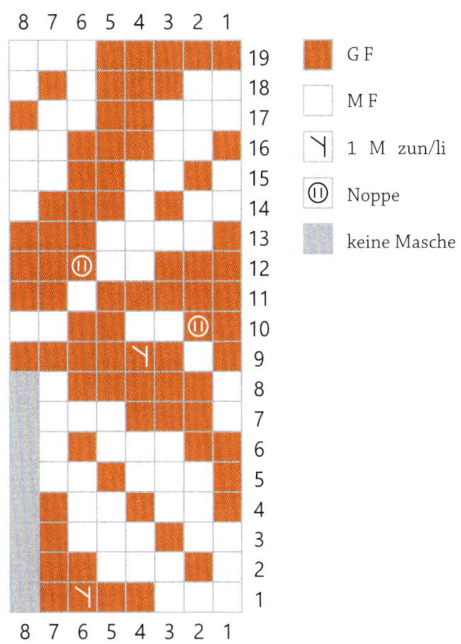

232, 240) M str, bis die Passe ab Anschlag 15,5 (15,5, 16, 16) (18, 18, 19, 20) cm misst.

RUMPF

Ab Anfang der nächsten Rd 48 (54, 56, 60) (64, 68, 72, 74) M re str, 36 (38, 40, 40) (44, 44, 44, 46) M für einen Ärmel auf einen Hilfsfaden oder einen Maschenhalter legen, 6 (6, 6, 8) (8, 10, 10, 10) M nach den Rumpf-M unter dem Arm (= Ärmelloch) anschlagen.
48 (54, 56, 60) (64, 68, 72, 74) M re str, 36 (38, 40, 40) (44, 44, 44, 46) M für den zweiten Ärmel auf einem Hilfsfaden oder Maschenhalter stilllegen. 6 (6, 6, 8) (8, 10, 10, 10) M anschlagen. Nun liegen 108 (120, 124, 136) (144, 156, 164, 168) M auf der Nadel.
In der GF glatt re arb, bis die Arbeit ab Ärmelloch 12 (15, 17, 19) (23, 27, 29, 31) cm misst.
Zu Nd Nr. 3,5 wechseln und 5 cm im 1/1-Rippenmuster (1 M re verschr, 1 M li im Wechsel) str.
Die M mustergemäß abketten.

ÄRMEL

Die stillgelegten 36 (38, 40, 40) (44, 44, 44, 46) Ärmel-M auf eine Rundstricknadel oder ein Nadelspiel Nr. 4 heben. 6 (6, 6, 8) (8, 10, 10, 10) M aus den neu angeschlagenen Maschen zwischen Vorder- und Rückenteil sowie beidseitig davon 1 M zwischen den Ärmelloch-M und der Passe aufnehmen, damit dort kein Loch entsteht. Auf der Nadel liegen jetzt 44 (46, 48, 50, 54, 56, 56, 58) M. Zur Rd schließen und in der Mitte des Ärmellochs (nach der Hälfte der neuen M) einen MM setzen.
In der GF glatt re str, bis die Arbeit ab Ärmelloch 2 cm misst. Dann beidseitig des MM mit den Abnahmen beginnen.
Abn-Rd: MM abh, 2 M re zus, re M str, bis noch 2 M vor dem MM übrig sind, 2 M re verschr zus [= 2 M abgen].
Die Ärmel-Abn ca. alle 3,5 (4,5, 5, 6) (5,5, 6, 6,5, 7) cm insgesamt 4 (4, 4, 4) (5, 5, 5, 5)× arb. Auf der Nadel liegen jetzt 36 (38, 40, 42) (44, 46, 46, 48) M.
Glatt re str, bis der Ärmel ab dem Ärmelloch 14 (19,5, 21,5, 25) (28, 31,5, 34, 36) cm misst. In der nächsten Rd gleichmäßig verteilt 10 (10, 10, 10) (12, 10, 12, 12) M abn. Auf der Nadel liegen jetzt 26 (28, 30, 32) (32, 36, 34, 36) M. Zu Nd Nr. 3,5 wechseln und 5 cm im 1/1-Rippenmuster (1 M re verschr, 1 M li im Wechsel) str.
Die M mustergemäß abketten.

FERTIGSTELLUNG

Alle Fadenenden auf der Innenseite der Arbeit vernähen. Den Pullover anfeuchten, in Form ziehen und liegend trocknen lassen.

Die Blätterranke schmückt die Passe und die Noppen sehen aus wie kleine Schneebälle.

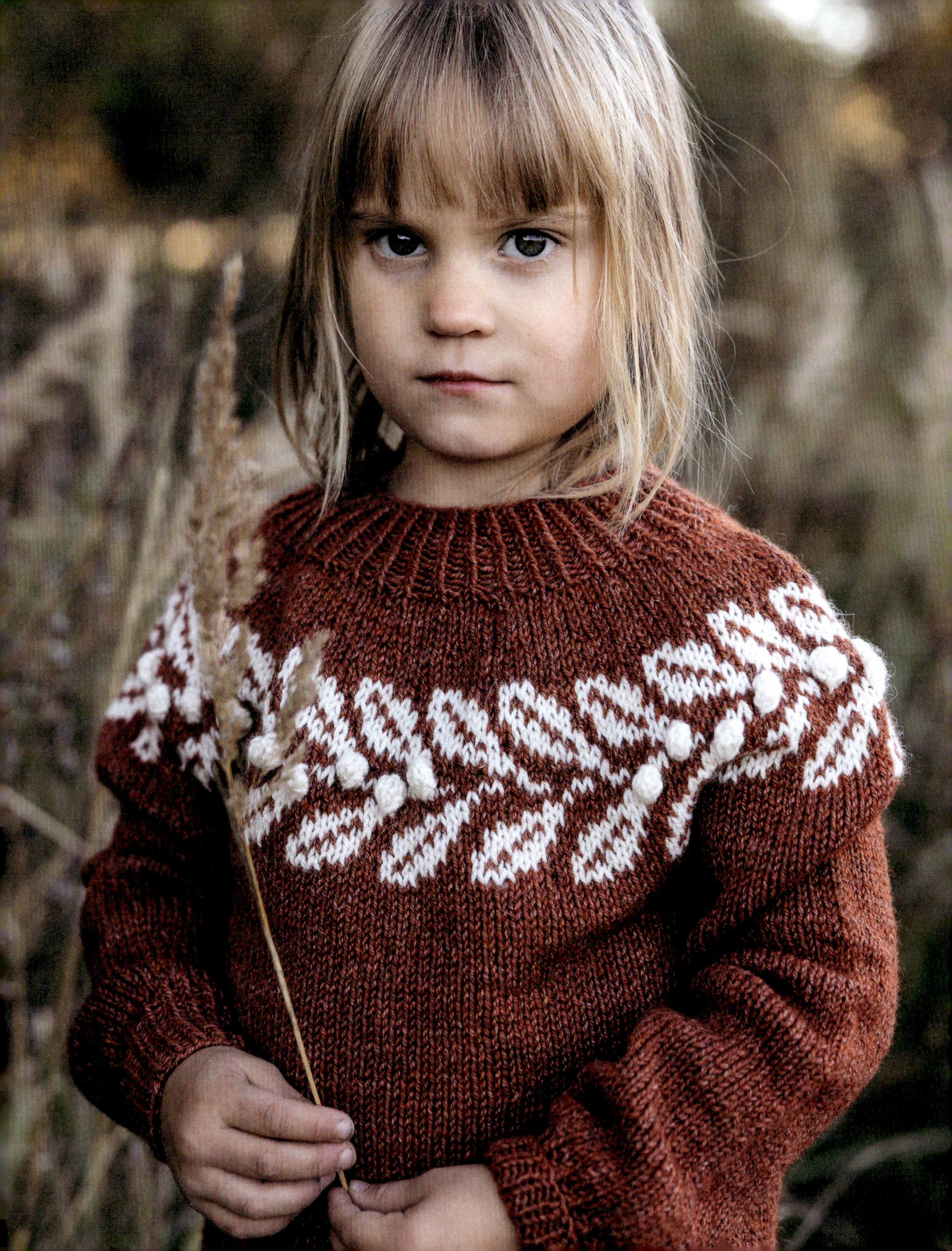

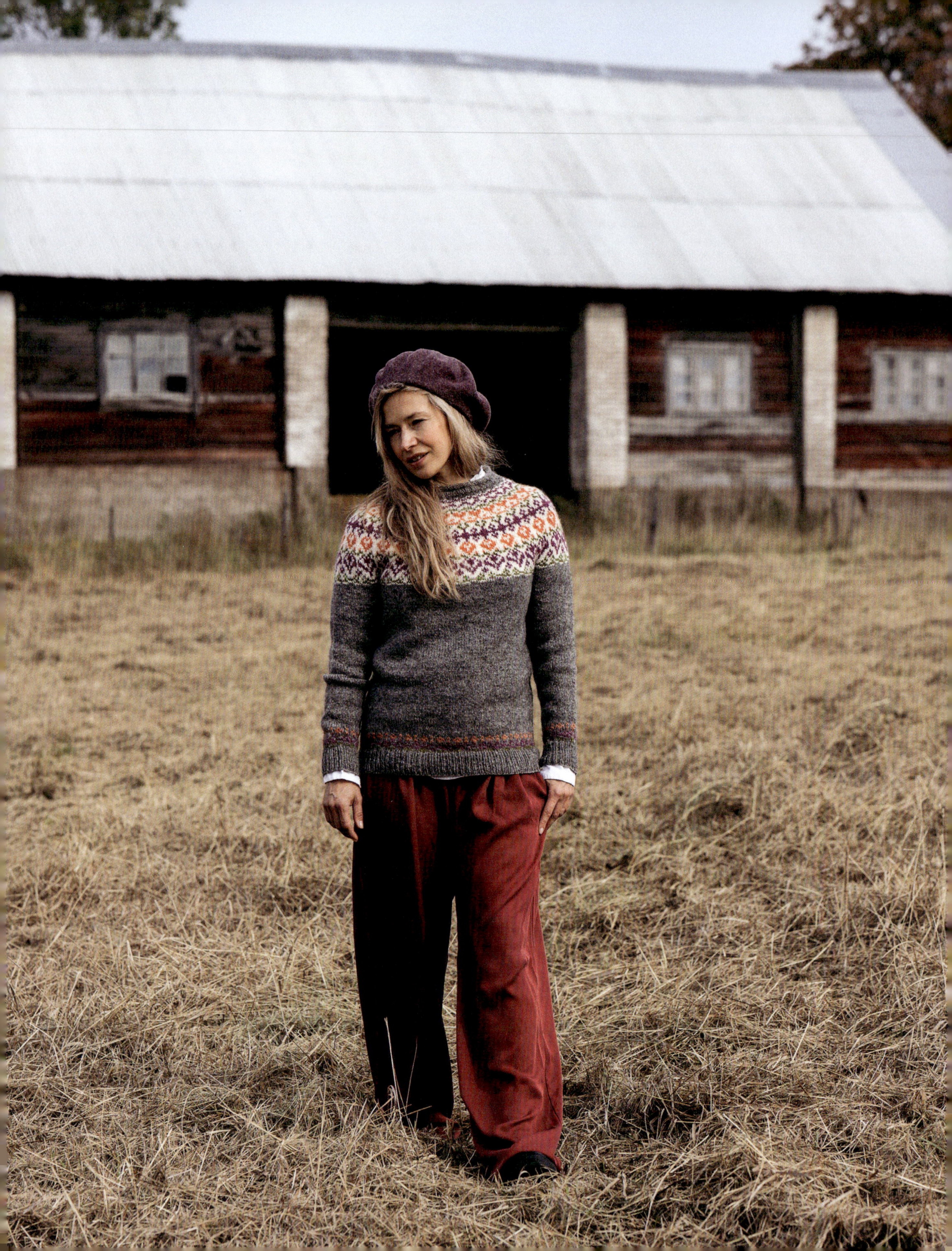

Myötätuuli

«

Dem finnischen Gemüt wird gemeinhin nachgesagt, melancholisch und eher düster zu sein – so wird es in vielen alten Liedern und Redewendungen beschrieben. In diesen Pullover wurde darum eine Prise »Glaube, Liebe und Hoffnung« hineingestrickt. Wenn man Gegenwind ausgesetzt ist und sich einfach umdreht, kann man spüren, wie sanft und belebend Rückenwind (myötätuuli auf Finnisch) sein kann.

DESIGNERIN: PIRJO IIVONEN

Myötätuuli

UNSER MODELL TRÄGT GRÖSSE M

Größen: XS (S, M, L) (XL, 2XL, 3XL, 4XL)

Empfohlene Bequemlichkeitszugabe: ohne

Maße der fertigen Arbeit:

Brustumfang:

70 (80, 90, 100) (110, 120, 131, 142) cm

Rumpflänge (Achsel bis Bündchen):

39 (39, 40, 40) (41, 42, 42, 42) cm

Gesamtlänge (Kragen bis Bündchen):

57,5 (58,5, 61, 62,5) (65, 67, 68, 69,5) cm

Ärmelumfang Oberarm:

26 (28, 32, 34) (36, 38, 39, 42) cm

Umfang Ärmelbündchen:

20 (21, 21, 22) (23, 23, 23, 24) cm

Innere Ärmellänge (Achsel bis Bündchen):

41 (42, 42, 43) (44, 44, 46, 46) cm

Garn: Rintalan tilan Helmi (100 % Wolle; 270 m / 100 g) oder ein anderes Garn mit entsprechender Lauflänge

GF: Keskiharmaa (Mittelgrau), 3 (3, 3, 3) (4, 4, 4, 4) Stränge oder 630 (665, 700, 750) (820, 900, 990, 1080) m

MF1: Luonnonvalkoinen (Natur), 1 (1, 1, 1) (1, 2, 2, 2) Stränge oder 200 (210, 220, 240) (260, 280, 300, 320) m

MF2: Kanerva (Heidekraut/violett), 1 (1, 1, 1) (1, 1, 1, 1) Strang oder 90 (100, 110, 120) (130, 140, 160, 180) m

MF3: Kataja (Wacholder/grün), 1 (1, 1, 1) (1, 1, 1, 1) Strang oder 90 (100, 110, 120) (130, 140, 160, 180) m

MF4: Huurteinen oranssi (Orange), 1 (1, 1, 1) (1, 1, 1, 1) Strang oder 90 (100, 110, 120) (130, 140, 160, 180) m

Nadeln: Rundstricknadeln Nr. 3 und 3,5, 80–100 cm lang. Nadelspiele Nr. 3 und 3,5 für die Ärmel

Sonstiges: Maschenmarkierer, Hilfsfaden oder Maschenhalter, Wollnadel

Maschenprobe: 20 M und 27 Rd = 10 cm × 10 cm glatt rechts mit Nd Nr. 3,5, leicht gespannt

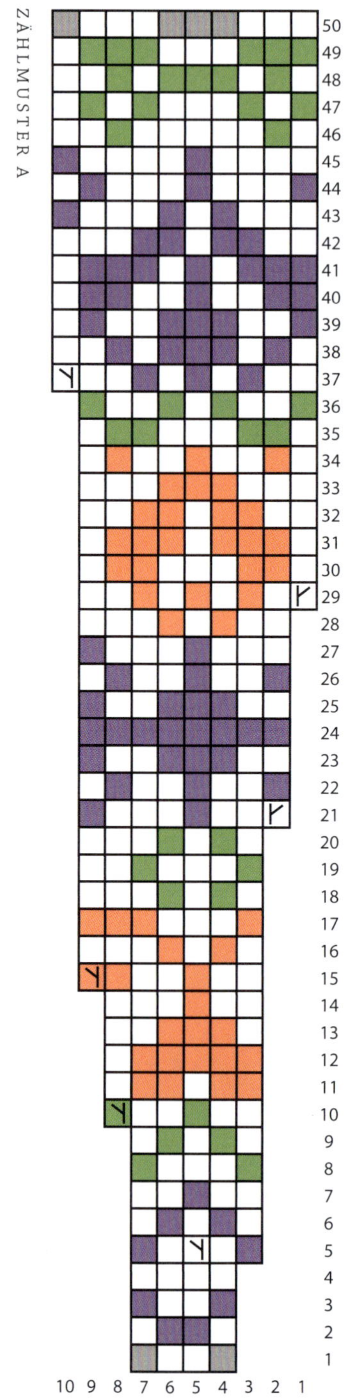

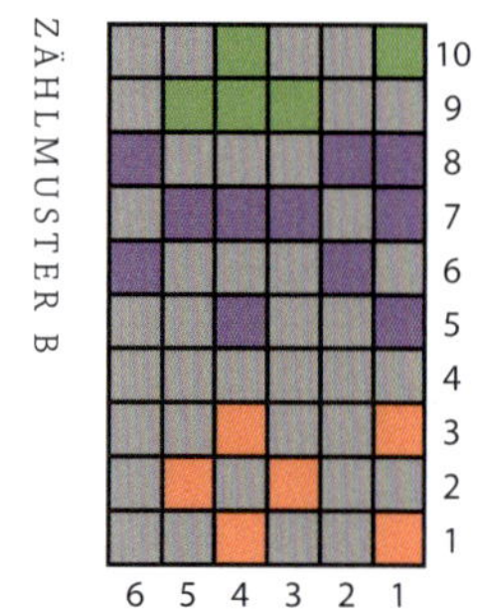

- GF
- MF1
- MF2
- MF3
- MF4
- 1 M zun/re
- 1 M zun/li

Achtung! *Die Maschenprobe auch in Bezug auf das Muster überprüfen und falls notwendig die Nadelstärke wechseln.*

PASSE

82 (90, 96, 104) (112, 118, 124, 130) M in der GF mit Nadel Nr. 3 anschlagen. Zur Runde schließen, dabei darauf achten, dass sich die M nicht verdrehen. Der Rundenanfang befindet sich in der rückwärtigen Mitte; mit einem MM (oder einem Faden) markieren.

6 Rd re M und 3 Rd im 1/1-Rippenmuster (1 M re, 1 M li im Wechsel) arb. 1 Rd re M stricken, dabei gleichmäßig verteilt 6 (6, 8, 8) (8, 10, 16, 22) M zunehmen. Auf der Nadel liegen jetzt 88 (96, 104, 112) (120, 128, 140, 152) M.

Mit verkürzten Reihen arbeiten, um den Nacken etwas zu erhöhen:

1. R (Hin-R): 6 (7, 7, 8) (8, 9, 10, 10) M re, Arbeit wenden.

2. R (Rück-R): 1 DM, li M bis zum Rundenanfang str, MM abheben, 6 (7, 7, 8) (8, 9, 10, 10) M li, Arbeit wenden.

3. R: 1 DM, re M bis zum MM str, MM abheben, re M bis zur DM str, DM re zus abstr, 6 (7, 7, 8) (8, 9, 10, 10) M re, Arbeit wenden.

4. R: 1 DM, li M bis zum MM str, MM abheben, li M bis zur DM str, DM li zus abstr, 6 (7, 7, 8) (8, 9, 10, 10) M li, Arbeit wenden.

5. R: 1 DM, re M bis zum MM str, MM abheben, re M bis zur DM str, DM re zus abstr, 6 (7, 7, 8) (8, 9, 10, 10) M re, Arbeit wenden.

6. R: 1 DM, li M bis zum MM str, MM abheben, li M bis zur DM str, DM li zus abstr, 6 (7, 7, 8) (8, 9, 10, 10) M li, Arbeit wenden.

7. R: 1 DM, re M bis zum MM str, MM abheben, re M bis zur DM str, DM re zus abstr, 6 (7, 7, 8) (8, 9, 10, 10) M re, Arbeit wenden.

8. R: 1 DM, li M bis zum MM str, MM abheben, li M bis zur DM str, DM li zus abstr, 6 (7, 7, 8) (8, 9, 10, 10) M li, Arbeit wenden.

9. R: 1 DM, re M bis zum MM str, MM abheben, re M bis Rundenende str, dabei die DM re zus abstricken.

Zu Nadel Nr. 3,5 wechseln und gemäß Zählmuster A arb. Es ist einfacher, dem Rapport zu folgen, wenn man nach jeder 4. M einen MM setzt. Der Rapport von Zählmuster A wird 22 (24, 26, 28) (30, 32, 35, 38)× pro Rd wiederholt. Wenn alle 50 Rd von Zählmuster A gestrickt sind, alle MM bis auf den am Rundenanfang entfernen.

Zu Nadel Nr. 3 wechseln und in der GF re M str, bis die Passe ab Halsbündchen 18,5 (19,5, 21, 22,5) (24, 25, 26, 27,5) cm misst.

Nun die M für die Ärmel und den Rumpf einteilen. 32 (36, 39, 43) (47, 51, 57, 62) M für das halbe Rückenteil re stricken, 46 (48, 52, 54) (56, 58, 61, 66) Ärmel-M auf einen Hilfsfaden oder einen Maschenhalter heben. Für das Ärmelloch 6 (8, 12, 14) (16, 18, 17, 18) neue M anschlagen. 64 (72, 78, 86) (94, 102, 114, 124) M für das Vorderteil re stricken, 46 (48, 52, 54) (56, 58, 61, 66) Ärmel-M auf einen Hilfsfaden oder einen Maschenhalter heben und für das Ärmelloch 6 (8, 12, 14) (16, 18, 17, 18) neue M anschlagen. Die restlichen 32 (36, 39, 43) (47, 51, 57, 62) M für das halbe Rückenteil re stricken. Nun liegen 140 (160, 180, 200) (220, 240, 262, 284) M auf der Nadel.

RUMPF

In der GF glatt re weiterarbeiten, bis der Rumpf ab Ärmelloch 30 (30, 31, 31) (32, 33, 33, 33) cm misst. In der nächsten Rd gleichmäßig verteilt 4 (2, 0, 4) (2, 0, 2, 4) M zunehmen. Nun liegen 144 (162, 180, 204) (222, 240, 264, 288) M auf der Nadel.

Zu Nadel Nr. 3,5 wechseln und gemäß Zählmuster B stricken. Danach in der GF weiterarbeiten, zu Nadel Nr. 3 wechseln und 5 cm im 1/1-Rippenmuster (1 M re, 1 M li im Wechsel) str. Die M mustergemäß abketten.

ÄRMEL

Die Ärmel glatt re in der GF auf Nadel Nr. 3 in Rd str. Von der Mitte unter der Achsel 3 (4, 6, 7) (8, 9, 8, 9) M aufnehmen, die stillgelegten 46 (48, 52, 54) (56, 58, 61, 66) Ärmel-M str und unter der Achsel weitere 3 (4, 6, 7) (8, 9, 9, 9) M aufnehmen. Hier den Rundenanfang mit einem MM kennzeichnen. Nun liegen 52 (56, 64, 68) (72, 76, 78, 84) M auf der Nadel. 2 cm str, danach mit den Abnahmen beginnen.

Abn-Rd: 1 M re, 2 M re ab/zus-str, re M str, bis noch 3 M übrig sind, 2 M re zus-str, 1 M re.

Die Abn-Rd alle 5 (6, 3, 3) (2, 2, 2, 2) cm wdh, bis noch 42 (48, 48, 48) (48, 54, 54, 54) M auf der Nadel liegen. Glatt re str, bis der Ärmel ab dem Ärmelloch 34 (35, 35, 36) (37, 37, 39, 39) cm misst.

Zu Nadel Nr. 3,5 wechseln und gemäß Zählmuster B arb. Danach zu Nadel Nr. 3 wechseln und den Ärmel in der GF beenden: 1 Rd re M str. In der nächsten Rd gleichmäßig verteilt 2 (6, 6, 4) (2, 8, 8, 6) M abn. 5 cm im 1/1-Rippenmuster (1 M re, 1 M li im Wechsel) str. Mustergemäß abketten.

Den zweiten Ärmel ebenso arbeiten.

FERTIGSTELLUNG

Alle Fäden auf der Innenseite der Arbeit vernähen. Das Strickstück in lauwarmem Wasser waschen, in einem Frotteehandtuch ausdrücken, in Form ziehen und liegend trocknen lassen.

Diesen Pullover können Sie – wie hier – mehrfarbig oder auf Wunsch nur zweifarbig stricken, ganz nach Lust und Laune. Myötätuuli wird vom Halsausschnitt bis zum Saum in einem Stück gearbeitet.

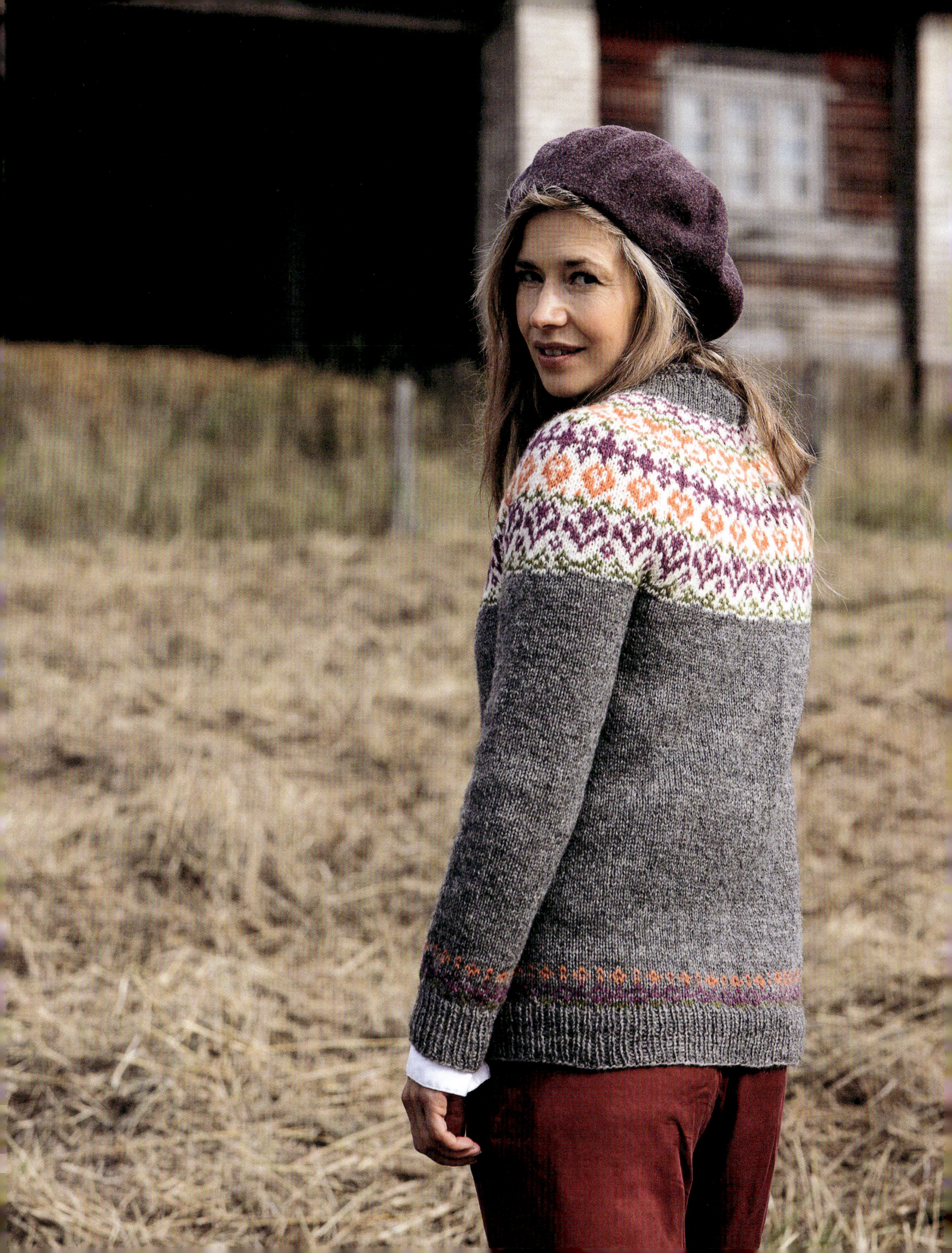

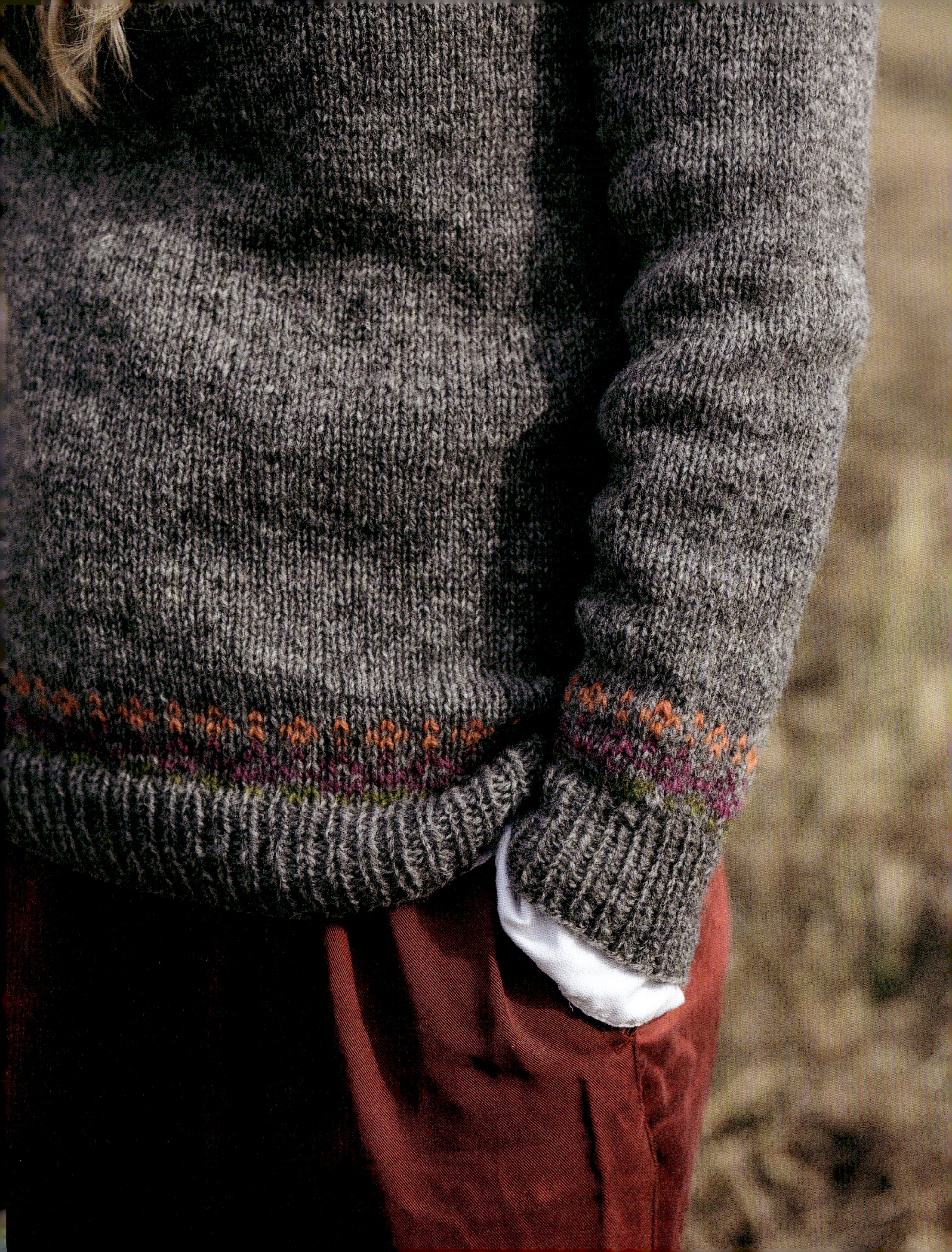

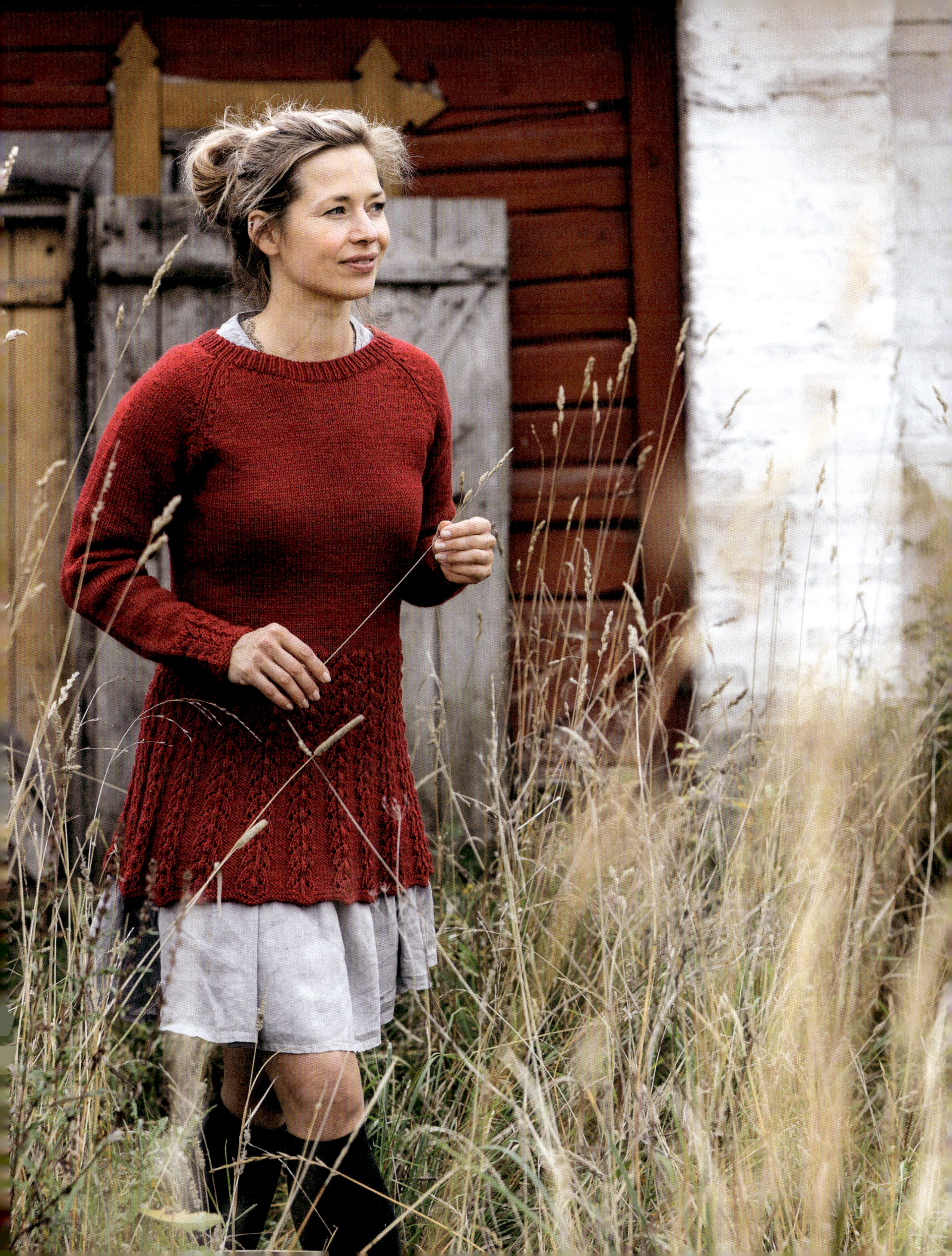

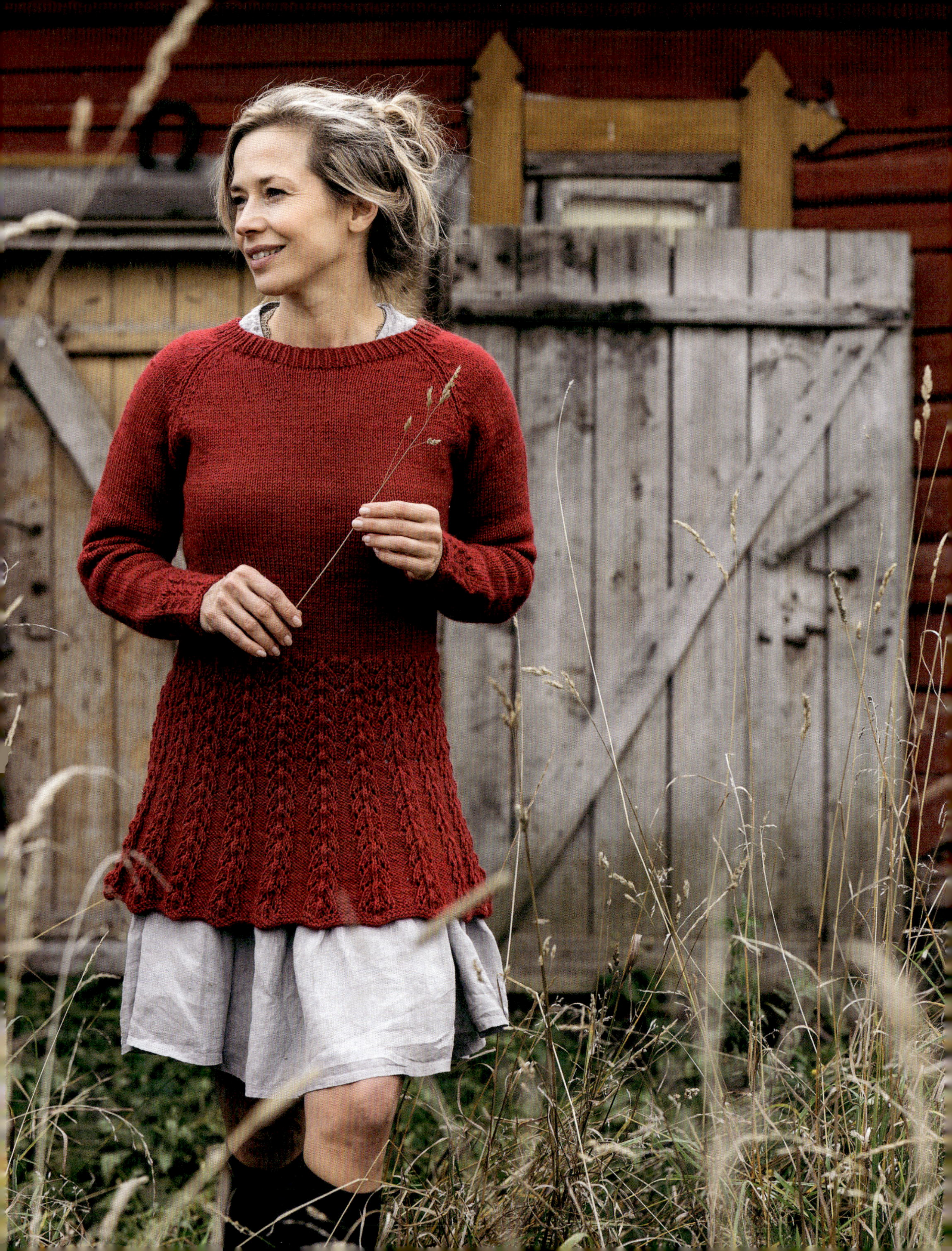

«

Der Wald war schon immer ein wichtiger Ort für die Einheimischen Finnlands, wo der Legende nach viele nicht menschliche Lebewesen wohnen: Erdlinge, Wichtel, Kobolde und Elfen (finnisch: keijukainen). Wenn man im Wald auf einem bemoosten Stein sitzt und dem Säuseln des Windes sowie dem Zwitschern der Vögel lauscht, kann man manchmal ein ganz leises Klingeln hören. Wenn man genau hinschaut, kann man die Elfen sehen, wie sie in den Sonnenstrahlen umherschweben. Dieser Pullover wurde genau von solch einem Moment inspiriert.

Keijukainen

DESIGNERIN: PIRJO IIVONEN

Keijukainen

UNSER MODELL TRÄGT GRÖSSE M

Größen: XS (S, M, L) (XL, 2XL, 3XL, 4XL)

Empfohlene Bequemlichkeitszugabe: ohne

Maße der fertigen Arbeit:

Brustumfang: 70 (82, 90, 102) (110, 122, 130, 142) cm

Rumpflänge (Achsel bis Bündchen): 52 (53, 53, 54) (54, 55, 55, 56) cm

Gesamtlänge (Kragen bis Bündchen): 70 (73,5, 76, 77,5) (79, 81, 82, 84) cm

Ärmelumfang Oberarm: 30 (34, 35, 36) (37, 39, 42, 44) cm

Umfang Ärmelbündchen: 16 (20, 20, 20) (24, 24, 24, 24) cm

Innere Ärmellänge (Achsel bis Bündchen): 42 (43, 43,5, 44,5) (45, 45, 47, 47) cm

Garn: Wetterhoff Wanja (100 % finnische Lammwolle; 100 m / 50 g) oder ein anderes Garn mit entsprechender Lauflänge

1269 Punainen (Rot), 12 (13, 13, 14) (15, 17, 19, 21) Knäuel oder 1200 (1300, 1300, 1400) (1500, 1700, 1900, 2100) m

Nadeln: Rundstricknadeln Nr. 3, 80–100 cm lang. Nadelspiel Nr. 3 zum Stricken der Ärmel

Sonstiges: Maschenmarkierer, Hilfsfaden oder Maschenhalter, Wollnadel

Maschenprobe: 20 M und 28 Rd = 10 cm × 10 cm glatt rechts, leicht gespannt

Achtung! *Die Maschenprobe mit Hilfe eines Probestückes überprüfen und falls notwendig die Nadelstärke wechseln.*

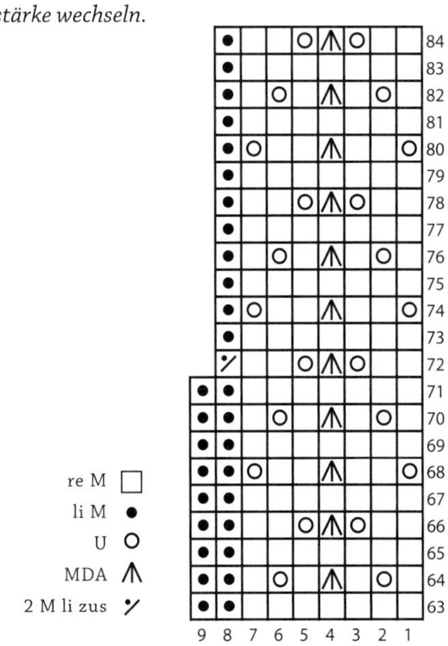

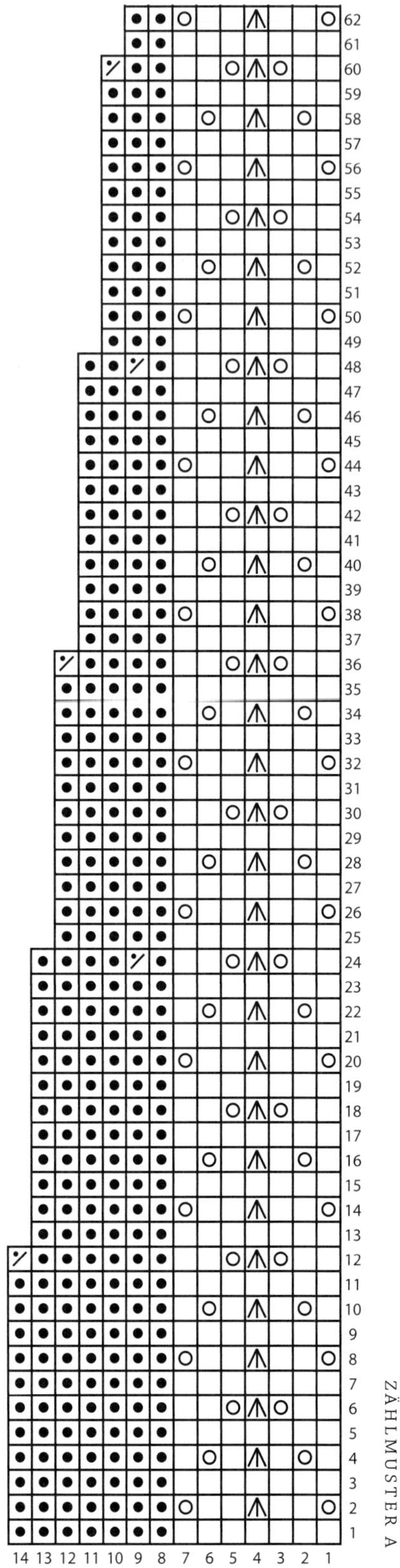

RUMPF

224 (266, 294, 336) (364, 406, 434, 476) M anschlagen. Zur Rd schließen, dabei darauf achten, dass sich die M nicht verdrehen. Der Rundenanfang befindet sich in der Rückenmitte; mit einem MM oder einem Faden markieren.
Die 1. Rd li, die 2. Rd re, die 3. Rd li und die 4. Rd re str. Gemäß Zählmuster A weiterarbeiten. Es ist einfacher, dem Rapport zu folgen, wenn man nach jeder 14. M einen MM setzt. Der Rapport von Zählmuster A wird 16 (19, 21, 24) (26, 29, 31, 34)× pro Rd wiederholt. Wenn alle 84 Rd des Zählmusters fertig sind, alle MM bis auf den am Rundenanfang entfernen. Nun liegen 128 (152, 168, 192) (208, 232, 248, 272) M auf der Nadel.
In der vorderen Mitte und an beiden Seiten der Arbeit jeweils einen MM setzen. Die Seiten werden durch Zunahmen geformt. 8 cm glatt re weiterarbeiten und dann mit den Zunahmen beginnen.
Zun-Rd: Re M str, bis 1 M vor dem Seiten-MM, 1 M zun/re, 1 M re, MM abh, 1 M re, 1 M zun/li, re M bis zum (mittleren) MM str, MM abh, re M str, bis 1 M vor dem Seiten-MM, 1 M zun/re, 1 M re, MM abh, 1 M re, 1 M zun/li, re M bis MM am Rundenanfang str [= 4 M zugen].
4 cm glatt re, 1 Zun-Rd str, 4 cm glatt re, 1 Zun-Rd str. Nun liegen 140 (164, 180, 204) (220, 244, 260, 284) M auf der Nadel.
Re M str, bis der Rumpf ab Anschlag 52 (53, 53, 54) (54, 55, 55, 56) cm misst und der Rundenanfang erreicht wurde.

ZÄHLMUSTER B

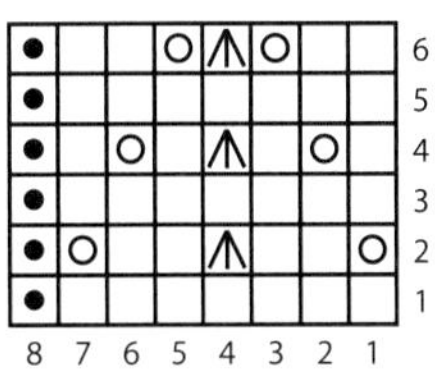

Re M bis zur vorderen Mitte str; hier liegt der neue Rundenanfang für die Passe.
Den Rumpf zur Seite legen und die Ärmel str.

ÄRMEL

32 (40, 40, 40) (48, 48, 48, 48) M anschlagen. Zur Rd schließen, dabei darauf achten, dass sich die M nicht verdrehen. Den Rundenanfang mit einem MM oder einem Faden markieren. Der Rundenanfang befindet sich auf der Unterseite des Ärmels und bleibt dort bis unter die Achsel.
Die 1. Rd li, die 2. Rd re, die 3. Rd li und die 4. Rd re str. Gemäß Zählmuster B arb. Der Rapport von Zählmuster B wird 4 (5, 5, 5) (6, 6, 6, 6)× pro Rd wiederholt. Die 1. bis 6. Rd von Zählmuster B insg. 4× arb, danach noch 1 Rd re M str, dabei gleichmäßig verteilt 4 M zun. Jetzt liegen 36 (44, 44, 44) (52, 52, 52, 52) M auf der Nadel. 2 cm re M str, dann mit den Zunahmen beginnen.
Zun-Rd: 1 M re, 1 M zun/li, re M str, bis 1 M vor dem MM, 1 M zun/re, 1 M re [= 2 M zugen].
Die Zun-Rd alle 2 (2, 2, 2) (2,5, 2, 1,5, 1,5) cm insg. 11 (11, 12, 13) (10, 12, 15, 17)× wdh. Jetzt liegen 60 (68, 70, 72) (74, 78, 84, 88) M auf der Nadel. Glatt re weiterstr, bis der Ärmel ab Anschlag 42 (43, 43,5, 44,5) (45, 45, 47, 47) cm misst.
Am Anfang und Ende der Rd jeweils 4 (6, 6, 8) (8, 10, 10, 12) M auf einem Hilfsfaden stilllegen, also insg. 8 (12, 12, 16) (16, 20, 20, 24) M für das Ärmelloch.
Den zweiten Ärmel ebenso arb.

PASSE

Jetzt werden Ärmel und Rumpf auf einer Nadel vereint. Vom Rumpf 31 (35, 39, 43) (47, 51, 55, 59) M re str, die nächsten 8 (12, 12, 16) (16, 20, 20, 24) M auf einen Hilfsfaden legen, MM setzen, die 1. M des ersten Ärmels li, die nächsten 50 (54, 56, 54) (56, 56, 62, 62) M re und die letzte M li str (die li M am Anfang und Ende des Ärmels bilden die Mitte der

Raglanabn), MM setzen. Die 62 (70, 78, 86) (94, 102, 110, 118) M des Rückenteils re str, die nächsten 8 (12, 12, 16) (16, 20, 20, 24) M auf einen Hilfsfaden legen, MM, die M des zweiten Ärmels wie beim ersten Ärmel str, MM, 31 (35, 39, 43) (47, 51, 55, 59) M re. Jetzt liegen 228 (252, 272, 284) (304, 320, 348, 364) M auf der Nadel.

6 (7, 8, 9) (8, 6, 4, 2) Rd str, dabei alle M str, wie sie erscheinen. Mit den Raglanabn beginnen:

1. Rd (Abn-Rd): *Re M bis 4 M vor dem MM, 3 M re ab/zus-str, 1 M re, MM abh, 1 M li, 1 M re, 3 M re zus, re M bis 5 M vor dem nächsten MM, 3 M re ab/zus-str, 1 M re, 1 M li, MM abh, 1 M re, 3 M re zus*. Von * bis * noch 1× wdh, re M bis Rundenanfang str.

2.–4. Rd: *Re M bis MM str, MM abh, 1 M li, re M bis 1 M vor dem MM, 1 M li, MM abh*. Von * bis * noch 1× wdh, re M bis Rundenanfang str.

Die 1.–4. Rd noch 3 (4, 5, 5) (6, 7, 8, 9)× wdh.

Für den tieferen Halsausschnitt am Vorderteil mit verkürzten Reihen arb.

1. R (Hin-R): *Re M bis 4 M vor dem MM, 2 M re ab/zus-str, 1 M re, MM abh, 1 M li, 1 M re, 3 M re zus, re M bis 5 M vor dem MM, 2 M re ab/zus-str, 1 M re, 1 M li, MM abh, 1 M re, 3 M re zus*. Von * bis * noch 1× wdh, re M bis 6 M vor dem Rundenanfang, Arbeit wenden.

2. R (Rück-R): 1 DM, *li M bis zum MM, MM abh, 1 M re, li M bis 1 M vor dem MM, 1 M re, MM abh*. Von * bis * noch 1× wdh, li M bis 6 M vor dem MM am Rundenanfang str, Arbeit wenden.

3. R: 1 DM, *re M bis zum MM str, MM abh, 1 M li, re M bis 1 M vor dem MM, 1 M li, MM abh*. Von * bis * noch 1× wdh, re M bis 2 M vor der vorigen Wendung str, Arbeit wenden.

4. R: 1 DM, *li M bis zum MM str, MM abh, 1 M re, li M bis 1 M vor dem MM, 1 M re, MM abh*. Von * bis * noch 1× wdh, li M bis 2 M vor der vorigen Wendung str, Arbeit wenden.

5. R: *Re M bis 4 M vor dem MM, 2 M re ab/zus-str, 1 M re, MM abh, 1 M li, 1 M re, 3 M re zus, re M bis 5 M vor dem MM, 2 M re ab/zus-str, 1 M re, 1 M li, MM abh, 1 M re, 3 M re zus*. Von * bis * noch 1× wdh, re M bis 2 M vor der vorigen Wendung str, Arbeit wenden.

6. R: Wie die 4. R arb.

7. R: Wie die 3. R arb.

8. R: Wie die 4. R arb.

Die 5.–8. R wdh, dann die 5. R noch 1× wdh, jedoch am R-Ende nicht wenden, sondern bis zum MM in der hinteren Mitte re M str (dies ist der neue Rundenanfang, den MM für die vordere Mitte entfernen), dabei die DM re zus abstr.

In der nächsten Rd die M str, wie sie erscheinen (die DM zus abstr), dabei in der Mitte des Vorderteils, des Rückenteils sowie der Ärmel jeweils 2 M re zus str, sodass zwischen den li M eine ungerade M-Zahl liegt. Es sind insgesamt 96 (104, 108, 120) (124, 124, 136, 136) M auf der Nadel.

Ca. 2 cm im 1/1-Rippenmuster (1 M re, 1 M li im Wechsel) str. Das Rippenmuster so beginnen, dass die li M der Raglanabn auf die li M des Rippenmusters treffen. Die M mustergemäß locker abketten.

FERTIGSTELLUNG

Die Ärmellöcher im Matratzenstich schließen und alle Fadenenden auf der Innenseite der Arbeit vernähen. Die Arbeit in lauwarmem Wasser waschen, das Wasser in einem Frotteehandtuch ausdrücken, den Pullover in Form ziehen und liegend trocknen lassen.

Der Pullover wird von unten nach oben gestrickt und ist leicht tailliert.

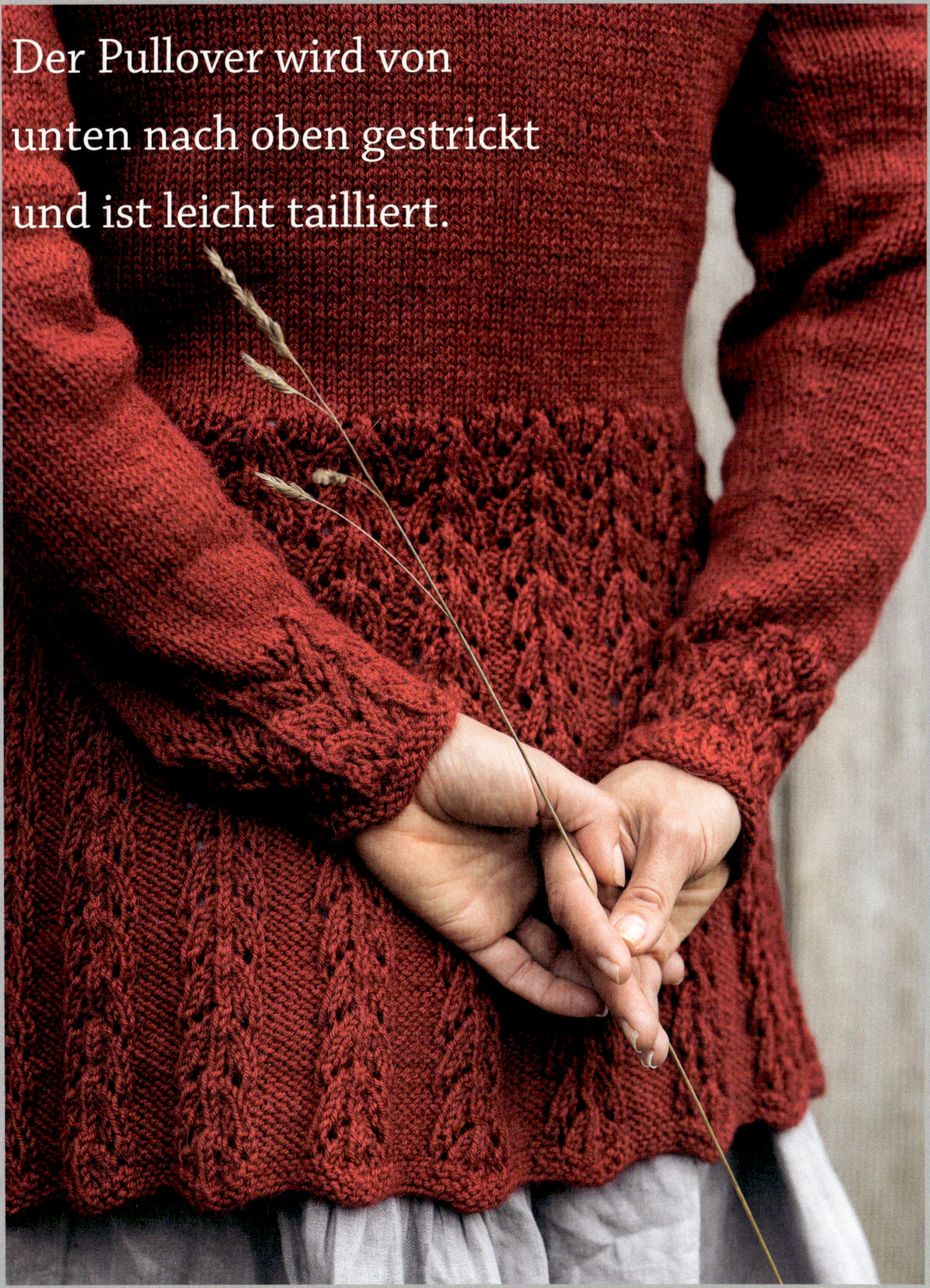

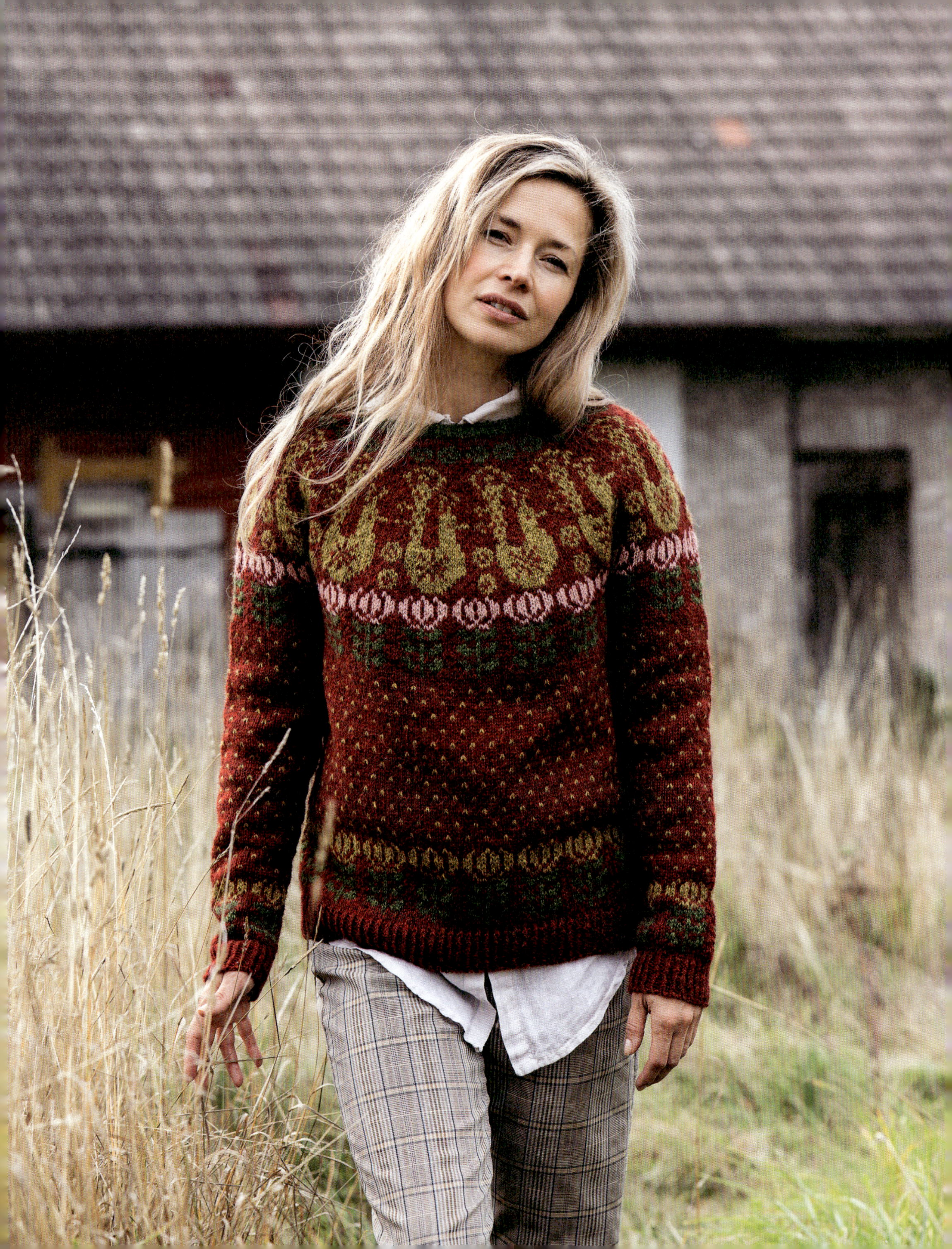

«

Der Kultakäki-Pullover vereint verschiedene, finnische Handwerks-traditionen. In dem Passenmuster tummeln sich die aus der karelischen Stickerei bekannten goldenen Kuckucke (finnisch: kultakäki). Die sanften Erdfarben sind von volkstümlichen Ryijis (Wandteppichen) inspiriert. Der Pullover wird ohne Nähte von oben nach unten gestrickt, sodass Sie die Ärmel und den Rumpf ganz leicht an Ihre individuellen Maße anpassen können.

Kultakäki

DESIGNERIN: SOILE PYHÄNNISKA

Kultakäki

UNSER MODELL TRÄGT GRÖSSE M

Größen: S (M, L, XL, 2XL)
Empfohlene Bequemlichkeitszugabe: 10–15 cm

Maße der fertigen Arbeit:
Brustumfang: 96 (103, 107,5, 114,5, 120) cm
Gesamtlänge bis Bündchen (Rückenteil):
58,5 (60,5, 63, 63,5, 66) cm
Gesamtlänge (Schulter bis Bündchen/Vorderteil):
55,5 (57,5, 59,5, 60, 63) cm
Ärmelumfang Oberarm: 31,5 (34,5, 37, 40, 43) cm
Umfang Ärmelbündchen: 23 (23, 28,5, 28,5, 34,5) cm
Innere Ärmellänge (Achsel bis Bündchen):
47 (48, 49, 50, 51) cm

Garn: Tukuwool DK (100 % Wolle; 250 m / 100 g) oder ein anderes Garn mit entsprechender Lauflänge (125 m / 50 g)
GF: Hehku (Rot), 300 (350, 400, 450, 500) g oder ca. 750 (875, 1000, 1250) m
MF1: Lehto (Grün), 50 (50, 60, 60, 80) g oder ca. 125 (125, 150, 150, 200) m
MF2: Valo (Gelbgrün), 100 (100, 150, 150, 200) g oder ca. 250 (250, 375, 375, 500) m
MF3: Taate (Rosa), 20 (25, 30, 35, 40) g oder ca. 50 (65, 75, 90, 100) m

Nadeln: Rundstricknadeln Nr. 3 und 3,5 (40, 80 und 100 cm lang), Nadelspiel Nr. 3, falls nicht mit Magic Loop gearbeitet wird

Sonstiges: Maschenmarkierer, Hilfsfaden, Wollnadel

Maschenprobe: 21 M und 24 Rd = 10 cm × 10 cm im Jacquardmuster mit Nd Nr. 3,5, leicht gespannt. Die Nadelstärke ggf. anpassen, um die angegebene Maschenprobe zu erhalten.

ZÄHLMUSTER A

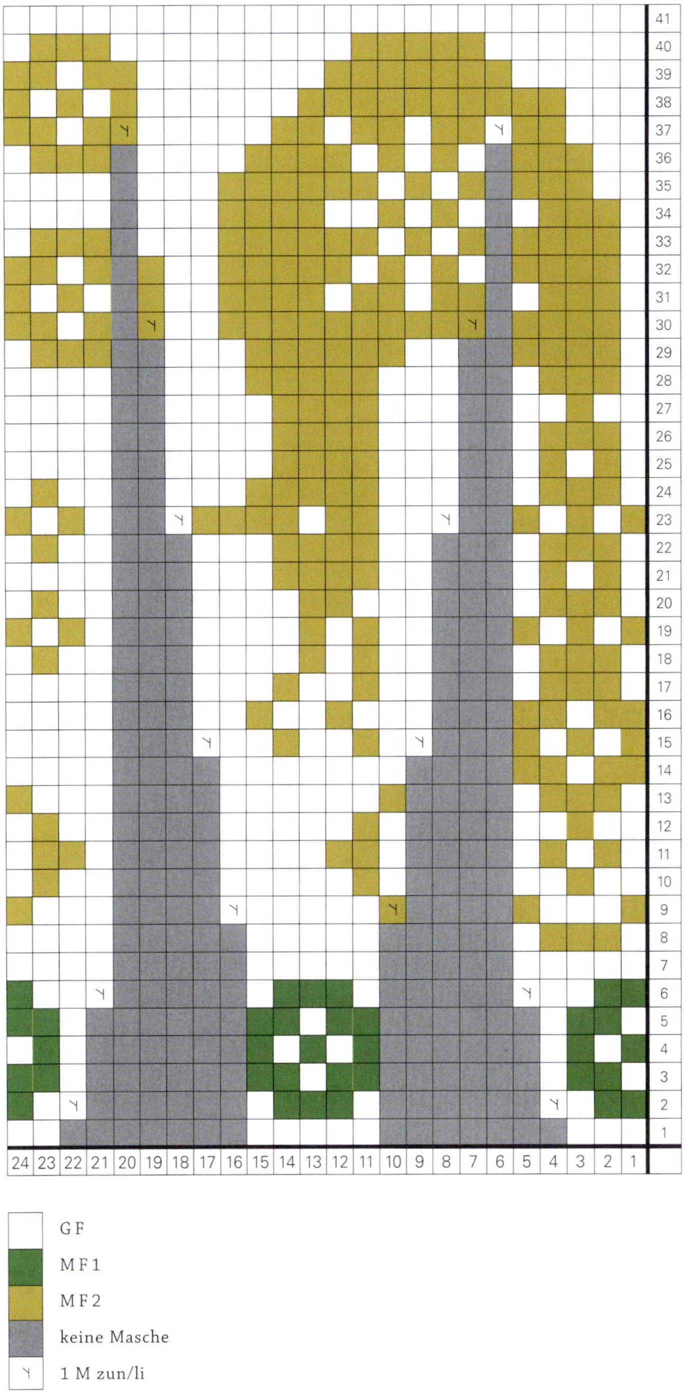

PASSE

104 (108, 112, 114, 120) M mit MF1 und Nd Nr. 3 anschl, nach Belieben im italienischen Maschenanschlag. *Achtung! Die Länge der Nadeln oder Nadelspiel immer entsprechend der Maschenzahl wählen.*

Zur Rd schließen und den Rundenanfang mit einem MM kennzeichnen. 5 Rd im 1/1-Rippenmuster (1 M re verschr, 1 M li verschr im Wechsel) arb. Faden abschneiden.

1 Rd re in der GF str.

Zun-Rd str:

Größe S: 4 M re, *6 M re, 1 M zun/li* 16×, 4 M re.

Größe M: 2 M re, 1 M zun/li, *5 M re, 1 M zun/li* 21×, 1 M re.

Größe L: *4 M re, 1 M zun/li* 28×.

Größe XL: 3 M re, *3 M re, 1 M zun/li* 36×, 3 M re.

Größe 2XL: *3 M re, 1 M zun/li* 40×.

Es liegen nun 120 (130, 140, 150, 160) M auf der Nadel.

Erhöhung im Nacken:

1. R: 40 (42, 46, 48, 50) M re, Arbeit wenden.

2. R: 1 DM, li M bis zum MM str, MM abh, 40 (42, 46, 48, 50) M li, Arbeit wenden.

3. R: 1 DM, re M bis 4 M vor der DM der Vorreihe, Arbeit wenden.

4. R: 1 DM, li M bis 4 M vor der DM der Vorreihe, Arbeit wenden.

Die 3.–4. R noch 2× wdh.

Nächste R: 1 DM, re M bis zum MM.

Zu Nd Nr. 3,5 wechseln und das Jacquardmuster gemäß Zählmuster A arb. In der 1. Rd alle DM zus str. Nach Beenden von Zählmuster A liegen 288 (312, 336, 360, 384) M auf der Nadel.

Größen S und M: Die 1.–8. Rd gemäß Zählmuster B arb, dann werden die Ärmel abgeteilt.
Größe L: Die 1.–11. Rd gemäß Zählmuster B arb, dann werden die Ärmel abgeteilt.
Größe XL: Die 1.–15. Rd gemäß Zählmuster B arb, dann werden die Ärmel abgeteilt.
Größe 2XL: Die 1.–21. Rd gemäß Zählmuster B arb, dann werden die Ärmel abgeteilt.

ABTEILEN DER ÄRMEL

Größe S:
45 M gemäß der 9. Rd von Zählmuster B str. Die folgenden 54 M für einen Ärmel stilllegen. 3 M entsprechend der 10.–12. M von Rd 9/Zählmuster B anschlagen. 4 M gemäß Zählmuster B3 anschlagen. 3 M gemäß Zählmuster B anschlagen und die nächsten 90 M gemäß Zählmuster B str. Die nächsten 54 M für den zweiten Ärmel stilllegen. 3 M entsprechend den Maschen 10–12 von Zählmuster B anschlagen. 4 M gemäß Zählmuster B3 anschlagen. 3 M gemäß Zählmuster B anschlagen und die nächsten 45 M gemäß Zählmuster bis zum Rd-Anfang str.

Größen M und XL:
(48, 54) M im Muster gemäß der nächsten Rd von Zählmuster B weiterarb, die folgenden (60, 72) M stilllegen. (12, 12) M anschlagen und gemäß Zählmuster weiterarb. (96, 108) M im Muster str. Die nächsten (60, 72) M für den zweiten Ärmel stilllegen. (12, 12) M anschlagen und gemäß Zählmuster weiterarb. (48, 54) M im Muster str.
Größe L:
48 M im Muster gemäß der 12. Rd von Zählmuster B weiterarb. 3 M gemäß Zählmuster B2 str. Die folgenden 66 M für einen Ärmel stilllegen. 10 M für das Ärmelloch entsprechend der 4.–13. M in Zählmuster B2 anschlagen. Die letzten 3 M gemäß Zählmuster B2 str. 96 M gemäß Zählmuster B str. Danach 3 M gemäß Zählmuster B2 str. Die nächsten 66 M für den zweiten Ärmel stilllegen. 10 M für das Ärmelloch entsprechend der 4.–13. M in Zählmuster B2 anschlagen. Die letzten 3 M gemäß Zählmuster B2 str. 48 M gemäß Zählmuster B str.
Größe 2XL:
57 M re in der GF arb, die folgenden 78 M für einen Ärmel stilllegen. 12 M anschlagen. 114 M re str. Die folgenden 78 M für den zweiten Ärmel stilllegen. 12 M anschlagen. 57 M re str.
Alle Größen:
Jetzt liegen 200 (216, 224, 240, 252) M für den Rumpf auf der Nadel.

ZÄHLMUSTER B

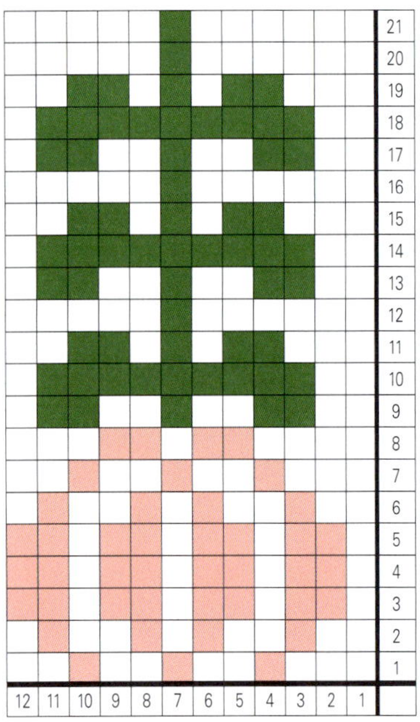

ZÄHLMUSTER B3, NUR GRÖSSE S

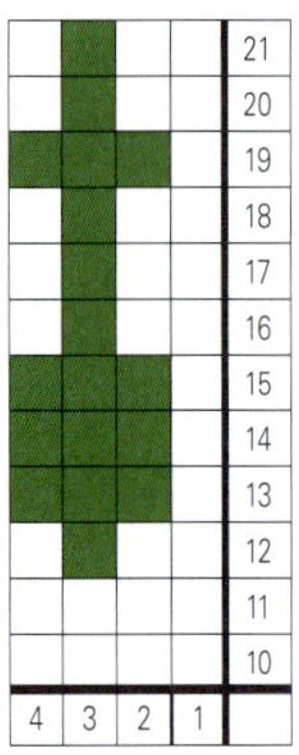

ZÄHLMUSTER B2, NUR GRÖSSE L

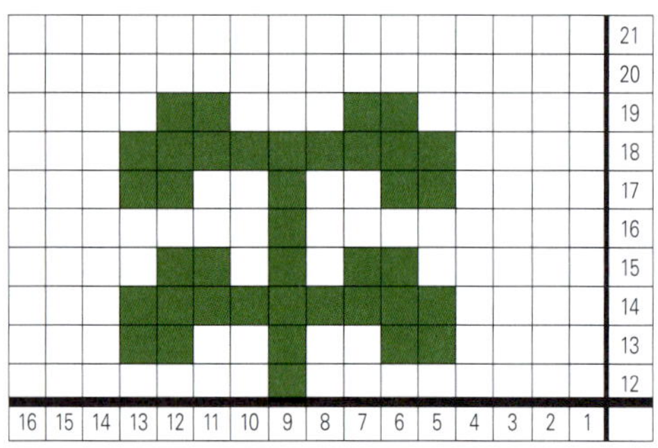

GF
MF1
MF2
MF3

RUMPF

Größe S:

Ab der 10. Rd von Zählmuster B weiterarb. 4× Zählmuster B (halber Rücken), 1× Zählmuster B3 (unter dem Ärmel), 8× Zählmuster B (Vorderteil), 1× Zählmuster B3 und 4× Zählmuster B arb. Bis Rd 21 von Zählmuster B und B3 str. Danach 3 Rd re in der GF arb und mit Zählmuster C fortf.

Größen M und XL:

Ab Rd (10, 17) von Zählmuster B weiterarb. Wenn Zählmuster B fertig gestrickt ist, in der GF 3 Rd re und mit Zählmuster C fortf.

Größe L:

Ab der 13. Rd 4× Zählmuster B (halber Rücken), 1× Zählmuster B2 (unter dem Ärmel), 8× Zählmuster B (Vorderteil), 1× Zählmuster B2 und 4× Zählmuster B arb. Nach Rd 21 von Zählmuster B und B2 3 Rd re in der GF arb und mit Zählmuster C fortf.

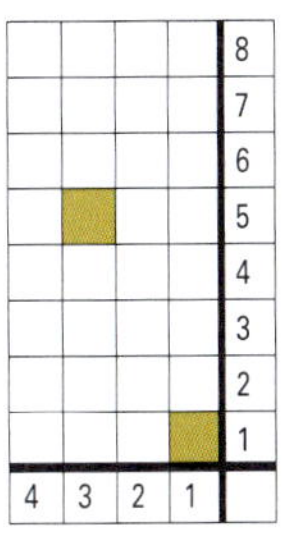

ZÄHLMUSTER C

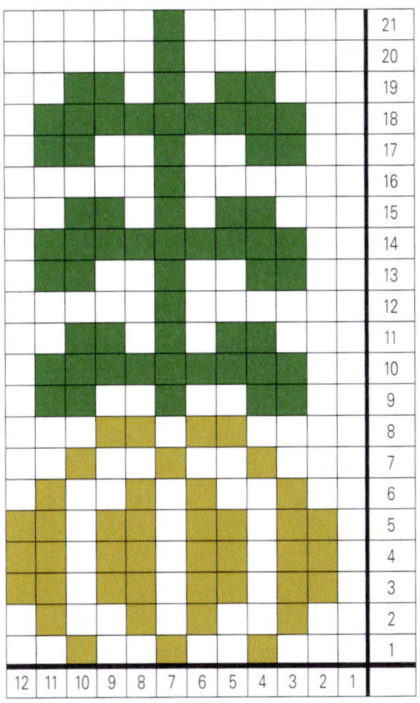

ZÄHLMUSTER D

Größe 2XL:

2 Rd re in der GF arb und mit Zählmuster C fortf.

Alle Größen:

Zählmuster C str, bis der Rumpf ab Ärmelloch 20 (22, 23, 22, 23) cm misst oder wenn bis zur gewünschten Länge noch ca. 14 cm fehlen. Mit einer 4. oder 8. Rd enden.

Größen S und L:

In der letzten Rd 4 M wie folgt zunehmen: 48 (51) M re, 1 M zun/li, 4 (10) M re, 1 M zun/li, 96 (102) M re, 1 M zun/li, 4 (10) M re, 1 M zun/li, 48 (51) M re. Jetzt liegen 204 (228) M auf der Nadel.

Alle Größen:

Gemäß Zählmuster D arb. *Achtung! Für Größe S und L mit der 7. M des Zählmusters beginnen.*

Wenn alle 21 Rd von Zählmuster D gestrickt sind, zu Nadeln Nr. 3 wechseln und 3 Rd in der GF arb.

4 cm im 1/1-Rippenmuster (1 M re verschr, 1 M li verschr im Wechsel) arb und die M abketten.

ÄRMEL

Aus der Mitte des Ärmellochs mit Nadel Nr. 3,5 wie folgt M aufnehmen:

Größe S:

In der 10. Rd von Zählmuster B beginnen. In der GF 3 M re aufnehmen und str. 3 M re aufnehmen und gemäß Zählmuster B str, beginnend bei der 7. M des Zählmusters. Weiterarb und die 54 stillgelegten M gemäß Zählmuster str. 4 M aufnehmen und str, dabei im Muster bleiben. In der GF 2 M re aufnehmen und str. Den Rundenanfang (mittig unter dem Ärmel) mit einem MM kennzeichnen. Links vom MM befinden sich 3 M und rechts davon 2 M, die nur in der GF gestrickt werden. Es sind insgesamt 66 Ärmel-M auf der Nadel.

Größe M:
In der 10. Rd von Zählmuster B beginnen. 6 M aufnehmen und gemäß Zählmuster B str, beginnend bei der 7. M. Weiterarb und die 60 stillgelegten M gemäß Zählmuster str. 6 M aufnehmen und gemäß Zählmuster str. Den Rundenanfang mit einem MM kennzeichnen. Es liegen 72 Ärmel-M auf der Nadel.

Größe L:
In der 13. Rd von Zählmuster B beginnen. In der GF 3 M re aufnehmen und str. 3 M aufnehmen und gemäß Zählmuster str, beginnend mit der 1. M des Zählmusters. Weiterarb und die 66 stillgelegten M laut Zählmuster str. 3 M aufnehmen und gemäß Zählmuster str. In der GF 3 M re aufnehmen und str. Den Rundenanfang mit einem MM kennzeichnen. Beidseitig vom MM befinden sich je 3 M, die nur in der GF gestrickt werden. Es liegen 78 Ärmel-M auf der Nadel.

Größe XL:
In der 17. Rd von Zählmuster B beginnen. 6 M aufnehmen und gemäß Zählmuster str, beginnend bei der 1. M des Zählmusters. Weiterarb und die 72 stillgelegten M laut Zählmuster str. 6 M aufnehmen und gemäß Zählmuster str. Den Rundenanfang mit einem MM kennzeichnen. Es liegen 84 Ärmel-M auf der Nadel.

Größe 2XL:
In der GF 6 M re aufnehmen und str. Die 78 stillgelegten M re str. 6 M aufnehmen und re str. Den Rundenanfang mit einem MM kennzeichnen. Es liegen 90 Ärmel-M auf der Nadel. 3 Rd in der GF glatt re str, dann mit Zählmuster C fortf, beginnend mit der 3. M des Zählmusters. Wenn der Ärmel ab dem Ärmelloch 5 cm misst, mit den Ärmel-Abn beginnen.

Nur Größen S–XL:
Gemäß Zählmuster B fortf und gleichzeitig, sobald der Ärmel ab Ärmelloch 8 (6, 6, 6) cm misst, mit den Ärmel-Abn beginnen. Nach Abschluss von Zählmuster B 3 Rd in der GF str. Mit Zählmuster C fortf.
Achtung! Nur für Größe L: Mit der 2. M des Zählmusters beginnen.

Alle Größen:
Abn-Rd Ärmel: 1 M re, 2 M re zus, gemäß Zählmuster bis 3 M vor dem MM arb, 2 M re ab/zus-str, 1 M re.
Die Abn in jeder 7. (5., 8., 6., 8.) Rd, insg. 9 (12, 9, 12, 9)× str.
Achtung! Der Rapport geht aufgrund der Abnahmen nicht immer auf. Das Muster immer an die Vorrunden anpassen.
Auf der Nadel liegen nach den Abn 48 (48, 60, 60, 72) M.
Stricken, bis der Ärmel ab Ärmelloch 33 (34, 35, 36, 37) cm misst; enden mit einer 4. oder 8. Rd von Zählmuster C. Mit Zählmuster D fortf. Wenn auch dieses Zählmuster gestrickt ist, die MF trennen und zu Nadel Nr. 3 wechseln. 3 Rd re M in der GF str. Dann 4 cm im 1/1-Rippenmuster (1 M re verschr, 1 M li verschr im Wechsel) arb und die M abketten. Nach Belieben italienisch abketten.
Den zweiten Ärmel ebenso arb.

FERTIGSTELLUNG
Alle Fadenenden vernähen. Den Pullover in lauwarmem Wasser waschen und in einem Frotteehandtuch das überschüssige Wasser ausdrücken. Die Arbeit liegend trocknen lassen.

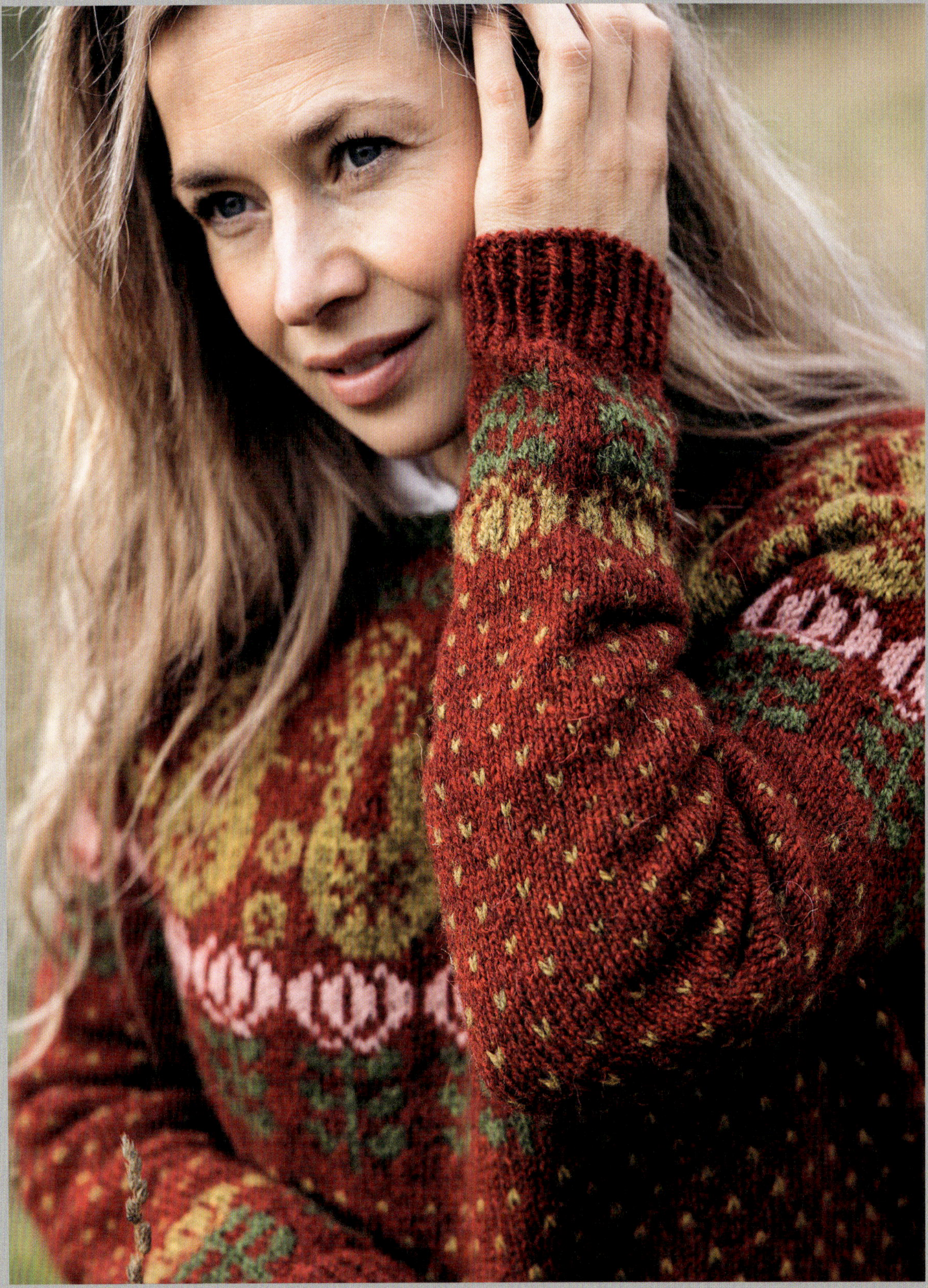

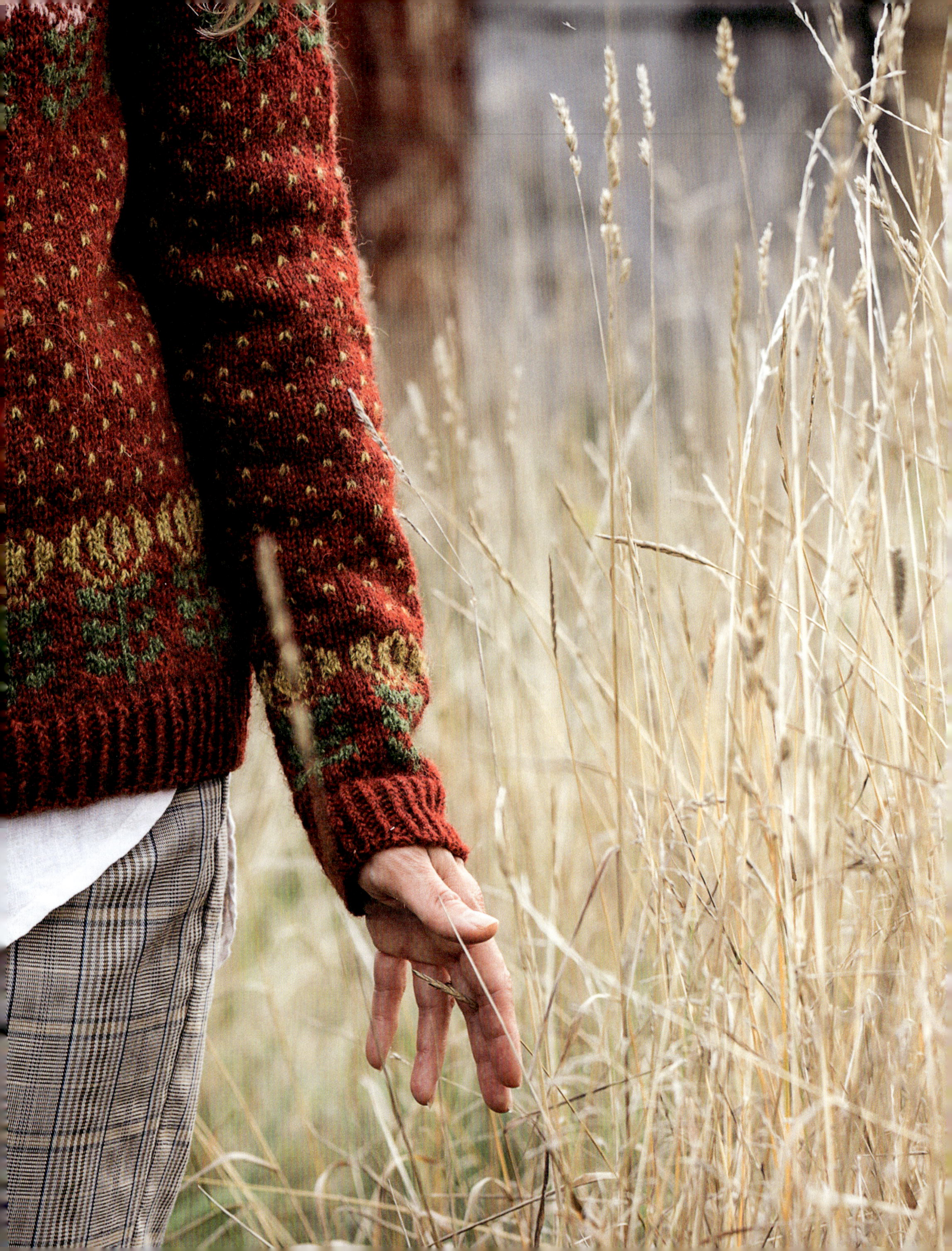

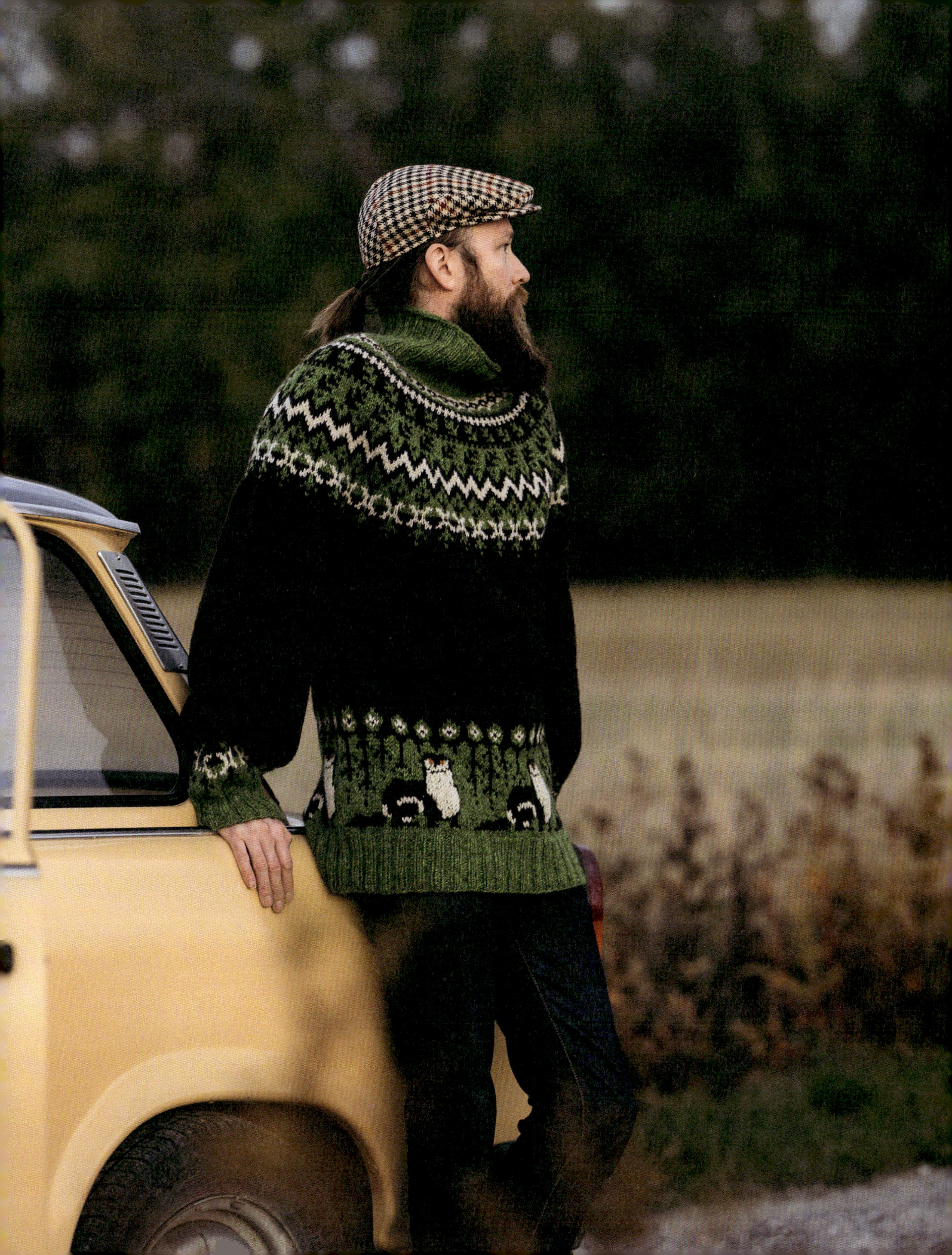

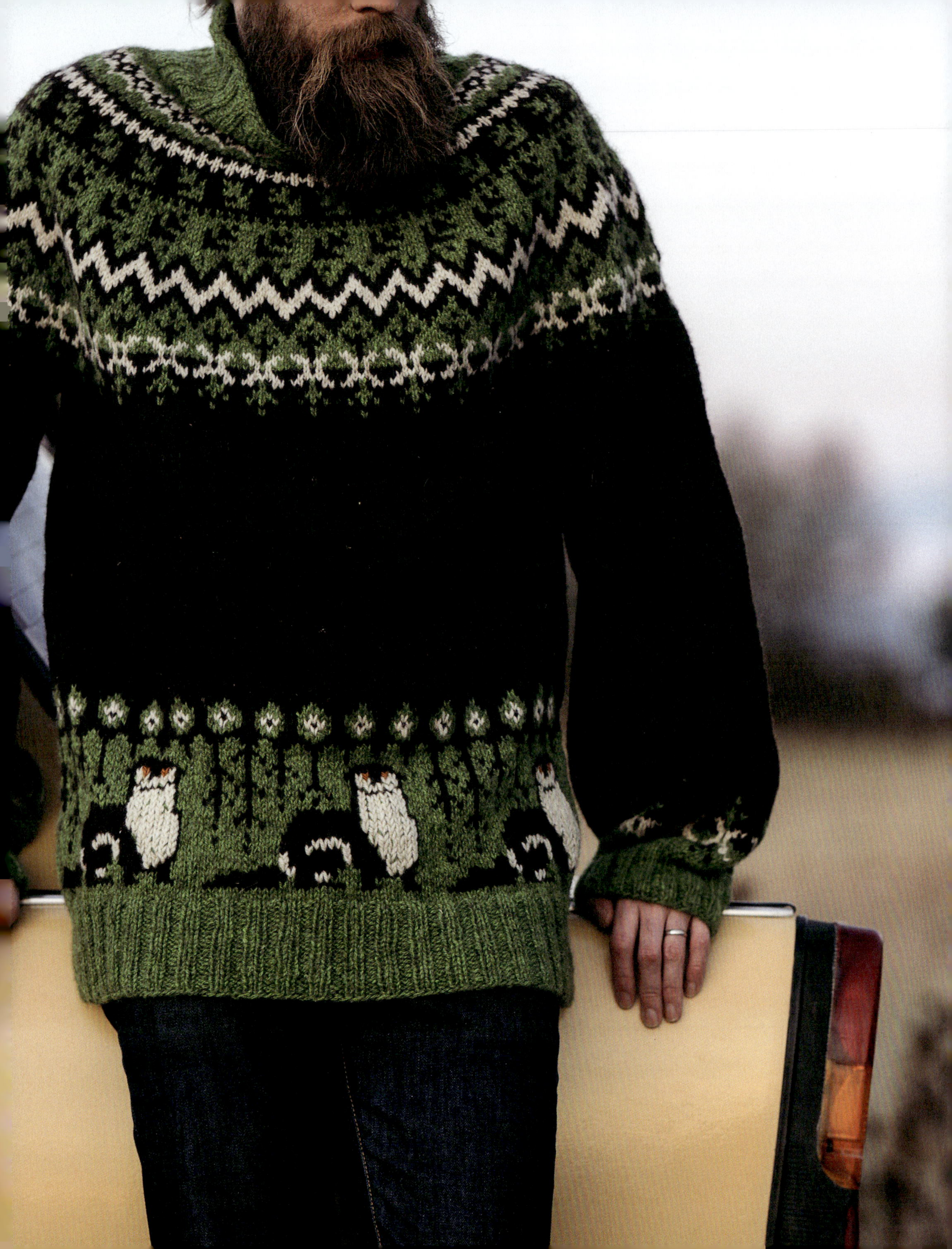

«

Der Fischotter (finnisch: saukko) bleibt mit einem Fisch im Maul am Strand stehen. Auch während seiner Mahlzeit ist der Otter wachsam und hat seine Umgebung im Blick. Nach dem Fressen lässt er sich geschmeidig wieder ins Wasser gleiten und hinterlässt nur kurz eine Spur an der Oberfläche. Der verspielte *Lutra lutra* verhält sich im Wasser ausgelassen wie ein Kind, das herumwirbelt und sich im Kreis dreht. Es macht Spaß, ihn zu beobachten.

Saukko

DESIGNERIN: KATJA MAKKONEN

Saukko

UNSER MODELL TRÄGT GRÖSSE L

Größen: S (L, 2XL)
Empfohlene Bequemlichkeitszugabe: 8 cm

Maße der fertigen Arbeit:
Brustumfang: 83,5 (110, 116,5) cm
Rumpflänge (Achsel bis Bündchen): 44 (45, 46) cm
Gesamtlänge (Kragen bis Bündchen):
69,5 (70,5, 71,5) cm
Ärmelumfang Oberarm: 34,5 (34,5, 38) cm
Umfang Ärmelbündchen: 26,5 (26,5, 30,5) cm
Innere Ärmellänge (Achsel bis Bündchen): 46 (48, 49) cm

Garn: Kampintila von Peurapellon Lammas (100 % Wolle; 185 m / 100 g) und Pirtin Kehräämö – karstalanka (kardiertes Garn) (100 % Wolle; 180 m / 100 g) oder ein anderes Garn mit entsprechender Lauflänge
GF: Peurapellon Lammas: Korpi tummanruskea (Dunkelbraun), 5 (5, 5) Stränge oder 790 (835, 925) m
MF1: Pirtin Kehräämö: vihreä (Grün), 3 (3, 3) Stränge oder 435 (505, 540) m
MF2: Peurapellon Lammas: Utu luonnonvalkoinen (Naturweiß), 1 (1, 1) Strang oder 130 (170, 185) m
MF3: 3–5 m schwarzes oder hellbraunes Garn in Worsted-Stärke (für Nd Nr. 5) zum Aufsticken der Augen

Nadeln: Rundstricknadeln Nr. 3 und Nr. 4, 80 cm lang, Nadelspiele Nr. 3 und Nr. 4 (oder Rundstricknadeln Nr. 3 und Nr. 4, 20 cm lang)

Sonstiges: Maschenmarkierer, Hilfsfaden oder Maschenhalter, Wollnadel

Maschenprobe: 21 M und 19 Rd = 10 cm × 10 cm glatt rechts auf Nd Nr. 4, ungespannt

Achtung! *Die Maschenprobe auch in Bezug auf das Muster überprüfen und die Nadelstärke wechseln, falls nötig.*

Das Modell wird ohne Nähte von unten nach oben gestrickt. Für alle Motive sind mehrere Farben in einer Runde nötig. Die Augen kann man nachträglich aufsticken, damit nicht noch ein Faden mehr dazukommt.

RUMPF

160 (192, 224) M in MF1 auf der langen Rundstricknadel Nr. 3 anschl. Zur Rd schließen und den Rundenübergang mit einem MM markieren (= linke Seitennaht). 8 cm im 2/2-Rippenmuster (2 M re, 2 M li im Wechsel) arb.

Zu Rundstricknadel Nr. 4 wechseln und 1 Rd re M str, dabei gleichmäßig verteilt 15 (18, 21) M zun. Jetzt liegen 175 (210, 245) M auf der Nadel.

Zählmuster A str. Der Rapport wiederholt sich 5 (6, 7)× pro Rd. Wenn alle 34 Rd des Zählmusters gestrickt sind, alle MF trennen und in der GF glatt re str, bis die Arb 44 (45, 46) cm misst.

Noch 1 Rd re M str, dabei die Ärmelloch-M wie folgt abketten: Die ersten 3 (4, 4) M abketten, 81 (97, 115) M re str (Vorderteil), 7 (8, 8) M abketten, 80 (97, 114) M re str, 4 (4, 4) M abketten.

ZÄHLMUSTER A

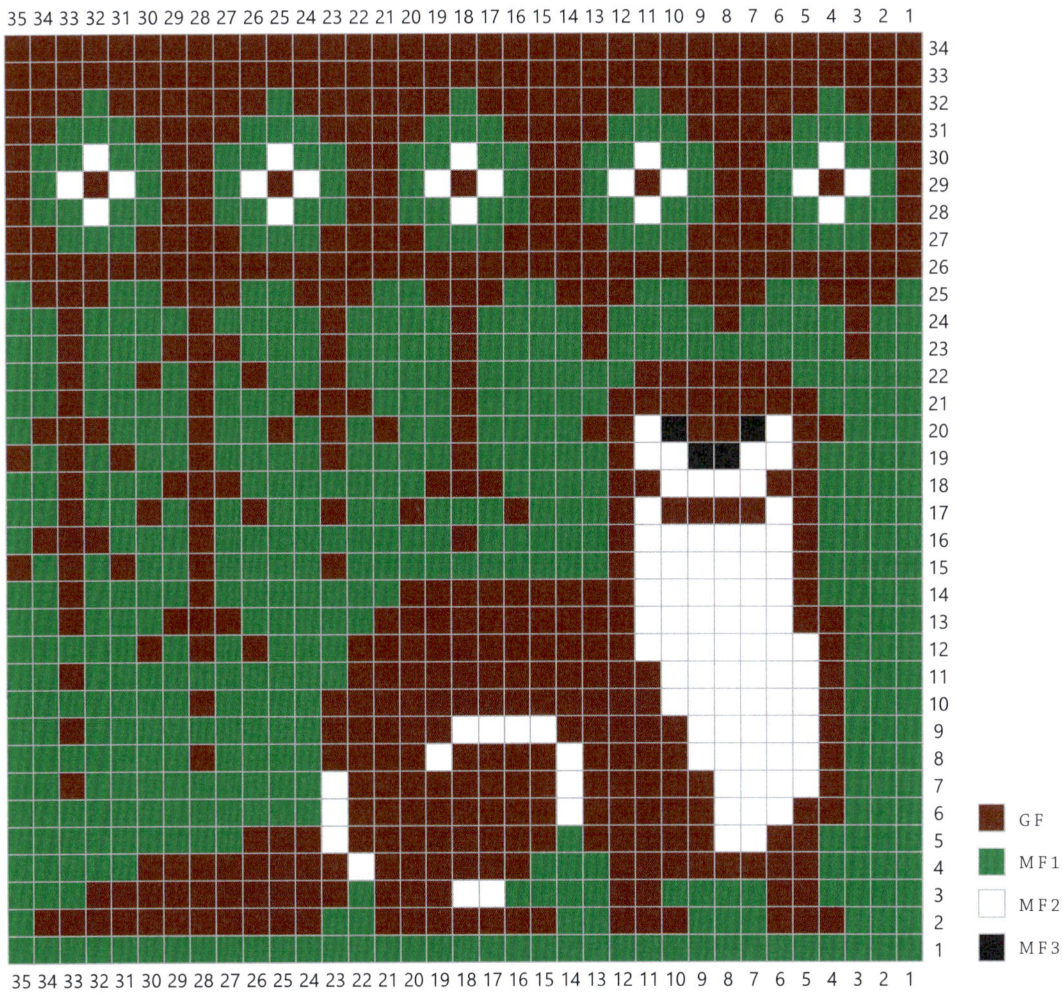

ÄRMEL

56 (56, 64) M in MF1 mit dem Nadelspiel (oder der kurzen Rundstricknadel) Nr. 3 anschlagen. Zur Rd schließen und den Rundenanfang mit einem MM markieren. 8 cm im 2/2-Rippenmuster (2 M re, 2 M li im Wechsel) arb.

Zu Nd Nr. 4 wechseln und 1 Rd re M str, dabei gleichmäßig verteilt 16 (16, 16) M zunehmen. Jetzt liegen 72 (72, 80) M auf der Nadel.

Zählmuster B str. Der Rapport wiederholt sich 9 (9, 10)× pro Rd. Wenn alle 17 Rd des Zählmusters gestrickt sind, alle MF trennen und in der GF glatt re str, bis die Arb 46 (48, 49) cm misst.

Nächste Rd: 3 (4, 4) M abketten, re M str, bis noch 4 (4, 4) M übrig sind, diese M abk. Der Ärmel hat noch 65 (64, 72) M. Den zweiten Ärmel ebenso arb.

PASSE

Jetzt werden Ärmel und Rumpf vereint:

In der GF mit der langen Rundstricknadel Nr. 4 arb. Von einem Ärmel 65 (64, 72) M re, vom Vorderteil 81 (97, 115) M re, vom zweiten Ärmel 65 (64, 72) M re und vom Rückenteil 80 (97, 114) M re str, MM setzen. Der Rundenanfang liegt jetzt zwischen dem linken Ärmel und dem Rückenteil. Es sind 291 (322, 373) M auf der Nadel.

1 Rd re M str, dabei gleichmäßig verteilt 3 (2, 5) M abn = 288 (320, 368) M. Zählmuster C str. Der Rapport wiederholt sich 36 (40, 46)× pro Rd. Alle 27 Rd str.

Nächste Rd (Abn): In der MF1 re M str, dabei gleichmäßig verteilt 88 (96, 104) M abn (jeweils 2 M re ab/zus-str) = 200 (224, 264) M.

Zählmuster D str. Der Rapport wiederholt sich 25 (28, 33)× pro Rd. Alle 13 Rd str.

Nächste Rd (Abn): In der GF re M str, dabei gleichmäßig verteilt 56 (72, 72) M abn (jeweils 2 M re ab/zus-str) = 144 (152, 192) M.

Zählmuster E str. Der Rapport wiederholt sich 18 (19, 24)× pro Rd. Alle 6 Rd str.

Nächste Rd (Abn): In der MF1 re M str, dabei gleichmäßig verteilt 8 (8, 16) M abn (jeweils 2 M re ab/zus-str) = 136 (144, 176) M.

Zählmuster F str. Der Rapport wiederholt sich 17 (18, 22)× pro Rd. Alle 7 Rd str. GF und MF2 trennen und die Arb in MF1 fertigstellen.

Nächste Rd (Abn): Re M str, dabei gleichmäßig verteilt 22 (24, 30) M abn (jeweils 2 M re ab/zus-str) = 114 (120, 146) M.

1 Rd re M str.

Nächste Rd (Abn): Re M str, dabei gleichmäßig verteilt 22 (20, 36) M abn (jeweils 2 M re ab/zus-str) = 92 (100, 110) M.

Noch 3 cm glatt re str. Die Größe des Halsausschnitts bei Bedarf anpassen: Falls der Halsausschnitt zu weit ist, noch 1 Rd re M str und dabei die gewünschte Anzahl von M abn. Die verbleibende Maschenzahl muss durch 4 teilbar sein.

Zu Nd Nr. 3 wechseln und 10 cm im 2/2-Rippenmuster (2 M re, 2 M li im Wechsel) str. Mustergemäß oder mit einem Kordelrand (I-Cord) abk.

FERTIGSTELLUNG

Die Ärmellöcher im Matratzenstich schließen.

Die Augen mit MF3 im Maschenstich gemäß Zählmuster aufsticken.

Alle Fadenenden auf der Innenseite der Arbeit vernähen.

Die Arbeit in lauwarmem Wasser mit etwas Waschessig waschen, das Wasser in einem Frotteetuch ausdrücken, den Pullover in Form ziehen und liegend trocknen lassen.

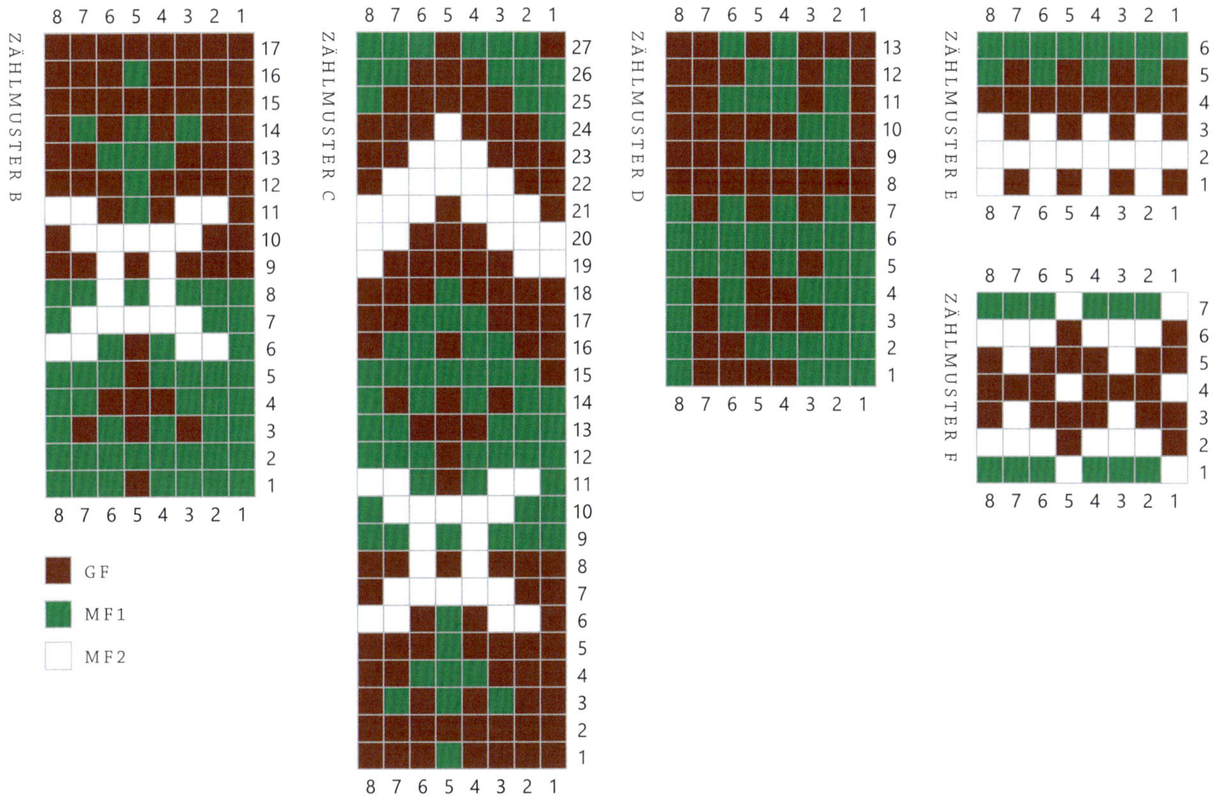

Auch die weiße Brust der Otter kann mit Maschenstich im Nachhinein ergänzt werden, denn die Spannfäden wären ziemlich lang.

Loisto

«

In der Musterwelt dieses Pullovers spiegelt sich die Brillanz (finnisch: loisto) und Schönheit der Natur im Herbst wider. Beim Anblick der rostroten Ebereschenblätter und der naturweißen Eisblumen wird die klirrende Kälte der ersten Frostnächte lebendig. Der Pullover wird ohne Nähte von oben nach unten gestrickt.

DESIGNERIN: NIINA LAITINEN

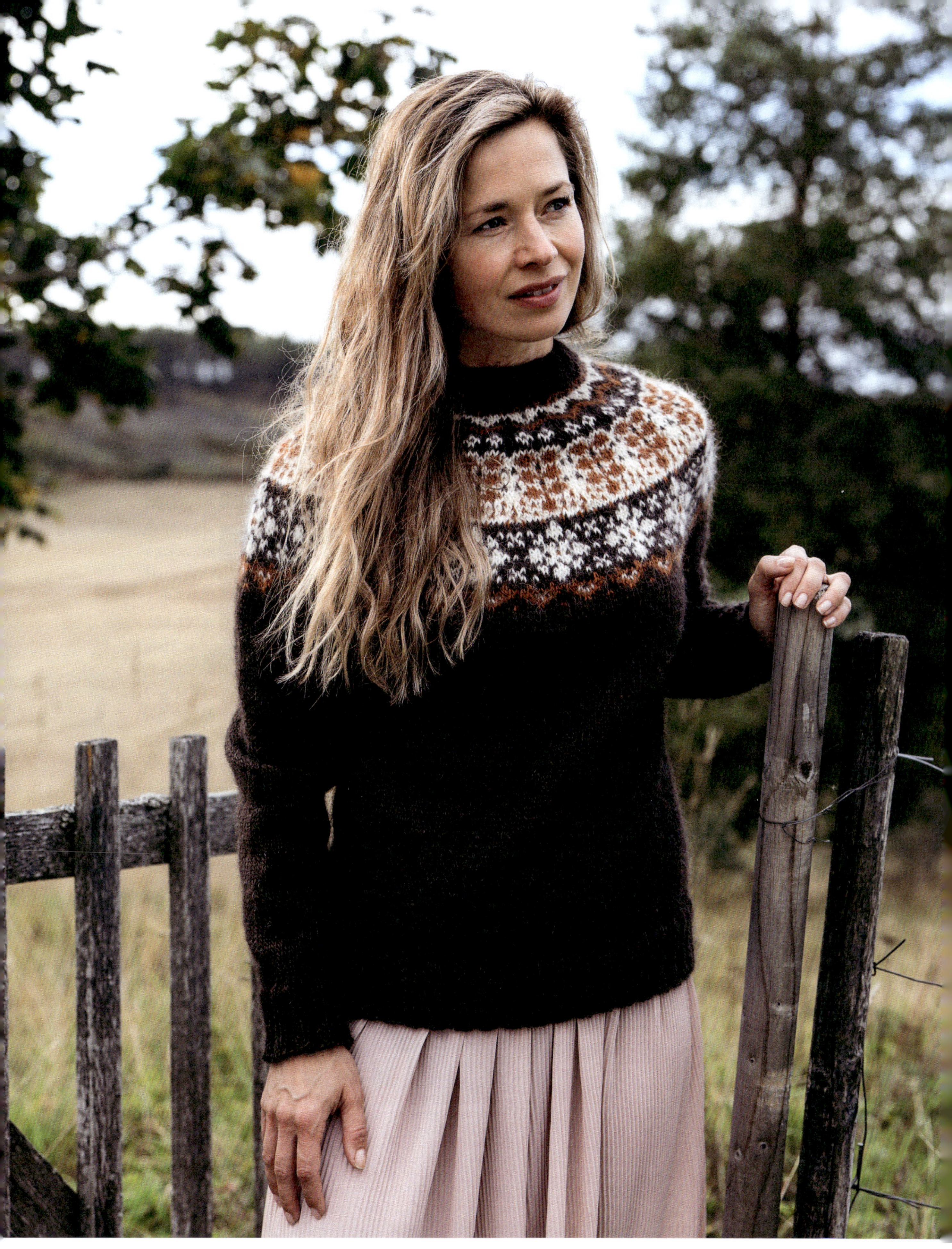

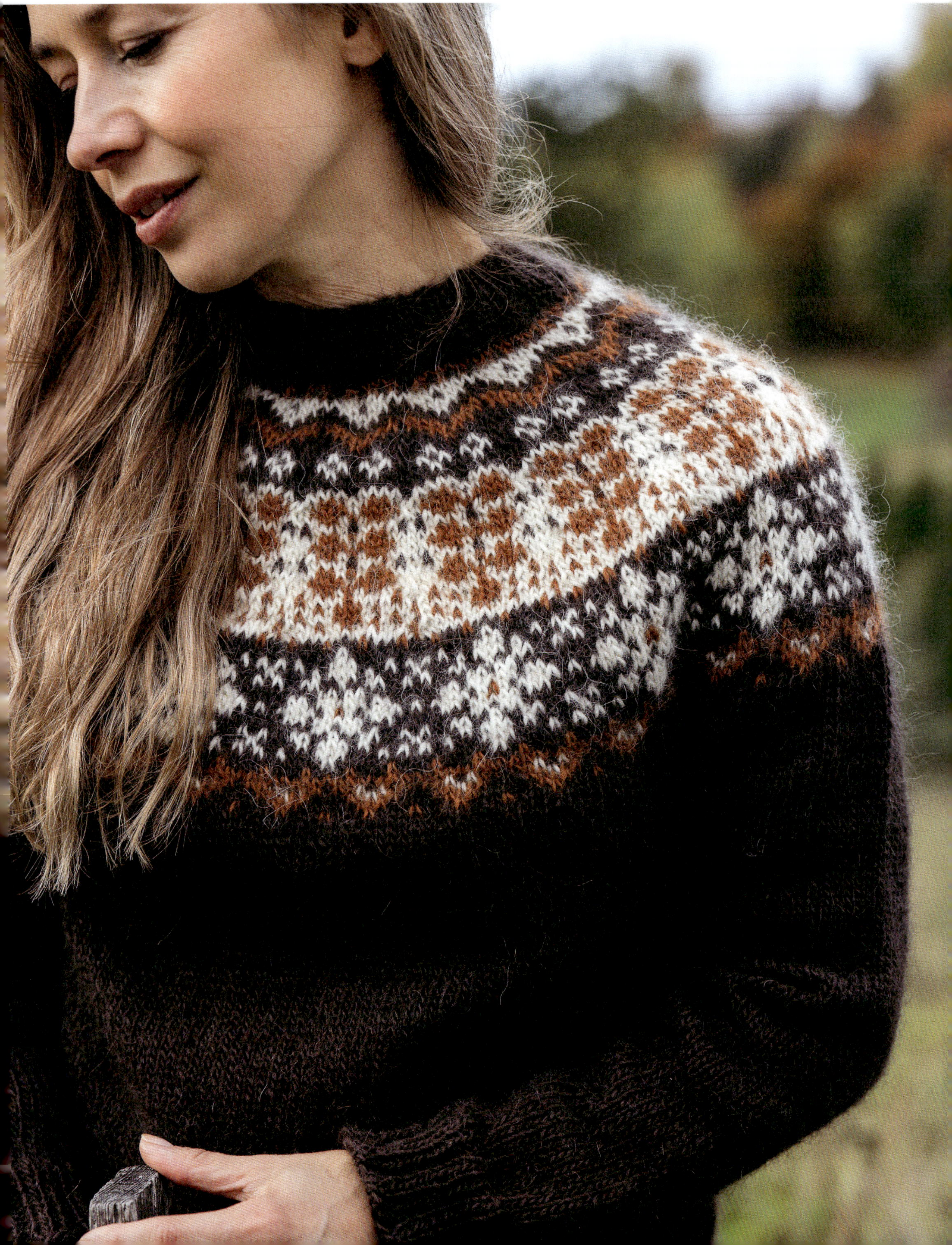

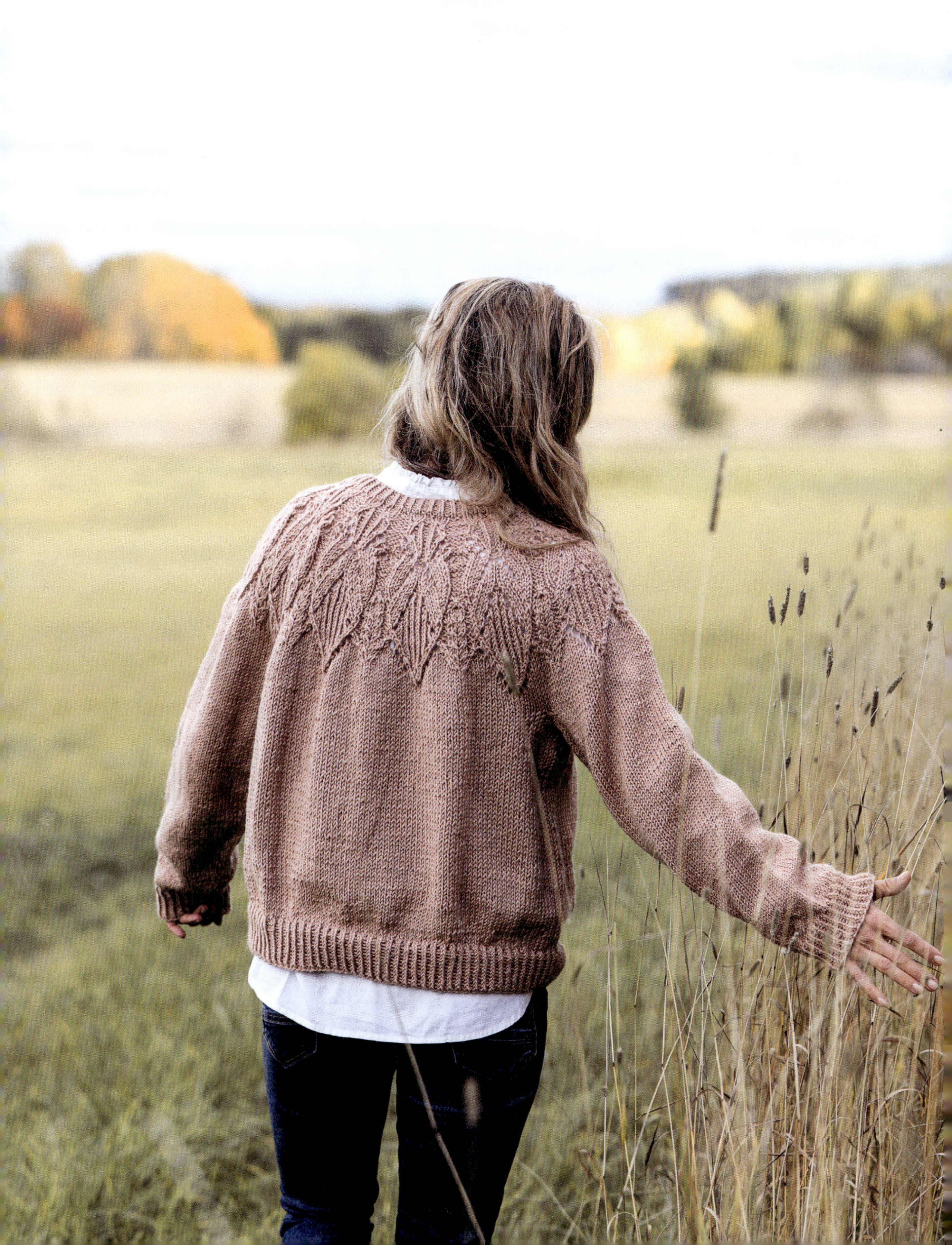

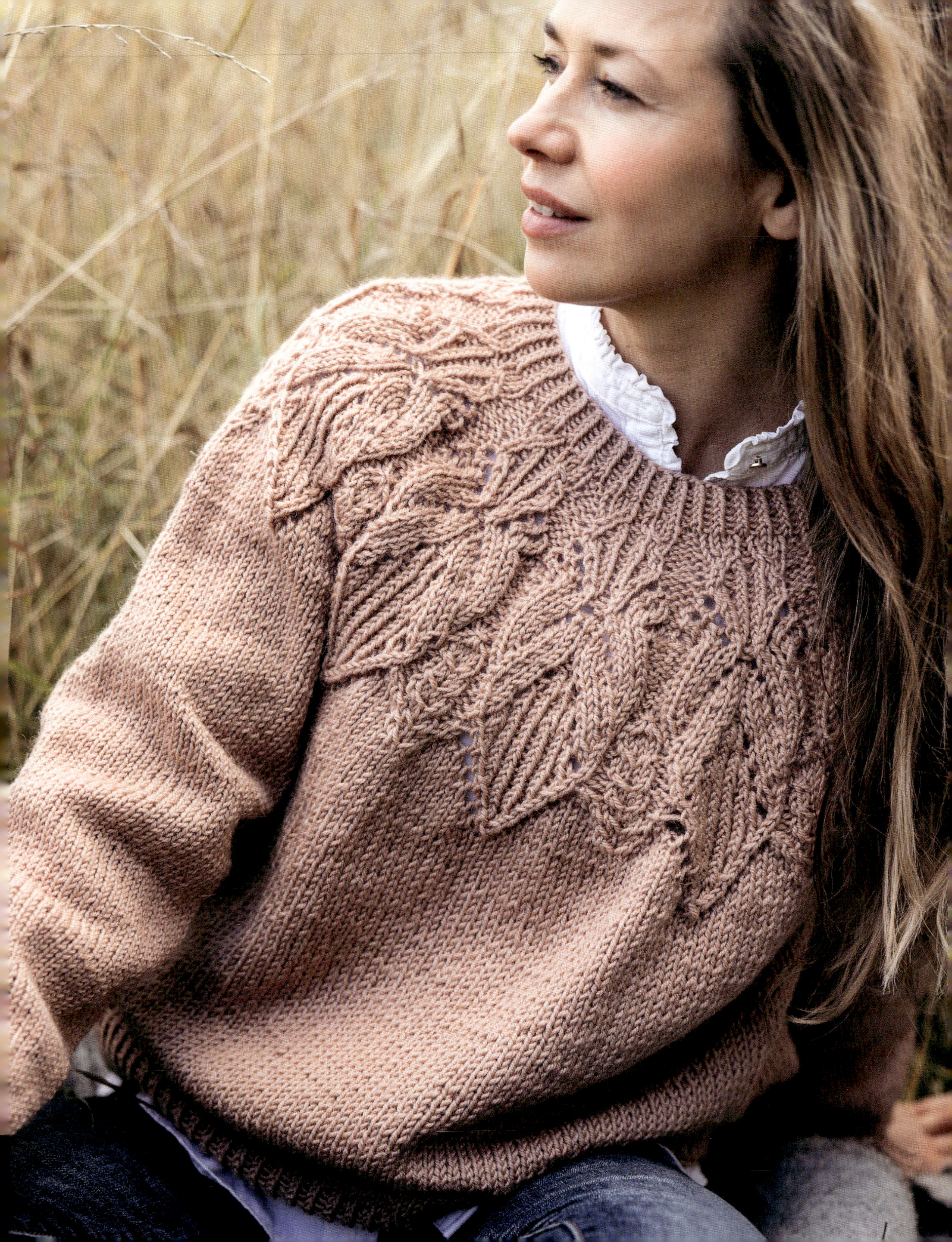

«

Anmut (finnisch: lumous) und Liebreiz, einen Hauch von Magie und sanften Charme, das strahlt die Passe mit dem zarten Spitzenmuster aus. Das zeitlos schöne Modell ist immer perfekt – im Alltag wie auch bei Festlichkeiten. Der Pullover wird in Runden von oben nach unten gestrickt.

Lumous

DESIGNERIN: NIINA LAITINEN

Lumous

UNSER MODELL TRÄGT GRÖSSE S

Größen: S (M, L, XL, 2XL)
Empfohlene Bequemlichkeitszugabe: 3–5 cm

Maße der fertigen Arbeit:
Brustumfang:
106,5 (113, 123,5, 132, 139,5) cm
Rumpflänge (Achsel bis Bündchen):
32 (33, 34, 35, 36) cm
Gesamtlänge (Kragen bis Bündchen):
56,5 (57,5, 58,5, 60, 61) cm
Ärmelumfang Oberarm:
41 (44,5, 45,5, 50, 51,5) cm
Umfang Ärmelbündchen: 26,5 (30, 29, 33,5, 34) cm
Innere Ärmellänge (Achsel bis Bündchen):
47 (48, 49, 50, 51) cm

Garn: Novita 7 Veljestä Nature (70 % Wolle, 30 % Lyocell; 200 m / 100 g)
502 Päiväuni (Tagtraum), 500 (550, 600, 650, 700) g oder 1000 (1100, 1200, 1300, 1400) m

Nadeln: Rundstricknadeln Nr. 3,5 und 4, 40 cm und 80 cm lang, Nadelspiele Nr. 3,5 und 4

Sonstiges: Maschenmarkierer, Hilfsfaden oder Maschenhalter, Wollnadel

Maschenprobe: 18 M und 26 Rd = 10 cm × 10 cm glatt rechts, leicht gespannt

- re M
- li M
- 1/1 M rvkr
- 1/1 lvkr
- 1/1 rvkr/li
- 1/1 lvkr/li
- 1 M li verkr zun
- re verschränkt

- Umschlag
- 2 M re zus
- 2 M re ab/zus-str
- 1 M zun/re
- 1 M zun/li
- MDA
- 2 M abh, 1 M re, die abgehobenen M über die gestrickten M ziehen
- keine Masche

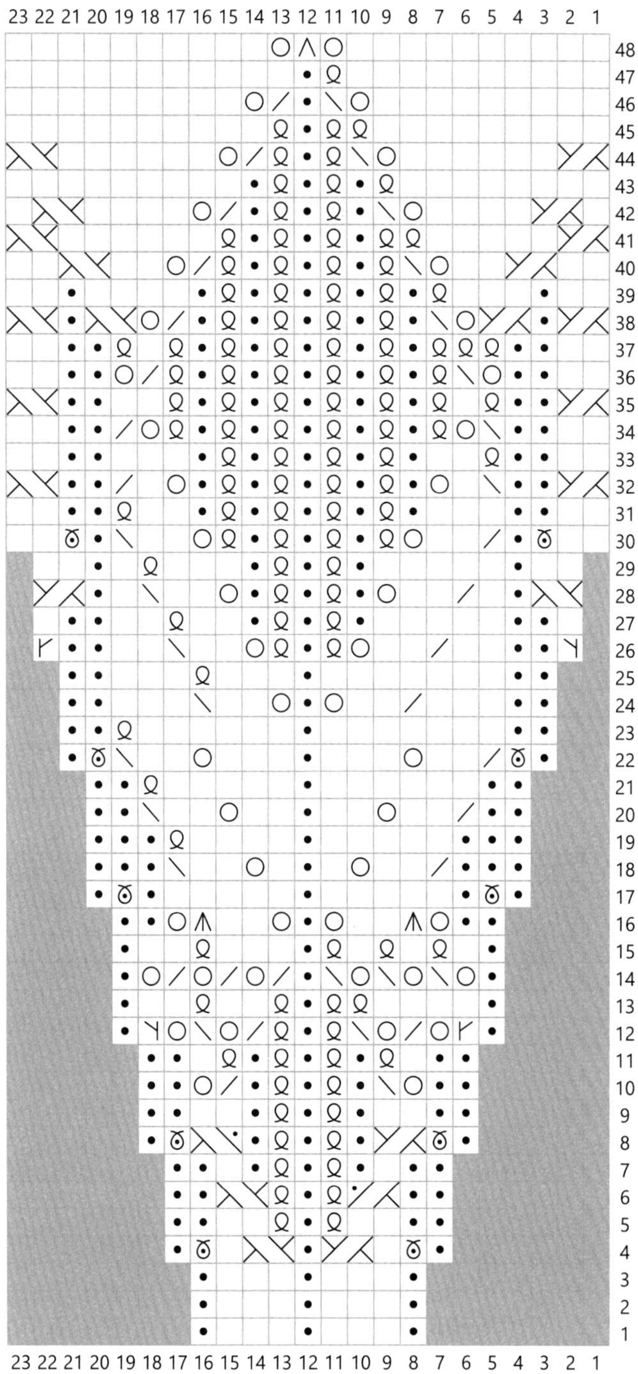

PASSE

108 (110, 112, 112, 114) M mit der kürzeren Rundstricknadel Nr. 3,5 anschlagen. Zur Runde schließen und einen MM für den Rundenanfang setzen.
Tipp! Im Laufe der Zun zur längeren Rundstricknadel wechseln, sobald die kürzere zu voll wird.
3 cm im 1/1-Rippenmuster (1 M re verschr, 1 M li im Wechsel) arb. Zu Nd Nr. 4 wechseln, 1 Rd re M str, dabei gleichmäßig verteilt 0 (7, 14, 14, 21) zun = 108 (117, 126, 126, 135) M auf der Nadel.
Die 1. Rd gemäß Strickschrift str, der Rapport von 9 M wiederholt sich 12 (13, 14, 14, 15)× in der Rd.
Die Rd 2–48 arb. In den Rd 4, 8, 12, 17, 22, 26 und 30 werden in jedem Rapport 2 M zugenommen. Nach der Strickschrift liegen 276 (299, 322, 322, 345) M auf der Nadel.
Falls erforderlich, weiter glatt re str, bis die Passe nach dem Rippenmuster 21,5 (21,5, 21,5, 22, 22) cm misst.
In der nächsten Runde 40 (43, 48, 48, 51) M (halbes Rückenteil) re str, 58 (64, 66, 66, 70) Ärmel-M auf einem Hilfsfaden oder einem Maschenhalter stilllegen, für das Ärmelloch 16 (16, 16, 24, 23) M anschlagen. Für das Vorderteil 80 (86, 95, 95, 103) M re str, die nächsten 58 (64, 66, 66, 70) Ärmel-M stilllegen, für das zweite Ärmelloch 16 (16, 16, 24, 23) M anschlagen und für das halbe Rückenteil die letzten 40 (42, 47, 47, 51) M str. Auf der Nadel liegen jetzt 192 (203, 222, 238, 251) Rumpf-M.

RUMPF

Glatt re in Rd weiterstr, bis der Rumpf ab Achsel 27 (28, 29, 30, 31) cm misst.
Zu Rundstricknadel Nr. 3,5 wechseln und 5 cm im 1/1-Rippenmuster (1 M re verschr, 1 M li im Wechsel) arb.
Die M elastisch abketten, wie sie erscheinen.

ÄRMEL

Die Ärmel glatt re in Rd str. Dafür das Nadelspiel verwenden oder die langen Rundstricknadeln, falls mit Magic Loop gearbeitet wird. Die stillgelegten 58 (64, 66, 66, 70) Ärmel-M auf Nadel Nr. 4 heben und bis zum Ende der R re str. Aus den angeschlagenen M für das Ärmelloch 16 (16, 16, 24, 23) M herausstr. Auf der Nadel liegen jetzt 74 (80, 82, 90, 93) M. Weiter glatt re in Rd arb. Der Rundenanfang liegt in der Mitte der herausgestrickten M; dort einen MM setzen.
2 cm glatt re str, dann mit den Abn beginnen: 2 M re, 2 M re zus, re M bis 4 M vor MM str, 2 M re abh/zus-str oder 2 M re überz/zus-str, 2 M re. Die Abn im Abstand von 2 cm insg. 13 (13, 15, 15, 15)× wdh. Auf der Nadel liegen danach noch 48 (54, 52, 60, 63) M. Glatt re in Rd weiterstr, bis der Ärmel ab Achsel 42 (43, 44, 45, 46) cm lang ist. *Achtung! Für Größe 2XL in der letzten Rd 1 M am Rundenanfang abnehmen.*
Zum Nadelspiel oder, falls mit Magic Loop gearbeitet wird, zur langen Rundstricknadel Nr. 3,5 wechseln und 5 cm im 1/1-Rippenmuster (1 M re verschr, 1 M li im Wechsel) arb.
Die M elastisch abketten, wie sie erscheinen.
Den zweiten Ärmel ebenso arb.

FERTIGSTELLUNG

Alle Fadenenden vernähen. Den Pullover auf links dämpfen und liegend trocknen lassen.

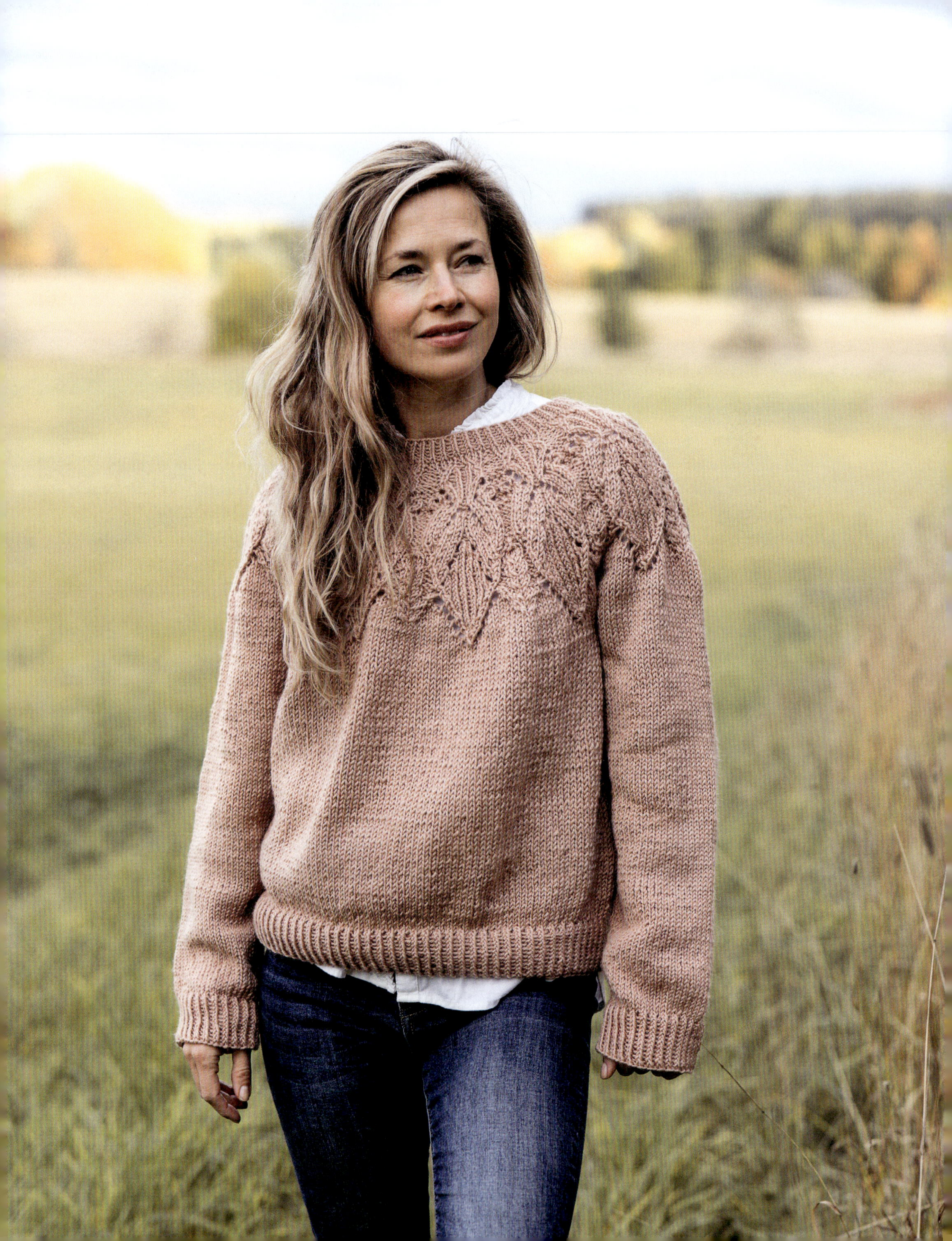

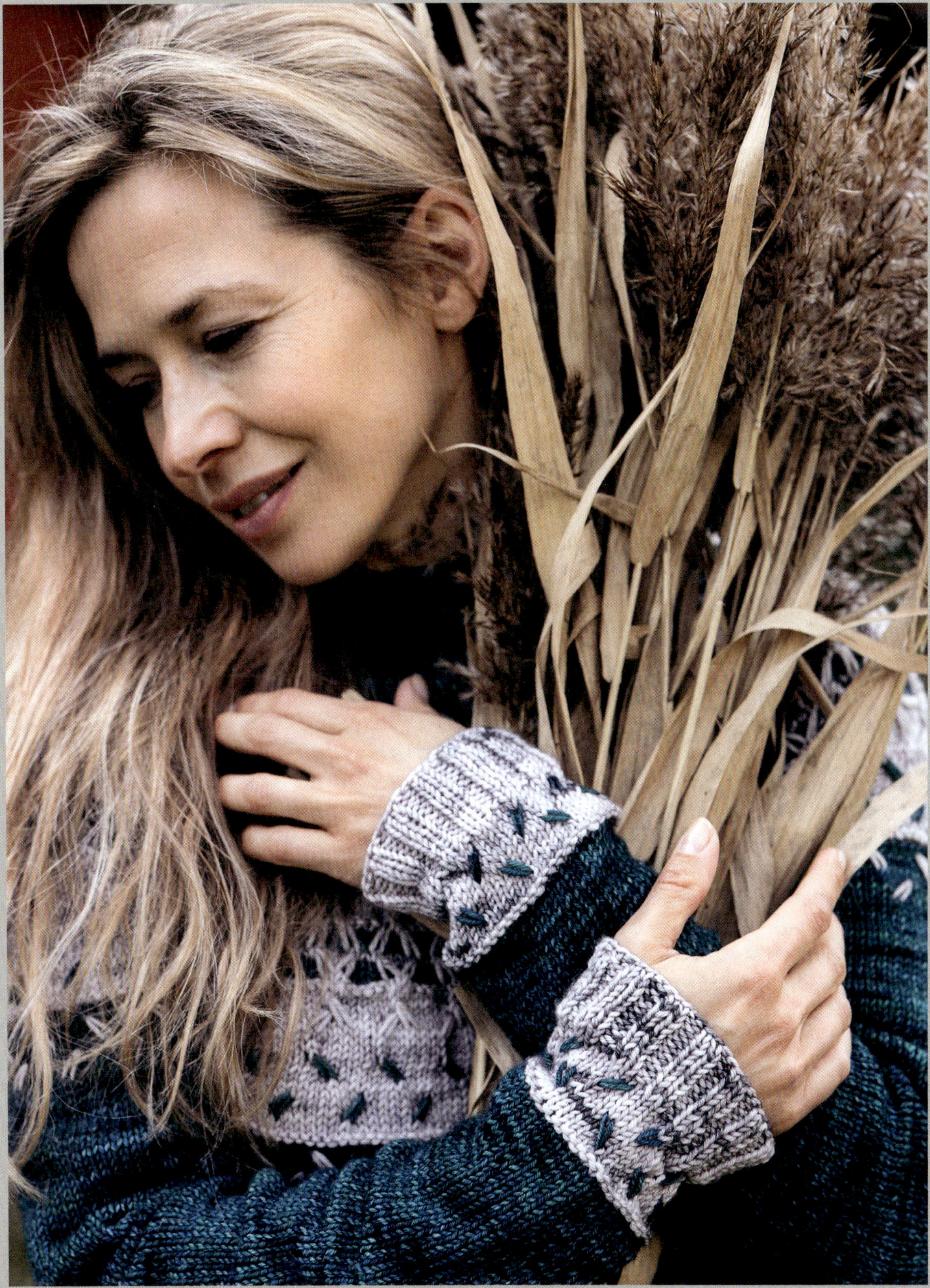

Pakkas

«

Beim Muster dieses Pullovers dachte ich an das alte Haus, in dem ich einmal lebte. Es gab immer irgendeine Fensterecke, die undicht war und wo der Frost (finnisch: pakkanen) Eisblumen auf das Fensterglas zeichnete. Eisblumen sind symmetrisch und doch ist jede anders. Die durch Feuchtigkeit und Luftströmungen entstandene Kunst versetzt mich immer wieder in Erstaunen. Ich habe den Pullover Abschnitt für Abschnitt entworfen, ein bisschen so, wie sich auch eine Eisblume bildet und von Tag zu Tag verändert.

DESIGNERIN: ANNIKA KONTTANIEMI

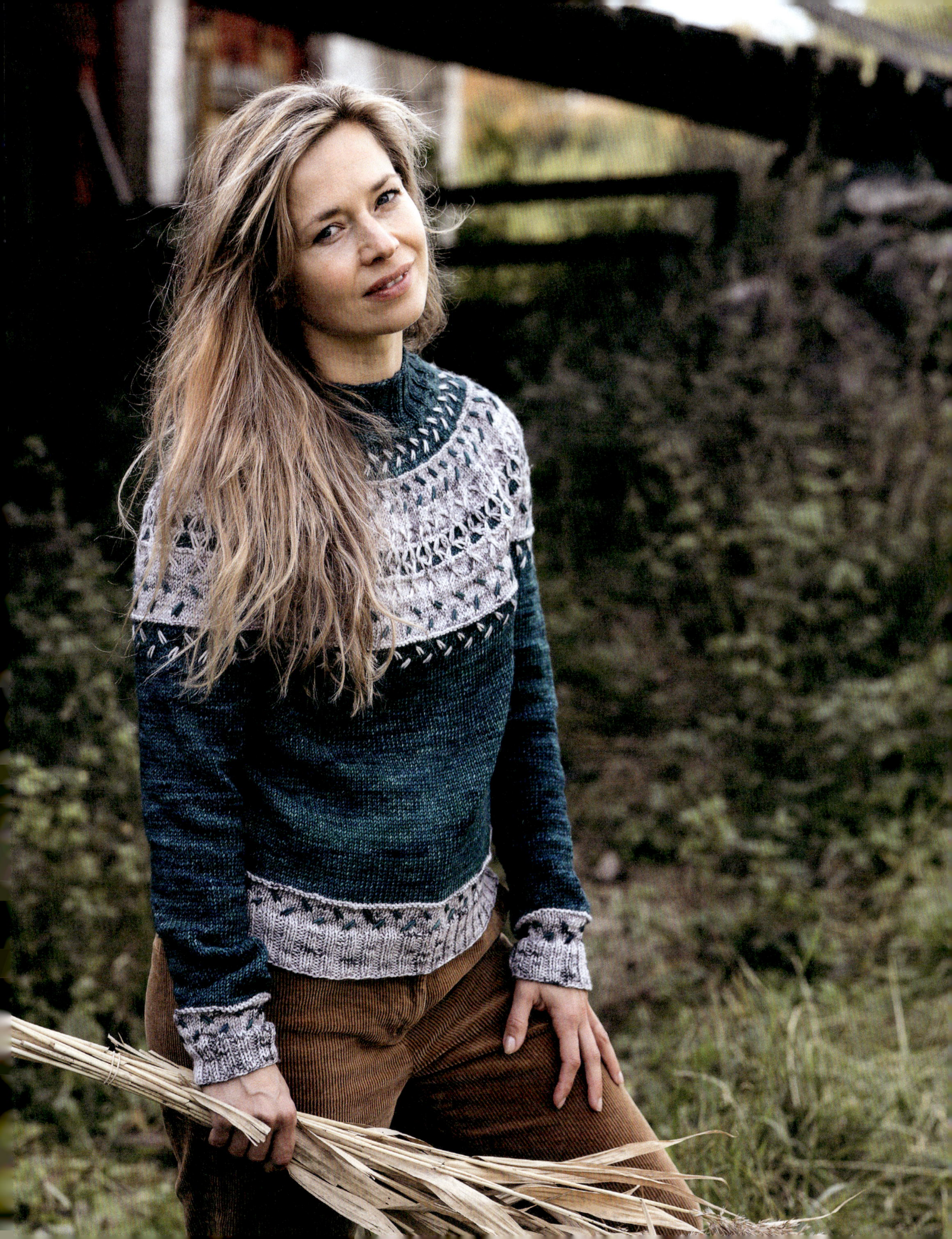

Pakkas

UNSER MODELL TRÄGT GRÖSSE S

Größen: XS (S, M, L) (XL, 2XL, 3XL, 4XL)
Empfohlene Bequemlichkeitszugabe: 0–5 cm

Maße der fertigen Arbeit:
Brustumfang: 82 (90, 98, 109) (120, 131, 139, 150) cm
Rumpflänge (Achsel bis Bündchen): 34,5 (34,5, 35,5, 35,5) (36,5, 37,5, 37,5, 37,5) cm
Gesamtlänge (Kragen bis Bündchen): 54 (54, 56, 58) (60, 62, 63,5, 65) cm (+ 7 cm Halsbündchen)
Ärmelumfang Oberarm: 27,5 (32,5, 35,5, 35,5) (38, 41, 41, 41) cm
Umfang Ärmelbündchen: 18 (22, 22, 22) (23,5, 23,5, 27,5, 27,5) cm
Innere Ärmellänge (Achsel bis Bündchen): 49,5 (50,5, 50,5, 51,5) (52,5, 52,5, 54,5, 54,5) cm

Garn: Aara Aatos (75 % Merinowolle superwash, 25 % Nylon; 225 m / 100 g) oder ein anderes Garn mit entsprechender Lauflänge
GF: Lapponia (Lappland/petrol), 3 (3, 4, 4) (5, 5, 6, 6) Stränge oder 675 (675, 900, 900) (1125, 1125, 1350, 1350) m
MF: Myrsky (Sturm/grau meliert), 2 (2, 3, 3) (3, 4, 4, 4) Stränge oder 450 (450, 675, 675) (675, 900, 900, 900) m

Nadeln: Rundstricknadeln Nr. 3 und 3,5, 80–100 cm lang

Sonstiges: Maschenmarkierer, Hilfsfaden oder Maschenhalter, Wollnadel

Maschenprobe: 22 M und 30 Rd = 10 cm × 10 cm im Muster auf Nd Nr. 3,5, leicht gespannt

- GF
- MF
- keine Masche
- verlängerte Masche (den Faden zweimal um die Nadel wickeln, in der nächsten Rd die zusätzliche Schlinge fallen lassen)
- Masche abheben
- 1 M zun/li
- re M
- li M
- 1/2 M lvkr
- 1/2 M rvkr
- Rapport

ZÄHLMUSTER A

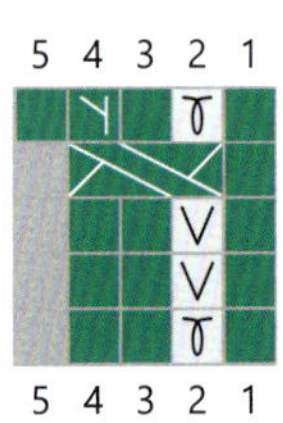

ZÄHLMUSTER B

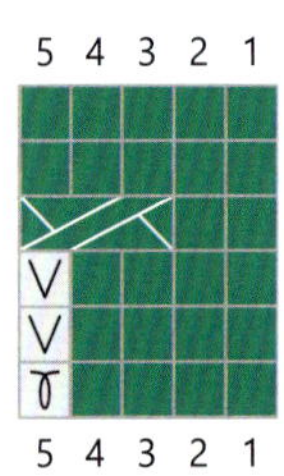

ZÄHLMUSTER C

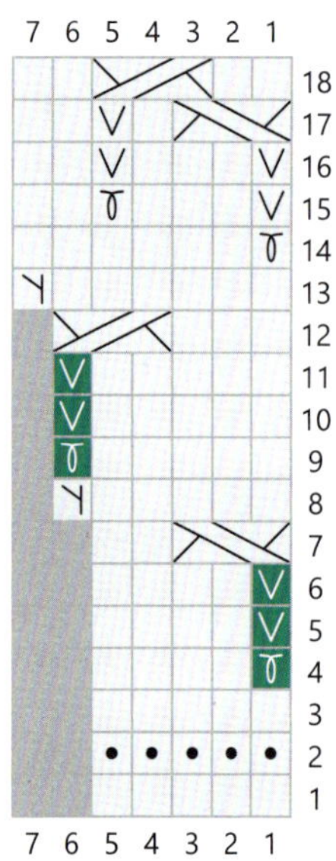

ZÄHLMUSTER D

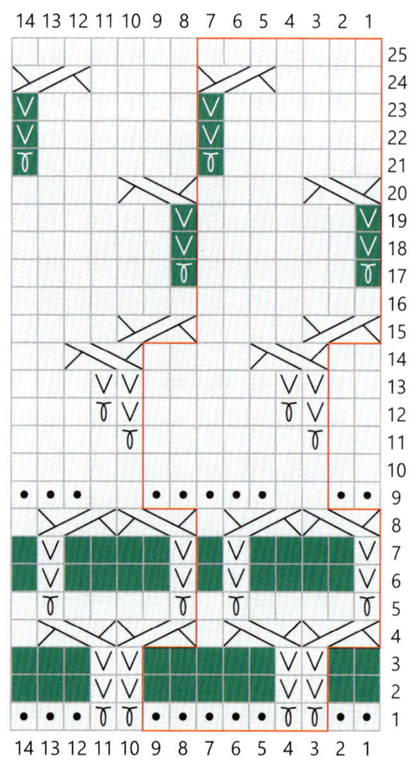

PASSE

84 (92, 100, 108) (116, 124, 132, 140) M in der GF mit Rundstricknadel Nr. 3 anschlagen. Die 1. R im 2/2-Rippenmuster (2 M re, 2 M li im Wechsel) arb. Dann zur Runde schließen, MM setzen, dabei darauf achten, dass sich die M nicht verdrehen. Der Rundenanfang befindet sich in der Rückenmitte.

7 cm im 2/2-Rippenmuster (2 M re, 2 M li im Wechsel) arb.

Zu Nd Nr. 3,5 wechseln. 1 Rd re M str, dabei wie folgt 40 M zunehmen: 4 M re, 1 M zun/re, *2 M re, 1 M zun/re*, von * bis* wdh, bis noch 4 M übrig sind, 4 M re, 1 M zun/re. Auf der Nd liegen jetzt 124 (136, 148, 160) (172, 184, 196, 208) M.

Den erhöhten Nacken mit verkürzten Reihen str:

1. R (Hin-R): 40 (43, 46, 49) (52, 55, 58, 61) M re, Arbeit wenden.

2. R (Rück-R): 1 DM, li M bis zum MM (= Rundenanfang), MM abh, 40 (43, 46, 49) (52, 55, 58, 61) M li, Arbeit wenden.

3. R: 1 DM, re M bis zum MM, MM abh, 32 (35, 38, 41) (44, 47, 50, 53) M re, Arbeit wenden.

4. R: 1 DM, li M bis zum MM, MM abh, 32 (35, 38, 41) (44, 47, 50, 53) M li, Arbeit wenden.

5. R: 1 DM, re M bis zum MM, MM abh.

1 Rd re M str, dabei alle DM re zus abstr.

Mit dem Muster der Passe beginnen:

Zählmuster A arb. Der Rapport wiederholt sich 31 (34, 37, 40) (43, 46, 49, 52)× pro Rd. Wenn alle 5 Rd des Zählmusters gestrickt sind, liegen 155 (170, 185, 200) (215, 230, 245, 260) M auf der Nd.

2 M re in GF.

Zählmuster B arb. Der Rapport wiederholt sich 31 (34, 37, 40) (43, 46, 49, 52)× pro Rd. Alle 6 Rd des Zählmusters arb.

In der gewählten Größe eine **Zun-Rd** arb:

Größen XS und 2XL: *5 M re, 1 M zun/li*, von * bis * wdh, bis noch 5 M übrig sind, 5 M re. Jetzt liegen 185 (275) M auf der Nd.

Größen S und 3XL: 1 M zun/li, *5 M re, 1 M zun/li* bis Rd-Ende. Jetzt liegen 205 (295) M auf der Nd.

Größen M und 4XL: 5 M re, *5 M re, 1 M zun/li*, von * bis * wdh, bis noch 5 M übrig sind, 5 M re. Jetzt liegen 220 (310) M auf der Nd.

Größe L: *5 M re, 1 M zun/li* bis Rd-Ende. Jetzt liegen 240 M auf der Nd.

Größe XL: 3 M re, 1 M zun/li, 2 M re, 1 M zun/li, *5 M re, 1 M zun/li*, von * bis * wdh, bis noch 5 M übrig sind, 3 M re, 1 M zun/li, 2 M re, 1 M zun/li. Jetzt liegen 260 M auf der Nd.

Weiter für alle Größen:

Zählmuster C arb. Der Rapport wiederholt sich 37 (41, 44, 48) (52, 55, 59, 62)× pro Rd. Wenn alle 18 Rd des Zählmusters gestrickt sind, liegen 259 (287, 308, 336) (364, 385, 413, 434) M auf der Nd.

Nächste Rd: In der GF re M str, bis noch 1 M übrig ist, die nächste M auf die re Nd heben, MM entfernen, die M zurück auf die li Nd heben, MM setzen. (= MM um 1 M verrückt)

Alle 25 Rd von Zählmuster D arb. Der Rapport über 7 M (rot eingezeichnet) wiederholt sich 37 (41, 44, 48) (52, 55, 59, 62)× pro Rd.

Achtung! In der 14. Rd 1/2 M lvkr wie folgt str: Die 2. M abheben, ohne sie zu stricken, der Faden liegt hinter der Arbeit.

Die letzte **Zun-Rd** nur in der GF arb:

Größe XS: 53 M re, 1 M zun/li, *51 M re, 1 M zun/li* 3× wdh, 53 M re, 1 M zun/li [= 5 M zugen].

Größe S: *41 M re, 1 M zun/li* bis Rd-Ende [= 7 M zugen].

Größe M: *(19 M re, 1 M zun/li) 3×, 20 M re, 1 M zun/li* bis Rd-Ende [= 16 M zugen].

Größe L: *(19 M re, 1 M zun/li) 2×, 18 M re, 1 M zun/li* bis Rd-Ende [= 18 M zugen].
Größe XL: *(18 M re, 1 M zun/li) 4×, 19 M re, 1 M zun/li* bis Rd-Ende [= 20 M zugen].
Größe 2XL: *14 M re, 1 M zun/li* 4×, *13 M re, 1 M zun/li* 21×, *14 M re, 1 M zun/li* 4× [= 29 M zugen].
Größe 3XL: *14 M re, 1 M zun/li* 5×, *13 M re, 1 M zun/li* 21×, *14 M re, 1 M zun/li* 5× [= 31 M zugen].
Größe 4XL: *10 M re, 1 M zun/li* 3×, *11 M re, 1 M zun/li* 34×, *10 M re, 1 M zun/li* 3× [= 40 M zugen].
Jetzt liegen 264 (294, 324, 354) (384, 414, 444, 474) M auf der Nd.
Alle Größen:
In der MF 0 (0, 3, 8) (12, 15, 19, 23) Rd re M und 1 Rd li M str.

RUMPF

Jetzt die Ärmel und den Rumpf abteilen: In der GF 40 (43, 48, 54) (59, 64, 71, 78) M (halber Rücken) re str, 52 (60, 66, 69) (74, 78, 80, 82) Ärmel-M auf einem Hilfsfaden oder Maschenhalter stilllegen. 10 (12, 12, 12) (14, 15, 11, 10) M anschlagen, für das Vorderteil 80 (87, 96, 108) (118, 129, 142, 155) M re str. Die nächsten 52 (60, 66, 69) (74, 78, 80, 82) Ärmel-M auf einem Hilfsfaden oder Maschenhalter stilllegen, 10 (12, 12, 12) (14, 15, 11, 10) M anschlagen, bis zum Rundenanfang (halber Rücken) re M str = 180 (198, 216, 240) (264, 288, 306, 330) Rumpf-M auf der Nadel.

2 Rd glatt re in der GF arb.
Zählmuster E arb. Der Rapport wiederholt sich 30 (33, 36, 40) (44, 48, 51, 55)× pro Rd. Wenn alle 8 Rd des Zählmusters gestrickt sind, MF trennen.
In der GF glatt re str, bis die Arb ab Ärmelloch 26 (26, 27, 27) (28, 29, 29, 29) cm misst.
In der MF 1 Rd re M, 1 Rd li M und 2 Rd re M str.
Zählmuster F arb. Wenn alle 8 Rd des Zählmusters gestrickt sind, GF trennen und 1 Rd re M in der MF str.
Achtung! Für die Größen S, 3XL und 4XL in dieser Rd gleichmäßig verteilt 2 M abn.
Jetzt liegen 180 (196, 216, 240) (264, 288, 304, 328) M auf der Nd.
Zu Nd Nr. 3 wechseln und 4,5 cm oder 13 Rd im 2/2-Rippenmuster (2 M re, 2 M li im Wechsel) arb. Alle M locker abk.

ÄRMEL

Die stillgelegten Ärmel-M auf Rundstricknadel Nr. 3,5 heben. In der Mitte des Ärmellochs des Rumpfteils beginnen, in der GF 5 (6, 6, 6) (7, 7, 5, 5) M auffassen und re str, 52 (60, 66, 69) (74, 78, 80, 82) Ärmel-M re str, 5 (6, 6, 5) (7, 7, 5, 5) M auffassen und re str, MM setzen = 62 (72, 78, 80) (88, 92, 90, 92) Ärmel-M. 1 Rd re M str. Die nächste Rd entsprechend der gewählten Größe arb.

ZÄHLMUSTER E

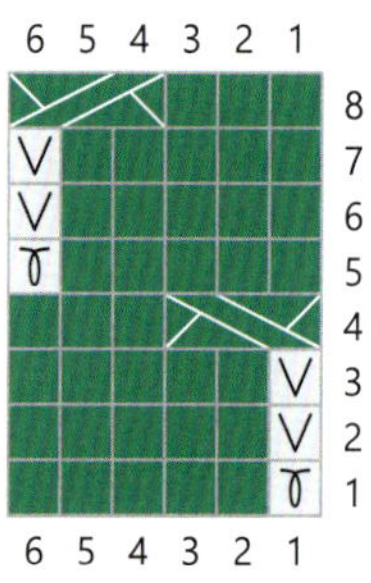

ZÄHLMUSTER F

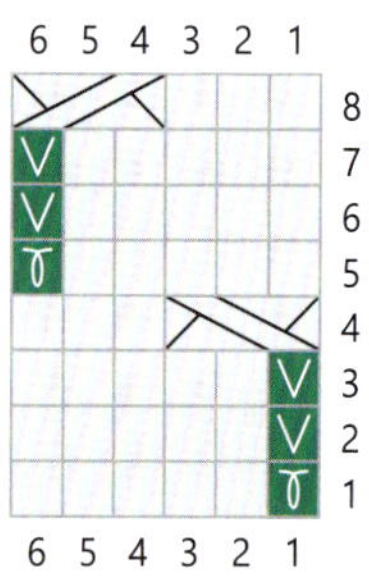

- GF
- MF
- verlängerte Masche (den Faden zweimal um die Nadel wickeln, in der nächsten Rd die zusätzliche Schlinge fallen lassen)
- V Masche abheben
- rechte Masche
- 1/2 M lvkr
- 1/2 M rvkr

Größen XS, L, 2XL und 4XL: 1 M re, 2 M re ab/zus-str, re M str, bis noch 3 M übrig sind, 2 M re zus, 1 M re [= 2 M abgen].
Größen S, M und 3XL: re M bis zum Rundenende str.
Größe XL: 1 M re, 2 M re ab/zus-str, 2 M re ab/zus-str, re M str, bis noch 5 M übrig sind, 2 M re zus, 2 M re zus, 1 M re [= 4 M abgen].
Jetzt liegen 60 (72, 78, 78) (84, 90, 90, 90) M auf der Nd.
Zählmuster E arb. Der Rapport wiederholt sich 10 (12, 13, 13) (14, 15, 15, 15)× pro Rd. Wenn alle 8 Rd des Zählmusters gestrickt sind, die MF trennen und weiter mit der GF str.
Mit den Ärmelabnahmen beginnen:
Abn-Rd: 1 M re, 2 M re ab/zus-str, re M str, bis noch 3 M übrig sind, 2 M re zus, 1 M re [= 2 M abgen].
Die Abn-Rd in jeder 13. (10., 7., 7.) (7., 6., 7., 7.) Rd noch 8 (11, 14, 14) (14, 17, 14, 14)× wdh. Jetzt liegen 42 (48, 48, 48) (54, 54, 60, 60) M auf der Nd.
Wenn der Ärmel ab Achsel 42 (43, 43, 44) (45, 45, 47, 47) cm lang ist, in der MF 1 Rd re M, 1 Rd li M und 2 Rd re M str.
Dann Zählmuster F arb. Wenn alle 8 Rd des Zählmusters gestrickt sind, GF trennen und in der MF fortfahren. 1 Rd re M str, dabei gleichmäßig verteilt 2 (0, 0, 0) (2, 2, 0, 0) M abn. Jetzt liegen 40 (48, 48, 48) (52, 52, 60, 60) M auf der Nd.
Zu Nd Nr. 3 wechseln und 4 cm oder 12 Rd im 2/2-Rippenmuster (2 M re, 2 M li im Wechsel) arb. Alle M locker abk.
Den zweiten Ärmel ebenso arb.

FERTIGSTELLUNG

Alle Fadenenden vernähen, den Pullover in Form ziehen und dämpfen.

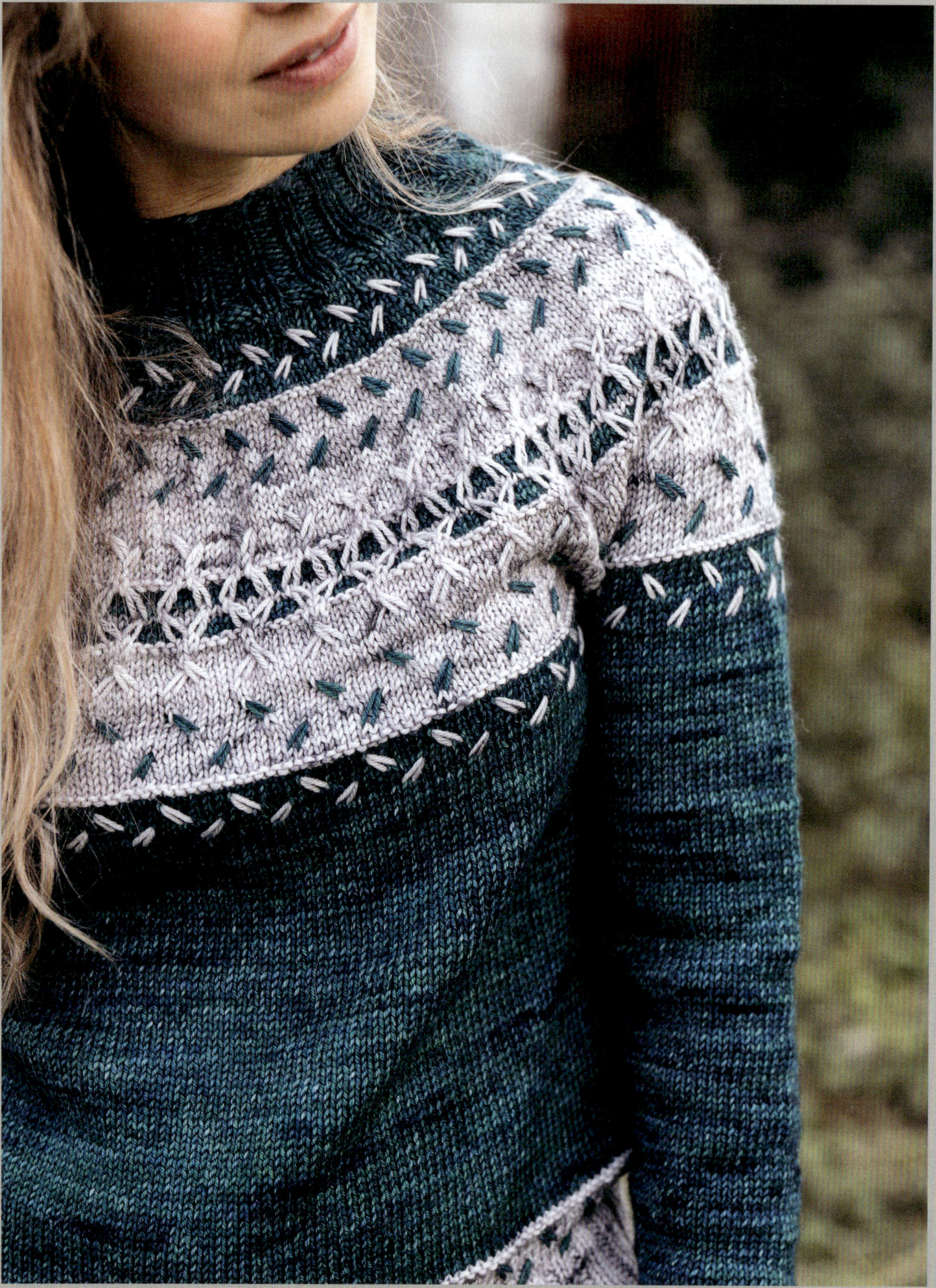

Der Pakkas-Pullover wird von oben nach unten gestrickt. Das beeindruckende Endergebnis lohnt sich. Das Stricken verlangt zwar etwas Aufmerksamkeit, enthält aber auch einfachere Abschnitte. Es ist also genau so, wie ein Einstrickmuster sein sollte. Das Halsbündchen des Pullovers kann niedrig oder nach Anleitung hoch gearbeitet werden. Das wunderbare Merinogarn Aatos von Aara sieht luxuriös aus und fühlt sich auch so an.

«

Dieser Pullover hat ein schönes traditionelles Muster, das an ein waldiges Moor mit Moos und Torfschollen erinnert. Hier wurde ein weiches und warmes Lammwollgarn mit einem fast schon seidigen Griff verarbeitet, das aus dem Modell ein Lieblingsstück macht. Der Modellname bedeutet »unter der Moorwaldfichte«.

Korpikuusen alla

DESIGNERIN: MERJA OJANPERÄ

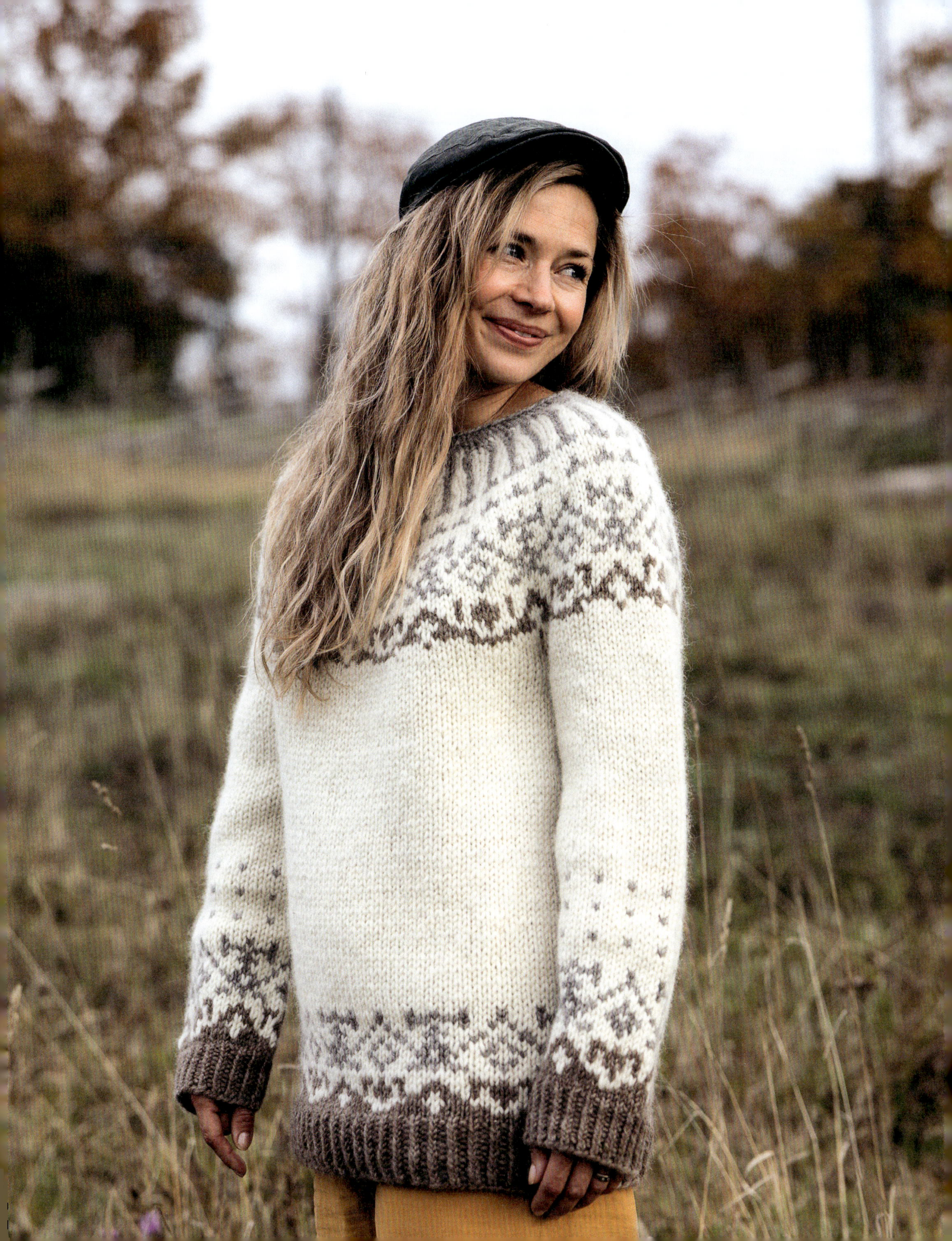

Korpikuusen alla

UNSER MODELL TRÄGT GRÖSSE S

Größen: XS (S, M, L, XL, 2XL)
Empfohlene Bequemlichkeitszugabe: 4–6 cm

Maße der fertigen Arbeit:
Brustumfang: 80 (90, 100, 110, 120, 130) cm
Rumpflänge (Achsel bis Bündchen):
42 (44, 46, 47, 47, 49) cm
Ärmelumfang Oberarm:
34,5 (34,5, 37, 41,5, 44,5, 45,5) cm
Umfang Ärmelbündchen:
25,5 (28,5, 28,5, 30, 34,5, 34,5) cm
Innere Ärmellänge (Achsel bis Bündchen):
43 (46, 48, 48, 49, 50) cm

Garn: Vuonue Unelma (100 % finnische Lammwolle; 120–130 m / 100 g) oder ein anderes Garn mit entsprechender Lauflänge
GF: Luonnonvalkoinen (Naturweiß), 4 (5, 5, 6, 7, 7) Stränge
MF1: Hiekka (Sand), 1 (1, 2, 2, 2, 2) Stränge
MF2: Keskiharmaa (Mittelgrau), 1 (1, 2, 2, 2, 2) Stränge

Nadeln: Rundstricknadeln Nr. 5 und 6, 80–100 cm lang. Für die Ärmel Nadelspiele Nr. 5 und 6 (oder Rundstricknadeln Nr. 5 und 6, 40 cm lang)

Sonstiges: Maschenmarkierer, Hilfsfaden oder Maschenhalter, Wollnadel

Maschenprobe: 14 M und 16 Rd = 10 cm × 10 cm glatt rechts auf Nd Nr. 6, leicht gespannt

Achtung! *Die Maschenprobe auch in Bezug auf das Muster überprüfen und falls notwendig die Nadelstärke wechseln.*

Der Pullover wird von unten nach oben ohne Naht gearbeitet und zu einer Rundpasse verbunden. Mit dicken Nadeln ist die Arbeit schnell gestrickt.

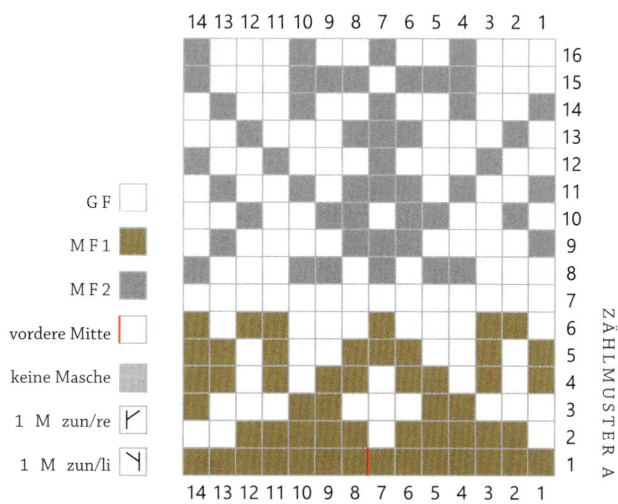

RUMPF

112 (126, 140, 154, 168, 182) M in der MF1 auf der 80 cm langen Rundstricknadel Nr. 5 anschlagen. Am Rundenanfang und nach 56 (63, 70, 77, 84, 91) M (= Seitennaht) je einen MM setzen. Zur Rd schließen und 8 (10, 10, 10, 10, 10) Rd im 1/1-Rippenmuster (1 M re verschr, 1 M li im Wechsel) arb.

Die rückwärtige Mitte des Pullovers (andersfarbig) markieren und von dort aus den Beginn des Rapports berechnen. Zu Nd Nr. 6 wechseln und Zählmuster A mit allen M beginnen. Der Rapport wiederholt sich pro Runde 8 (9, 10, 11, 12, 13)×. Die 1.–16. Rd des Zählmusters arb. In der GF glatt re str, bis die Arbeit 42 (44, 46, 47, 47, 49) cm misst.

In der nächsten Rd re M str, bis noch 3 (3, 4, 4, 5, 5) M vor dem nächsten Seitennaht-MM übrig sind. Die nächsten 6 (6, 8, 8, 10, 10) M stilllegen und den MM entfernen. Die Arbeit beiseitelegen.

ÄRMEL

36 (40, 40, 42, 48, 48) M mit MF1 auf Nadelspiel Nr. 5 anschlagen. Zur Runde schließen und am Rundenübergang (= Innenseite unter dem Ärmel) einen MM setzen.

8 (10, 10, 10, 10, 10) Rd im 1/1-Rippenmuster (1 M re verschr, 1 M li im Wechsel) arb. Dann 1 Rd re M mit MF1 str, dabei gleichmäßig verteilt 6 (2, 2, 0, 8, 8) M zun. Jetzt liegen 42 (42, 42, 42, 56, 56) M auf der Nadel.

Zu Nd Nr. 6 wechseln und entsprechend alle Rd von Zählmuster B für die gewählte Größe str. Auf der Nadel liegen jetzt 46 (46, 46, 46, 60, 60) M.

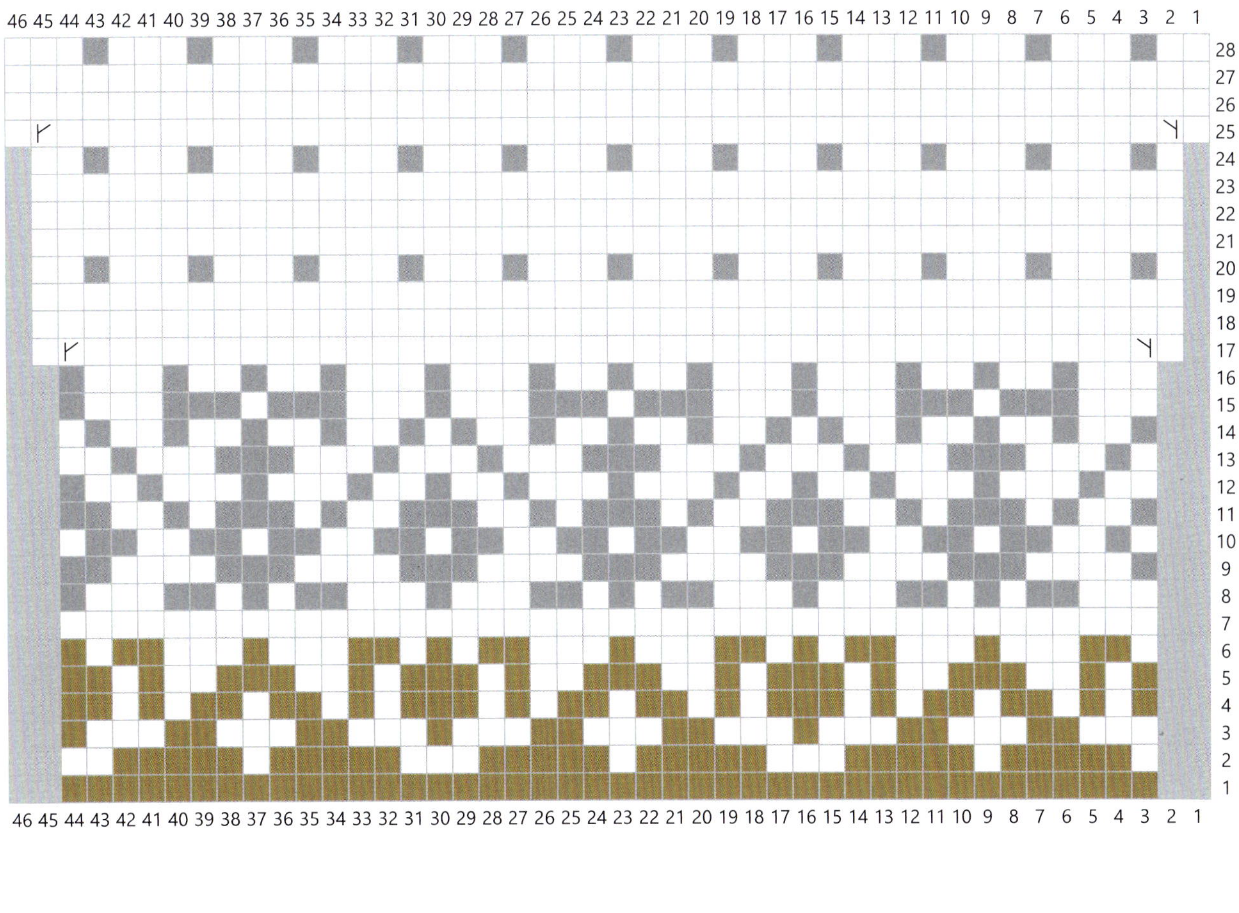

ZÄHLMUSTER B, NUR GRÖSSEN XS–L

Die MF trennen und mit der GF weiter glatt re arb. Wie im Zählmuster weiter in jeder 8. (8., 8., 6., 6., 6.) Rd zunehmen, bis 48 (48, 52, 58, 62, 64) M auf der Nadel liegen.

Wenn der Ärmel vom Anschlag bis zur Achsel 43 (46, 48, 48, 49, 50) cm misst oder eine individuell gewünschte Länge erreicht ist, in der nächsten Rd re M str, bis noch 3 (3, 4, 4, 5, 5) M vor dem MM übrig sind. Die folgenden 6 (6, 8, 8, 10, 10) M auf einem Hilfsfaden oder einem Maschenhalter stilllegen. Es sind 42 (42, 44, 50, 52, 54) M auf der Nadel. Die Arbeit beiseitelegen, den zweiten Ärmel ebenso arb.

PASSE

Jetzt werden Rumpf und Ärmel vereint. Der Rundenübergang liegt zwischen dem Rückenteil und dem linken Ärmel, wo der Faden in der letzten Rd des Rumpfteils zurückblieb; hier einen MM setzen. Alle ruhenden M auf eine Rundstricknadel Nr. 6 heben, ohne sie zu stricken: die 42 (42, 44, 50, 52, 54) M des ersten Ärmels, die 50 (57, 62, 69, 74, 81) M des Vorderteils, die folgenden 6 (6, 8, 8, 10, 10) M auf einen Hilfsfaden heben (dabei MM entfernen), die 42 (42, 44, 50, 52, 54) M des zweiten Ärmels und die 50 (57, 62, 69, 74, 81) M des Rückenteils = 184 (198, 212, 238, 252, 270) M auf der Nadel.

In der GF 1 Rd re M str, dabei gleichmäßig verteilt 2 (2, 2, 0, 0, 4) M abn = 182 (196, 210, 238, 252, 266) M auf der Nadel.

Zählmuster C arb. Die Markierung vom Rapport an der hinteren Mitte ausrichten. Der Rapport wiederholt sich 13 (14, 15, 17, 18, 19)× pro Rd. Alle Rd des Zählmusters str und an den markierten Stellen abn = 65 (70, 75, 85, 90, 95) M auf der Nadel.

GF und MF1 trennen und mit MF2 fortf. Noch 1 Rd re M str, dabei gleichmäßig verteilt 6 (8, 8, 10, 10, 12) M abn = 59 (62, 67, 75, 80, 83) M auf der Nadel.

Als Nächstes verkürzte R arb, um den Nacken zu erhöhen. Die rückwärtige Mitte mit einem MM markieren (= neuer Rd-Beginn) und bis dahin re M str (die übrigen MM entfernen).

1. R (Hin-R): 11 (12, 13, 15, 16, 17) M re, wenden.

2. R (Rück-R): 1 DM, li M bis zum MM str, MM abh, 11 (12, 13, 15, 16, 17) M li, wenden.

3. R: 1 DM, re M bis zum MM str, MM abh, 16 (17, 18, 20, 21, 22) M re, wenden.

4. R: 1 DM, li M bis zum MM str, MM abh, 16 (17, 18, 20, 21, 22) M li, wenden.

5. R: 1 DM, re M bis zum MM str, MM abh.

Noch 2 Rd re M, dabei alle DM zus str. Den Halsausschnitt elastisch abketten.

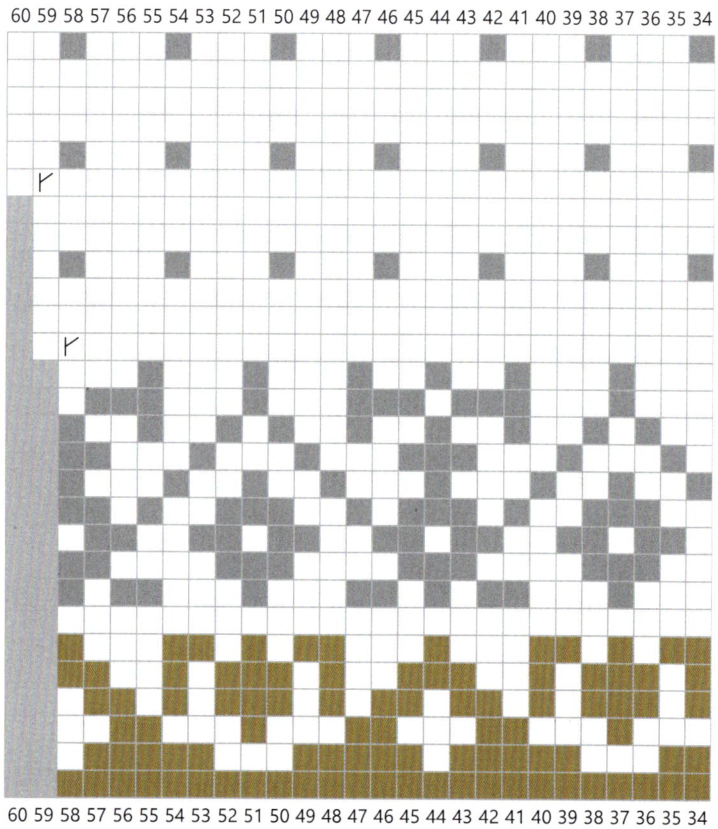

ZÄHLMUSTER B, GRÖSSEN XL–2XL

FERTIGSTELLUNG

Alle Fadenenden auf der Innenseite vernähen. Die Ärmellöcher im Matratzenstich schließen. Den Pullover befeuchten, in Form ziehen und liegend trocknen lassen.

- GF
- MF1
- MF2
- rückwärtige Mitte
- keine Masche
- 1 M zun/re
- 1 M zun/li
- 2 M re zus
- 2 M re ab/zus-str

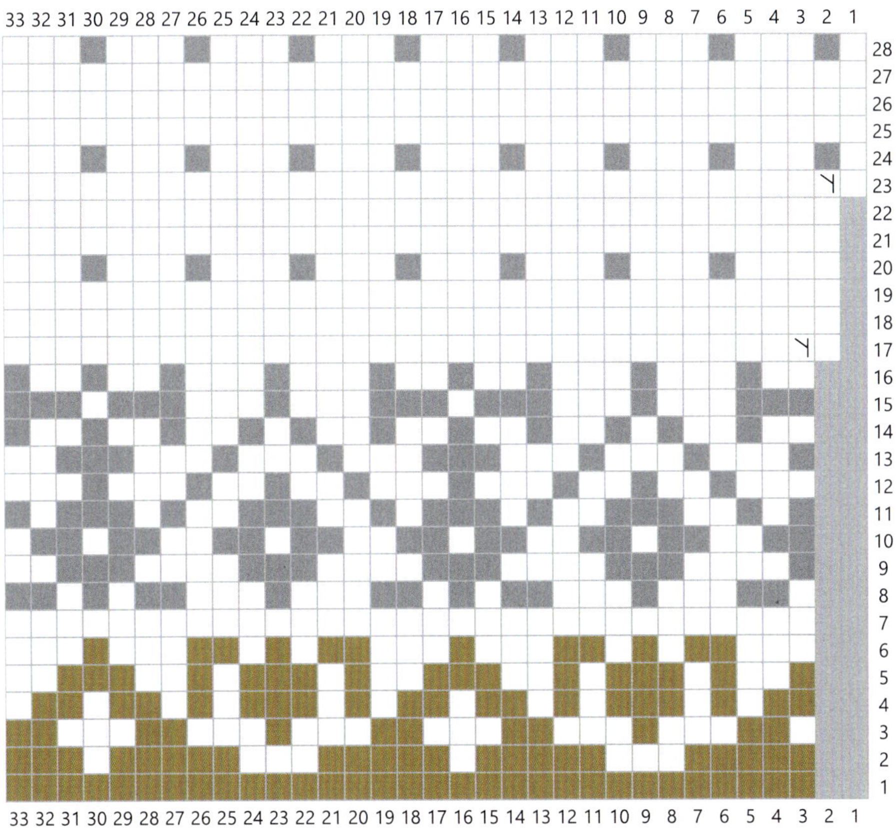

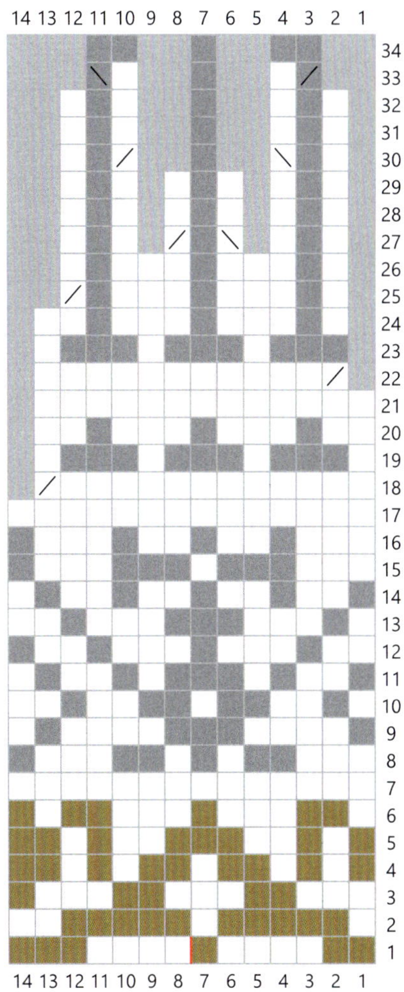

ZÄHLMUSTER C

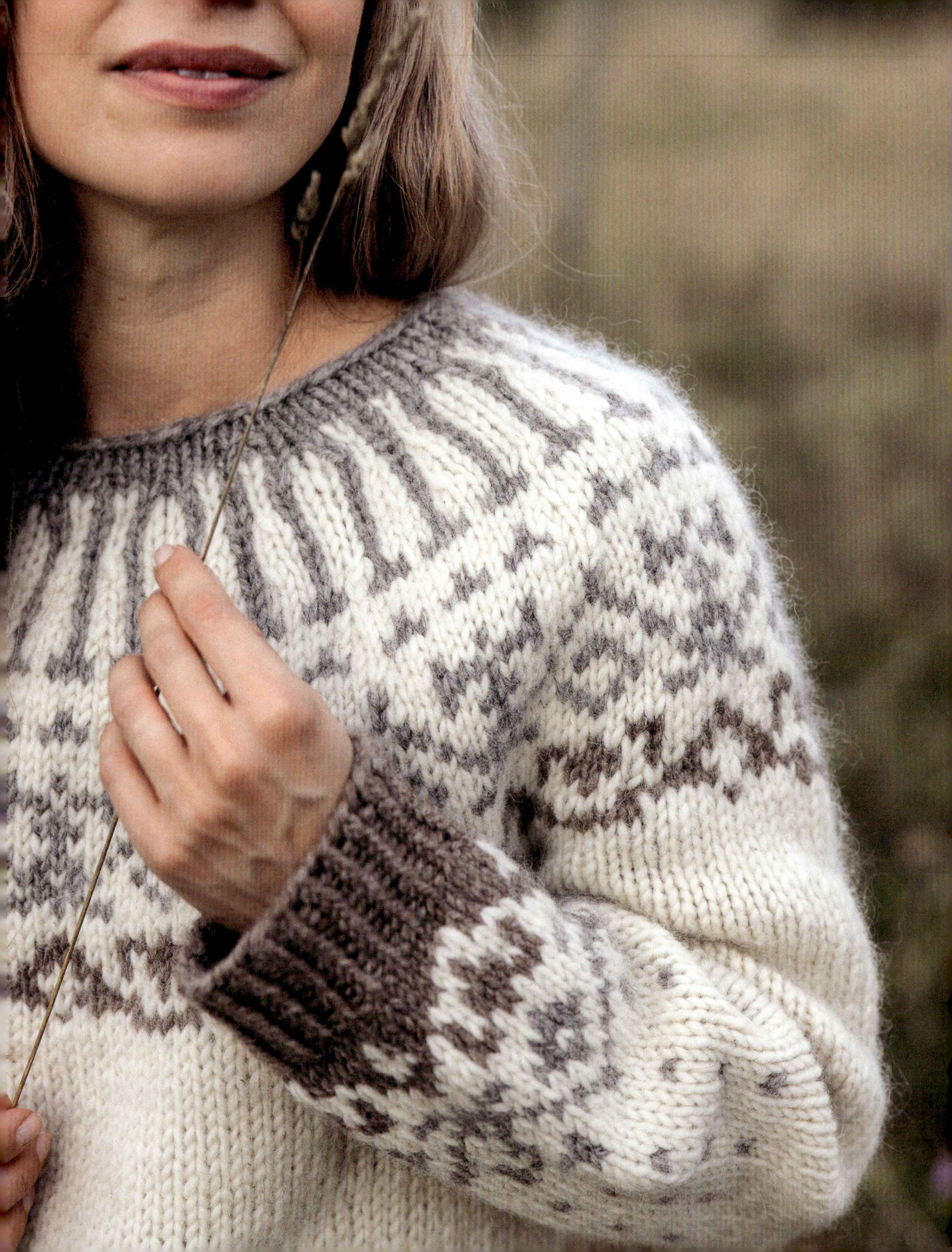

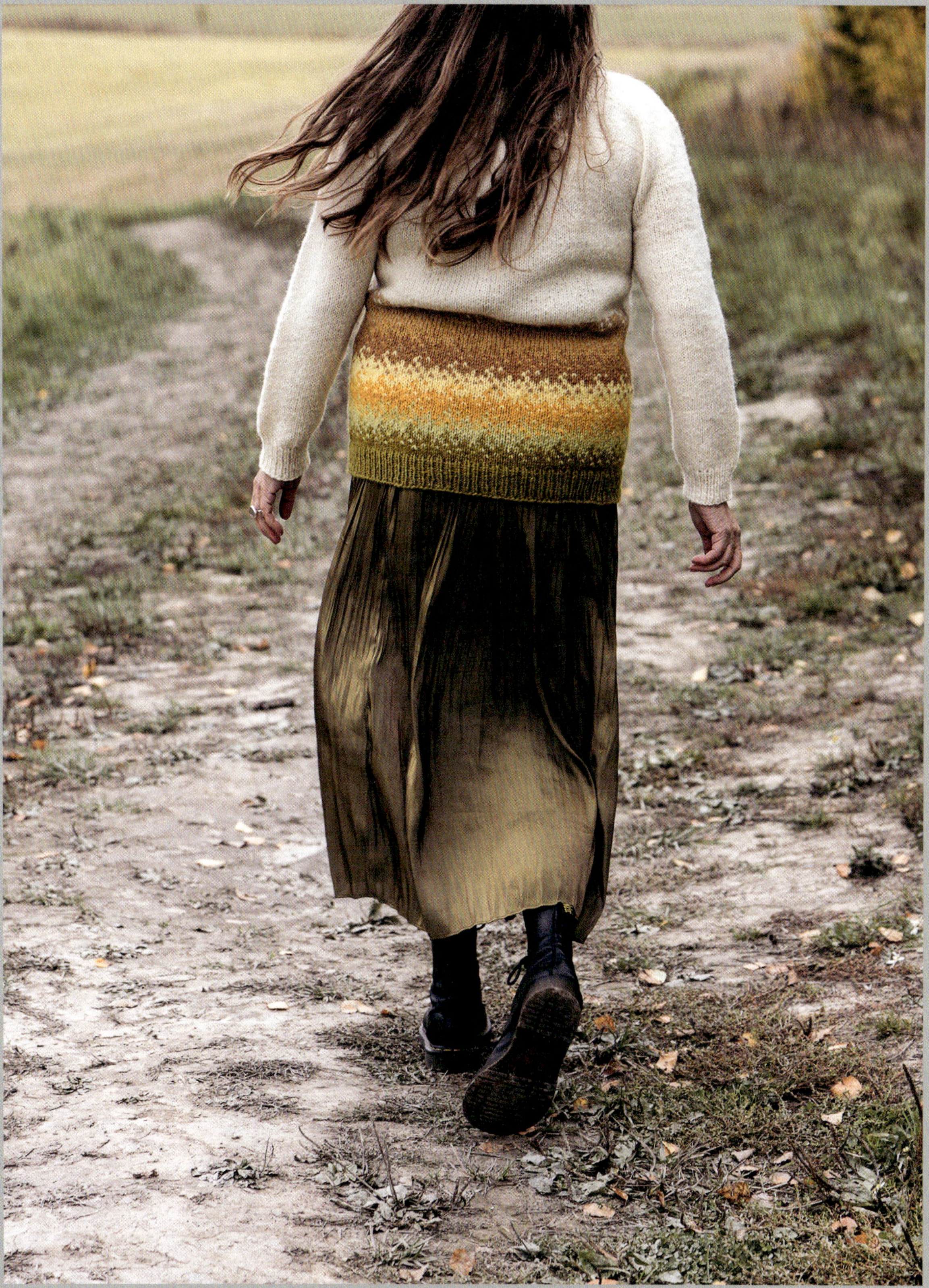

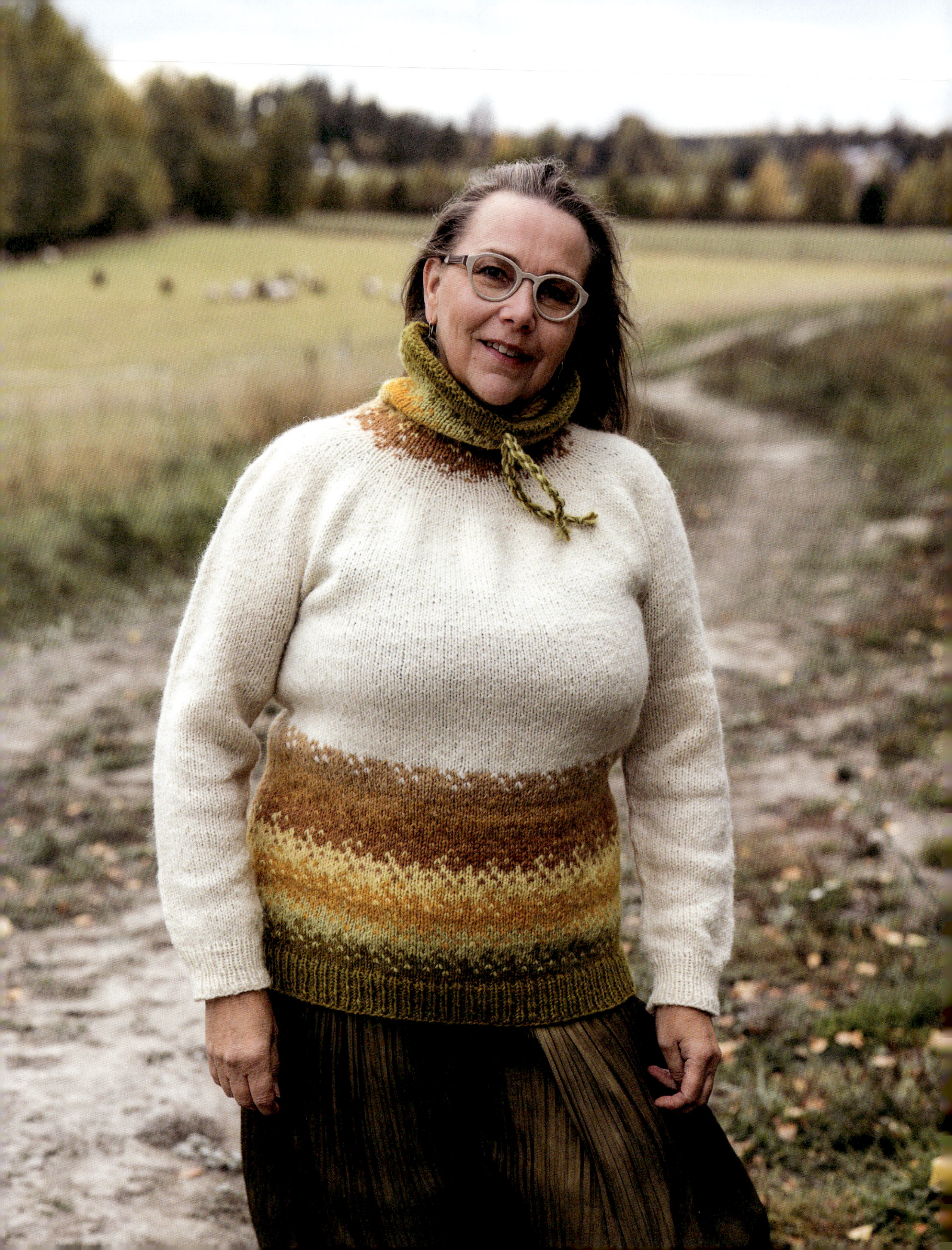

»

Der Pullover stellt die verschiedenfarbigen Schichten (finnisch: Kerrostumia) des Bodens unter der Schneedecke dar, die wir unter der weißen Oberfläche nicht sehen können. Sogar die Färbemittel für das verwendete Garn wurden aus Wurzeln und Knollen gewonnen.
In Finnland sind wir noch an vier Jahreszeiten gewöhnt, es gibt sowohl warme Sommer als auch frostige Winter, aber das Gleichgewicht der Natur ist zunehmend gestört. Mein Pullover ist darum ein Statement. Auch bei Handarbeiten kann man gesellschaftlichen und wirtschaftlichen Einfluss nehmen. «

Kerrostumia

DESIGNERIN: ANNA-KAROLIINA TETRI

Kerrostumia

UNSER MODELL TRÄGT GRÖSSE XL

Größen: XS (S, M, L) (XL, 2XL, 3XL, 4XL)
Empfohlene Bequemlichkeitszugabe: 2 cm

Maße der fertigen Arbeit:
Brustumfang: 70 (80, 90, 100) (110, 120, 130, 140) cm
Rumpflänge (Achsel bis Bündchen): 44,5 (44,5, 45,5, 45,5) (45,5, 46,5, 46,5, 46,5) cm
Gesamtlänge (Kragen bis Bündchen): 61,5 (62,5, 65, 66) (67, 69,5, 70,5, 72,5) cm
Ärmelumfang Oberarm: 26,5 (30, 32,5, 35) (40, 41,5, 45, 47,5) cm
Umfang Ärmelbündchen: 19 (20, 22,5, 25) (29, 30, 34, 35) cm
Innere Ärmellänge (Achsel bis Bündchen): 44 (44, 46, 46) (48, 48, 48, 50) cm

Garn: Vuonue Onneli, Dochtgarn (100 % finnische Wolle; 200 m / 100 g) oder ein anderes lose versponnenes Garn mit entsprechender Lauflänge. Die Rezepte zum Färben der Wolle stehen auf Seite 89ff.
GF: Weiß 3 (3, 3, 3) (3, 4, 4, 4) Stränge oder 600 (600, 600, 600) (600, 800, 800, 800) m
MF1: Grün, rote Zwiebelschale (Rezept I), 0,5 (1, 1, 1) (1, 1, 1, 1) Strang oder 100 (200, 200, 200) (200, 200, 200, 200) m
MF2: Hellgrün, rote Zwiebelschale (Rezept II), 0,25 (0,5, 0,5, 0,5) (0,5, 0,5, 0,5, 0,5) Strang oder 50 (100, 100, 100) (100, 100, 100, 100) m
MF3: Rotbraun, Rhabarberwurzel (Rezept III), 0,5 Strang oder 100 m (für alle Größen)
MF4: Braun, Rhabarberwurzel (Rezept IV), 0,25 Strang oder 50 m (für alle Größen)
MF5: Beige, Rhabarberwurzel (Rezept V), 0,25 Strang oder 50 m (für alle Größen)
MF6: Orangegelb, gelbe Zwiebelschale (Rezept VI), 0,25 (0,5, 0,5, 0,5) (0,5, 0,5, 0,5, 0,5) Strang oder 50 (100, 100, 100) (100, 100, 100, 100) m
MF7: Blassgelb, gelbe Zwiebelschale (Rezept VII), 0,25 (0,25, 0,25, 0,5) (0,5, 0,5, 0,5, 0,5) Strang oder 50 (50, 50, 100) (100, 100, 100, 100) m

Nadeln: Rundstricknadeln Nr. 3,5 und 4,5, 80–100 cm lang, nach Bedarf Nadelspiele Nr. 3,5 und 4,5

Sonstiges: Maschenmarkierer, Hilfsfaden oder Maschenhalter, Wollnadel

Maschenprobe: 16 M und 21 Rd = 10 cm × 10 cm glatt rechts mit Nd Nr. 4,5, leicht gespannt

Achtung! *Die Maschenprobe auch in Bezug auf das Muster überprüfen und falls notwendig die Nadelstärke wechseln.*

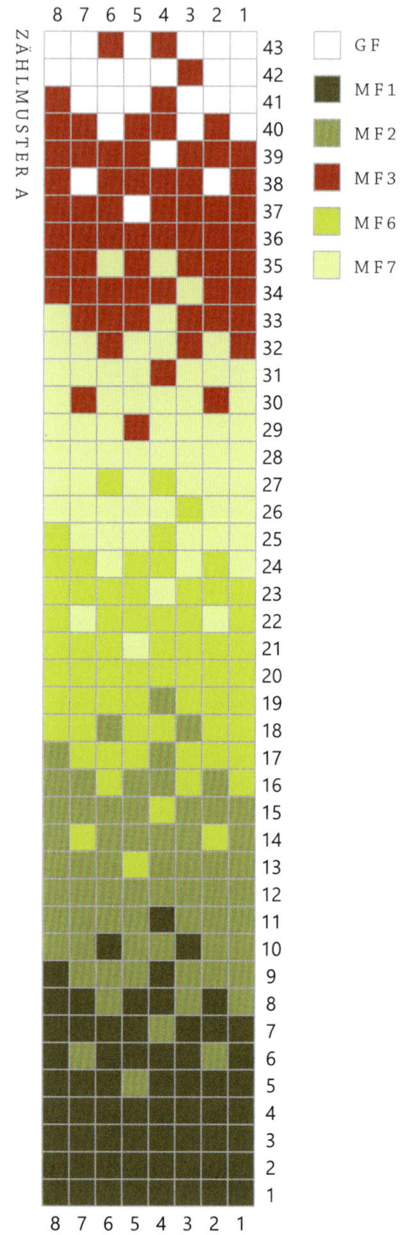

HOHER HALSBUND UND PASSE

80 (80, 80, 80) (88, 88, 88, 88) M in MF1 mit Nadel Nr. 4,5 anschlagen. Zur Runde schließen, MM am Rundenanfang setzen. Dieser befindet sich in der Rückenmitte. 6 Rd glatt rechts und 1 Rd li M str.

Mit Zählmuster A beginnen.

In der 3. Rd gemäß Zählmuster 38 (38, 38, 38) (42, 42, 42, 42) M str, 2 M re zus, U, U, 2 M re ab/zus-str und die Rd gemäß Zählmuster beenden. In die Umschläge in der nächsten Rd *1 M re, 1 M re verschr* arb.

Nach Rd 43 von Zählmuster A alle MF trennen und nur mit der GF fortfahren.

Verkürzte R str, um den Nacken zu erhöhen:

1. R (Hin-R): 28 (28, 28, 28) (32, 32, 32, 32) M re, Arb wenden.

2. R (Rück-R): 1 DM, li M bis zum MM str, MM abh, 28 (28, 28, 28) (32, 32, 32, 32) M li, Arb wenden.

3. R: 1 DM, re M bis zum MM str, MM abh, 22 (22, 22, 22) (26, 26, 26, 26) M re, Arb wenden.

4. R: 1 DM, li M bis zum MM str, MM abh, 22 (22, 22, 22) (26, 26, 26, 26) M li, Arb wenden.

5. R: 1 DM, re M bis zum MM str, MM abh.

2 Rd glatt rechts str, dabei alle DM zus-str.

Mit den Zunahmen für die Passe beginnen:

Größen M (L, XL):

1. Zun-Rd: *1 M zun, 20 (5, 11) M re*, von * bis * bis Rd-Ende wdh [= 4 (16, 8) M zugen = 84 (96, 96) M auf der Nadel].

Größen 2XL (3XL):

1. Zun-Rd: 6 (6) M re, *1 M zun, 4 (4) M re*, von * bis * wdh, die letzten 2 M re [= 20 (20) M zugen = 108 (108) M auf der Nadel].

Größe 4XL:

1. Zun-Rd: 5 M re, *1 M zun, 2 M re, 1 M zun, 3 M re*, von * bis * wdh, die letzten 3 M re [= 32 M zugen = 120 M auf der Nadel].

Alle Größen:

2 (2, 2, 2) (2, 2, 3, 4) Rd glatt rechts str.

Größen XS (S):

2. Zun-Rd: *1 M zun, 5 M re*, von * bis * bis Rd-Ende wdh [= 16 (16) M zugen = 96 (96) M auf der Nadel].

Größen M (L, XL, 2XL, 3XL, 4XL):

2. Zun-Rd: *1 M zun, 3 M re*, von * bis * bis Rd-Ende wdh [= 28 (32, 32, 36, 36, 40) M zugen = 112 (128, 128, 144, 144, 160) M auf der Nadel].

Alle Größen:

1 (2, 2, 2) (2, 3, 3, 4) Rd glatt rechts str.

3. Zun-Rd: *1 M zun, 4 M re*, von * bis * bis Rd-Ende wdh [= 24 (24, 28, 32) (32, 36, 36, 40) M zugen = 120 (120, 140, 160) (160, 180, 180, 200) M auf der Nadel].

1 (2, 2, 3) (3, 4, 5, 5) Rd glatt rechts str.

4. Zun-Rd: *1 M zun, 5 M re*, von * bis * bis Rd-Ende wdh [= 24 (24, 28, 32) (32, 36, 36, 40) M zugen = 144 (144, 168, 192) (192, 216, 216, 240) M auf der Nadel].

2 (2, 3, 4) (4, 5, 5, 6) Rd glatt rechts str.

5. Zun-Rd: *1 M zun, 6 M re*, von * bis * bis Rd-Ende wdh [= 24 (24, 28, 32) (32, 36, 36, 40) M zugen = 168 (168, 196, 224) (224, 252, 252, 280) M auf der Nadel].

2 (2, 4, 4) (6, 6, 6, 7) Rd glatt rechts str.

Größen XS (L, 2XL):

6. Zun-Rd: *1 M zun, 14 M re*, von * bis * bis Rd-Ende wdh [= 12 (16, 18) M zugen = 180 (240, 270) M auf der Nadel].

Größen S (M, XL, 3XL, 4XL):

6. Zun-Rd: *1 M zun, 7 M re*, von * bis * bis Rd-Ende wdh [= 24 (28, 32, 36, 40) M zugen = 192 (224, 256, 288, 320) M auf der Nadel].

Alle Größen:

Noch 20 Rd glatt rechts str.

Auf der Nadel liegen jetzt 180 (192, 224, 240) (256, 270, 288, 320) M.

Die Passe misst ab Hals 16,5 (17,5, 19,5, 20,5) (21,5, 23, 24, 25,5) cm.

RUMPF

Die Ärmel und den Rumpf teilen. In der GF 25 (28, 33, 36) (38, 41, 44, 49) M re, für den ersten Ärmel 40 (40, 46, 48) (52, 53, 56, 62) M auf einen Hilfsfaden heben. Für das Ärmelloch 3 (4, 3, 4) (6, 7, 8, 7) M anschl, MM setzen, 3 (4, 3, 4) (6, 7, 8, 7) M anschl. Für das Vorderteil 50 (56, 66, 72) (76, 82, 88, 98) M re str. Die nächsten 40 (40, 46, 48) (52, 53, 56, 62) M für den zweiten Ärmel auf einen Hilfsfaden heben. Für das Ärmelloch 3 (4, 3, 4) (6, 7, 8, 7) M anschl, MM setzen, 3 (4, 3, 4) (6, 7, 8, 7) M anschl. 25 (28, 33, 36) (38, 41, 44, 49) M re bis zum MM in der Rückenmitte str.

Auf der Nadel liegen noch 112 (128, 144, 160) (176, 192, 208, 224) M.

Glatt rechts in der GF weiterstr, bis der Rumpf ab Ärmelloch 13 (13, 14, 14) (14, 15, 15, 15) cm lang ist. Zählmuster B str.

Zu Nd Nr. 3,5 wechseln und 5 cm im 1/1-Rippenmuster (1 M re, 1 M li im Wechsel) str. Alle M abk.

ÄRMEL

Die stillgelegten 40 (40, 46, 48) (52, 53, 56, 62) Ärmel-M auf eine Rundstricknadel Nr. 4,5 heben. In der Mitte der Ärmellochzunahmen des Rumpfes mit dem Stricken beginnen. In der GF 3 (4, 3, 4) (6, 7, 8, 7) M auffassen und re str, 40 (40, 46, 48) (52, 53, 56, 62) Ärmel-M re, 3 (4, 3, 4) (6, 6, 8, 7) M auffassen und re str, MM setzen = 46 (48, 52, 56) (64, 66, 72, 76) Ärmel-M.

6 Rd glatt rechts str, dann die Ärmel-Abn beginnen:

Abn-Rd: 1 M re, 2 M re ab/zus-str, re M str, bis noch 3 M übrig sind, 2 M re zus, 1 M re [= 2 M abgen].

Die Abn-Rd in jeder 10. (10., 10., 10.) (9., 9., 9., 9.) Rd noch 7 (7, 7, 7) (8, 8, 8, 9)× wdh. Es liegen 30 (32, 36, 40) (46, 48, 54, 56) M auf der Nadel.

Wenn der Ärmel ab Achsel 39 (39, 41, 41) (43, 43, 43, 45) cm misst, zu Nd Nr. 3,5 wechseln und 5 cm im 1/1-Rippenmuster (1 M re, 1 M li im Wechsel) str. Alle M abketten.

Den zweiten Ärmel ebenso arb.

FERTIGSTELLUNG

Den Kragen an der links gestrickten Rd nach unten klappen und die untere Kante annähen. Eine ca. 1 m lange Kordel in einer beliebigen Farbe passend zum Kragen flechten oder drehen. Die Kordel durch den Tunnelzug fädeln.

Alle Fadenenden auf der Innenseite der Arbeit vernähen. Den Pullover anfeuchten, in Form ziehen und liegend trocknen lassen.

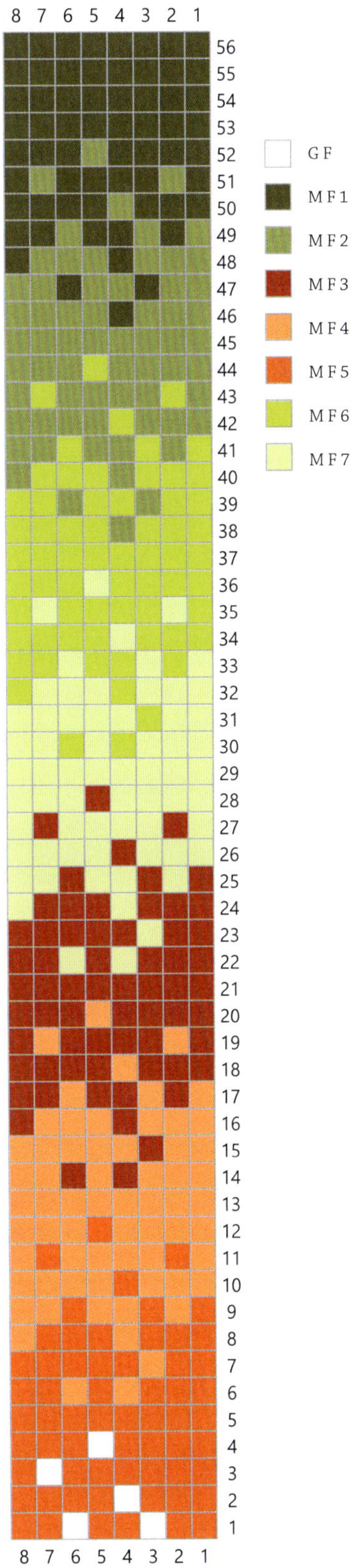

ZÄHLMUSTER B

Färben mit Naturmaterialien hat in Finnland eine lange Tradition, ebenso wie die Verwendung heimischer Wolle. Viele Handarbeitsfreunde entscheiden sich für lokale Produkte und für biologisch abbaubare, natürliche Farbstoffe zum Wohle der Umwelt. Das Färben zu Hause kann man zum Beispiel mit organischen Abfällen oder gejäteten Pflanzen aus dem Garten ausprobieren.

Das Beizen und Färben der Wolle

Die Wolle für diesen Pullover wurde mit natürlichen Farbstoffen gefärbt. Natürlich gefärbte Garne werden vor dem Färben gebeizt (mit Fixiermitteln behandelt), sonst haftet die Farbe nicht dauerhaft. Die Beiz- und Färbeanleitungen beziehen sich jeweils auf 100 Gramm Färbegut. Die Rezepte lassen sich leicht auf den Garnverbrauch Ihres Wunschpullovers hochrechnen. Wenn Sie keinen sehr großen Topf zur Verfügung haben, sollte das Beizen in mehreren Durchgängen erfolgen. Das Färben in zu wenig Flüssigkeit führt zu einem ungleichmäßigen Ergebnis.

Für den Pullover »Kerrostumia« wird in mehreren Durchgängen gefärbt. Zunächst wird der Farbstoff für die Hauptfarbe gekocht, was einen kräftigen Farbton ergibt. Danach wird mit der gleichen Farbflotte ein zweites Mal gefärbt, um einen helleren Farbton zu erhalten.

DAS BEIZEN DER WOLLE

1. Den Garnstrang zunächst an mindestens vier Stellen mit Baumwollgarn locker abbinden. Trocken abwiegen und das Trockengewicht notieren. Dann eine zusätzliche Schlaufe an einem der Abbindefäden befestigen, an der der Strang aufgehängt und später im Topf bewegt werden kann.
2. Das Garn vor dem Färben vorsichtig mit Wollwaschmittel oder einem milden Shampoo bei niedriger Temperatur waschen, um Schmutz (z. B. Maschinenöl aus der Spinnerei) zu entfernen, der das Anhaften der Farbe verhindern könnte.
3. In Relation zum Trockengewicht des Garns 10 % Alaun und 5 % Weinstein abwiegen, also 10 g Alaun und 5 g Weinstein auf 100 g Garn. Das Beizmittel in etwas heißem Wasser auflösen.
4. In einen großen Topf 5 l Wasser pro 100 g Garn geben und auf ca. 30 °C erwärmen. Das Garn muss vollständig mit Wasser bedeckt und noch leicht zu bewegen sein.
5. Die vom Waschen noch feuchten Stränge an den Schlaufen an einen Stock hängen, in das ca. 30 °C warme Wasser absenken und den Stock quer über den Topf legen. Das Wasser langsam auf 40 °C erwärmen. Die Stränge kurz aus dem Topf herausheben und die Beizmittellösung dazugießen. Gut umrühren.
6. Die Stränge wieder absenken. Die Temperatur langsam auf 80 bis 90 °C erhöhen, das Wasser aber nicht kochen, sonst kann das Garn verfilzen und einlaufen. Das Garn eine Stunde lang beizen, dabei die Stränge zwischendurch etwas bewegen, damit das Beizmittel gleichmäßig haftet.
7. Die Stränge möglichst über Nacht im Beizbad abkühlen lassen. Abrupte Temperaturänderungen vermeiden, damit sich das Garn nicht verzieht.
8. Die abgekühlten Stränge vor dem Färben gründlich auswaschen.
9. Alle für den Pullover benötigten Garne vor dem Färben auf dieselbe Weise beizen.

REZEPT I
MUSTERFARBE 1 (MF1)
1. FARBZUG DER ROTEN ZWIEBELSCHALE (GRÜN)

Mischungsverhältnis 1:5 (20 g getrocknete rote Zwiebelschale auf 100 g Wolle)

1. Die Zwiebelschalen in einen Topf geben und ca. 3 l Wasser hinzugießen.
2. Die Zwiebelschalen für 1 bis 1,5 Stunden einkochen. Der Farbsud ist fertig, wenn er dickflüssig ist.
3. Den Farbsud durch ein Sieb abseihen.
4. Den Farbsud mit kaltem Wasser auf 5 l auffüllen und auf 30 °C erwärmen.
5. Das noch feuchte, gebeizte Färbegut, das an Schlaufen an einem Stock hängt, in die Flüssigkeit tauchen. Die Temperatur langsam auf Färbetemperatur, also ca. 80 °C, erhöhen und 90 Minuten beibehalten.
6. Das Garn aus dem Topf heben und zum Beispiel in einem Eimer abkühlen lassen. Das abgekühlte Garn mit einem neutralen Waschmittel mehrmals waschen und ausspülen, bis das Wasser klar bleibt.
7. Das restliche Farbbad für eine weitere Färbung (MF2) gekühlt aufbewahren.

REZEPT II
MUSTERFARBE 2 (MF2)
2. FARBZUG DER ROTEN ZWIEBELSCHALE (HELLGRÜN)

Mischungsverhältnis 1:5 (20 g getrocknete rote Zwiebelschale auf 100 g Wolle)

Neues, gebeiztes, noch feuchtes Färbegut nehmen und den Anweisungen in Rezept I ab Punkt 4 folgen. Es kann beim 2. Farbzug auch eine geringere Garnmenge als zuvor gefärbt werden.

REZEPT III

MUSTERFARBE 3 (MF3)

1. FARBZUG DER RHABARBERWURZEL (ROTBRAUN)

Mischungsverhältnis 1:1 (100 g getrocknete und gehackte Rhabarberwurzel auf 100 g Wolle)

1. Die Rhabarberwurzeln in einen Topf geben und ca. 5 l Wasser hinzugießen. 1 EL Soda (Natriumkarbonat) hinzufügen. Das Soda macht die Wurzeln weicher und löst die Pflanzenfarbstoffe.
2. Die Wurzeln 2 Stunden lang kochen. Der Farbsud ist fertig, wenn er dickflüssig und rötlich wie Beerensaft ist.
3. Den Farbsud durch ein Sieb abseihen.
4. Den Farbsud mit kaltem Wasser wieder auf 5 l auffüllen und auf 30 °C erwärmen.
5. Das noch feuchte, gebeizte Färbegut, das an Schlaufen an einem Stock hängt, in die Flüssigkeit tauchen. Die Temperatur langsam auf Färbetemperatur, ca. 80 °C, erhöhen und 90 Minuten beibehalten. Falls das Garn und der Farbsud nicht rotbraun aussehen, während des Färbevorgangs vorsichtig ½ bis 1 EL Soda einrühren.
6. Das Garn aus dem Topf heben und zum Beispiel in einem Eimer abkühlen lassen. Das abgekühlte Garn mit einem neutralen Waschmittel mehrmals waschen und ausspülen, bis das Wasser klar bleibt.
7. Das restliche Farbbad für eine weitere Färbung (MF4) gekühlt aufbewahren.

REZEPT IV

MUSTERFARBE 4 (MF4),

2. FARBZUG DER RHABARBERWURZEL (BRAUN)

Mischungsverhältnis 1:1 (100 g getrocknete und gehackte Rhabarberwurzel auf 100 g Wolle)

Bei Bedarf kann beim 2. Farbzug auch eine geringere Garnmenge als zuvor gefärbt werden.

1. Das Farbbad mit kaltem Wasser wieder auf 5 l auffüllen und auf 30 °C erwärmen.
2. Das noch feuchte, gebeizte Färbegut, das an Schlaufen an einem Stock hängt, eintauchen. Die Temperatur langsam auf Färbetemperatur, ca. 80 °C, erhöhen und 90 Minuten beibehalten.
3. Das Garn aus dem Topf nehmen und zum Beispiel in einem Eimer abkühlen lassen. Das abgekühlte Garn mit einem neutralen Waschmittel mehrmals waschen und ausspülen, bis das Wasser klar bleibt.
4. Das restliche Farbbad für eine neue Färbung (MF5) gekühlt aufbewahren.

REZEPT V

MUSTERFARBE 5 (MF5)

3. FARBZUG DER RHABARBERWURZEL (BEIGE)

Mischungsverhältnis 1:1 (100 g getrocknete und gehackte Rhabarberwurzel auf 100 g Wolle)

Neues, gebeiztes Färbegut nehmen und den Anweisungen von Rezept IV ab Punkt 1 folgen.

REZEPT VI
MUSTERFARBE 6 (MF6), 1. FARBZUG DER GELBEN ZWIEBEL-SCHALE (ORANGEGELB)

Mischungsverhältnis 1:5 (20 g getrocknete gelbe Zwiebelschale auf 100 g Wolle)

1. Die gelbe Zwiebelschale genauso wie die rote Zwiebelschale verwenden, d. h. den Anweisungen in Rezept I ab Punkt 1 folgen.
2. Das restliche Farbbad für eine weitere Färbung (MF7) gekühlt aufbewahren.

REZEPT VII
MUSTERFARBE 7 (MF7), 2. FARBZUG DER GELBEN ZWIEBEL-SCHALE (BLASSGELB)

Mischungsverhältnis 1:5 (20 g getrocknete gelbe Zwiebelschale auf 100 g Wolle)

Bei Bedarf kann beim 2. Farbzug auch eine geringere Garnmenge als zuvor gefärbt werden.
Gebeiztes Färbegut nehmen und den Anweisungen in Rezept I ab Punkt 4 folgen.

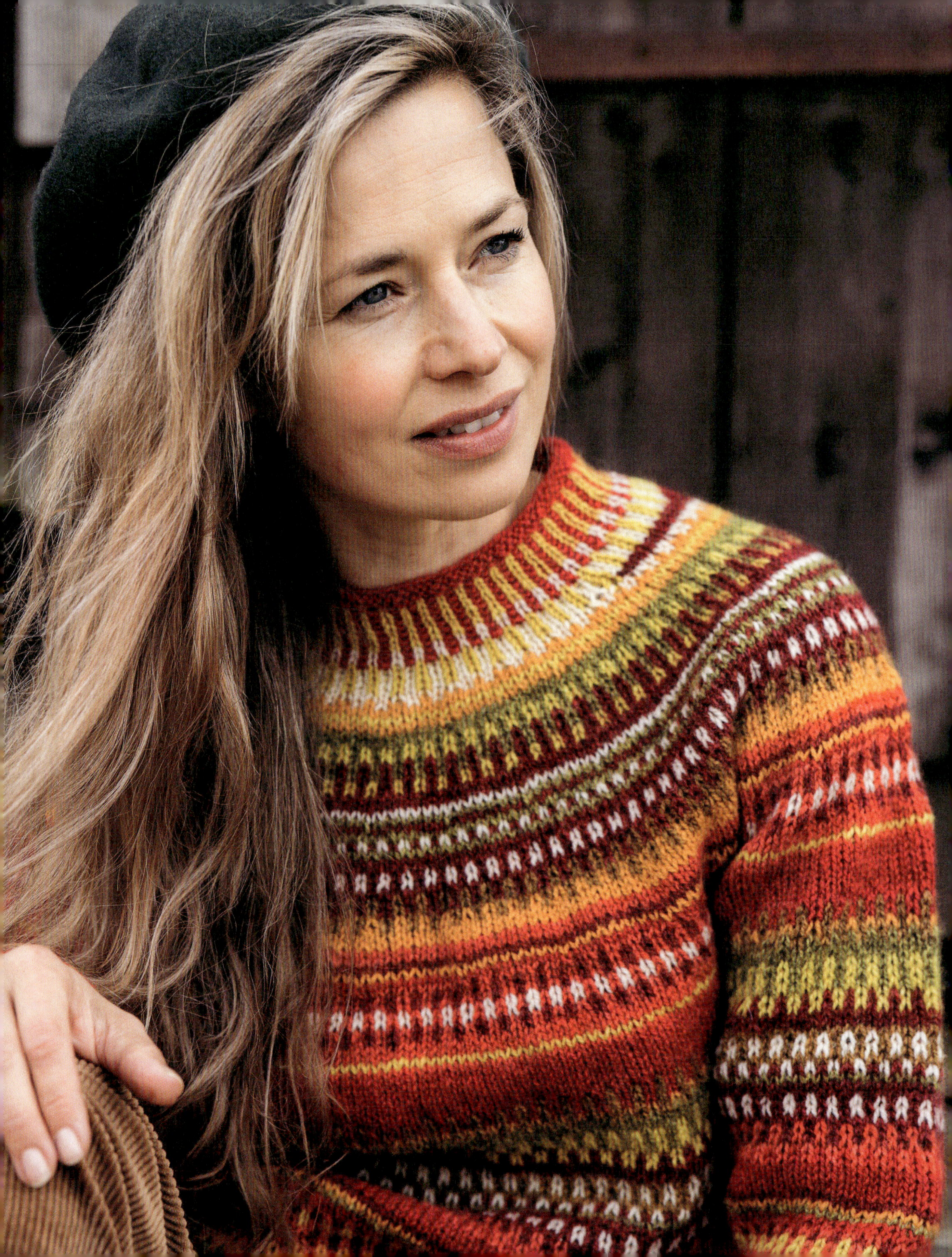

»

Ein Raanu ist ein traditioneller finnischer Wandbehang, der in modernen Wohnungen nicht mehr oft zu finden ist. Raanus werden aus Wolle gewebt, manche wurden sogar als Decken verwendet. Ein Raanu zeichnet sich durch seine lebhaften Farben und sein sehr einfaches Muster mit Längs- und Querstreifen aus, was auf die Webtechnik zurückzuführen ist.

«

Raanu

DESIGNERIN: ANNA-KAROLIINA TETRI

Raanu

UNSER MODELL TRÄGT GRÖSSE L

Größen: XS (S, M, L) (XL, 2XL, 3XL, 4XL)
Empfohlene Bequemlichkeitszugabe: 2 cm

Maße der fertigen Arbeit:
Brustumfang: 71 (80, 92, 102) (114,5, 124,5, 132, 142) cm
Rumpflänge (Achsel bis Bündchen): 45 (45, 46, 46) (46, 47, 47, 47) cm
Gesamtlänge (Kragen bis Bündchen): 71 (71, 73, 73) (74, 75,5, 76,5, 78) cm
Ärmelumfang Oberarm: 24,5 (29, 34,5, 40) (42, 44,5, 45,5, 48) cm
Umfang Ärmelbündchen: 16,5 (18, 19, 20) (22, 23,5, 24,5, 25,5) cm
Innere Ärmellänge (Achsel bis Bündchen): 42 (43, 43,5, 44,5) (45, 45, 47, 47) cm

Garn: Tukuwool DK (100 % finnische Wolle; 250 m / 100 g) oder ein anderes Garn mit entsprechender Lauflänge. Die Rezepte zum Färben der Wolle stehen auf Seite 100ff.
GF: Krappwurzel und Cochenille 1 (1, 1, 1,5) (1,5, 2, 2, 2) Stränge oder 250 (250, 250, 375) (375, 500, 500, 500) m
MF1: Krappwurzel und Cochenille auf grauem Garn, 1 (1, 1, 1) (1, 1, 1,5, 1,5) Stränge oder 250 (250, 250, 250) (250, 250, 375, 375) m
MF2: 1. Farbzug der Krappwurzel und der Cochenille zusammen mit dem 1. Farbzug der Reseda, 0,5 (1, 1, 1) (1, 1, 1, 1) Strang oder 125 (250, 250, 250) (250, 250, 250, 250) m
MF3: Reseda Gelb, 0,5 (0,5, 0,5, 1) (1, 1, 1, 1) Strang oder 125 (125, 125, 250) (250, 250, 250, 250) m
MF4: Reseda Grün, 0,5 (0,5, 0,5, 1) (1, 1, 1, 1) Strang oder 125 (125, 125, 250) (250, 250, 250, 250) m
MF5: Annatto Orange, 0,5 (0,5, 0,5, 1) (1, 1, 1, 1) Strang oder 125 (125, 125, 250) (250, 250, 250, 250) m
MF6: Annatto Braun, 0,5 (0,5, 0,5, 0,5) (0,5, 1, 1, 1) Strang oder 125 (125, 125, 125) (125, 250, 250, 250) m
MF7: Valkoinen (Weiß), 0,5 Strang oder 125 m (für alle Größen)

Nadeln: Rundstricknadeln Nr. 3,5 und 4,5, 80–100 cm lang, bei Bedarf Nadelspiele Nr. 3,5 und 4,5

Sonstiges: Maschenmarkierer, Hilfsfaden oder Maschenhalter, Wollnadel

Maschenprobe: 18 M und 25 Rd = 10 cm × 10 cm glatt rechts mit Nd Nr. 4,5, leicht gespannt

Achtung! *Die Maschenprobe auch in Bezug auf das Muster überprüfen und falls notwendig die Nadelstärke wechseln.*

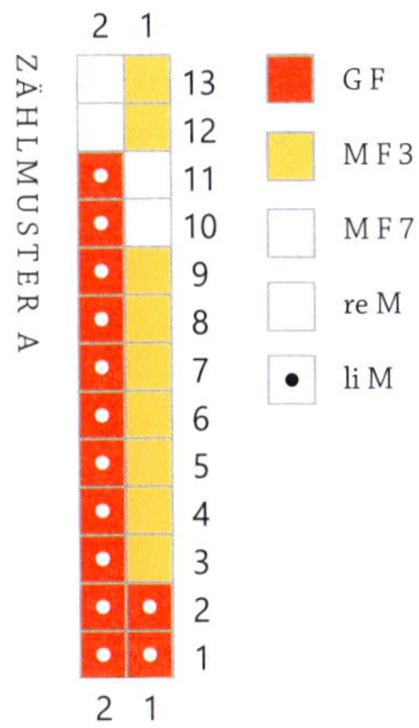

PASSE

96 (108, 108, 108) (120, 128, 136, 144) M in der GF mit Rundstricknadel Nr. 3,5 anschlagen. Zur Runde schließen, am Rundenanfang (= hintere Mitte) einen MM setzen.

Das Halsbündchen gemäß Zählmuster A arb. Wenn alle 13 Rd des Zählmusters gestrickt sind, zu Rundstricknadel Nr. 4,5 wechseln und die 12.–13. Rd von Zählmuster A noch 1× str. Die Fäden trennen und MF1 anfügen.

Verkürzte R str, um den Nacken etwas zu erhöhen (alle DM zus abstr, wenn sie erscheinen):

1. R (Hin-R): 10 (12, 14, 16) (18, 20, 20, 22) M re, Arbeit wenden.

2. R (Rück-R): 1 DM, li M bis zum MM str, MM abheben, 10 (12, 14, 16) (18, 20, 20, 22) M li, Arbeit wenden.

3. R: 1 DM, re M bis zum MM str, MM abheben, 21 (23, 25, 27) (29, 31, 31, 33) M re, Arbeit wenden.

4. R: 1 DM, li M bis zum MM str, MM abheben, 21 (23, 25, 27) (29, 31, 31, 33) M li, Arbeit wenden.

5. R: 1 DM, re M bis zum MM str, MM abheben, 32 (34, 36, 38) (40, 42, 42, 44) M re, Arbeit wenden.

6. R: 1 DM, li M bis zum MM str, MM abheben, 32 (34, 36, 38) (40, 42, 42, 44) M li, Arbeit wenden.

7. R: 1 DM, re M bis zum MM str, MM abheben.

Entsprechend der gewählten Größe gemäß Zählmuster B fortf. Der Rapport wiederholt sich 24 (27, 27, 27) (30, 32, 34, 36)× pro Rd.

Alle Rd des Zählmusters str, dabei die Zunahmen an den dort angegebenen Stellen arb.

Achtung! Für Größe L die Zunahmen in Rd 45 NICHT arb.

Auf der Nadel liegen jetzt 192 (216, 270, 296) (330, 352, 374, 396) M.

Alle MF trennen und mit der GF noch 0 (0, 0, 0) (2, 4, 6, 10) Rd glatt re str.

ZÄHLMUSTER B

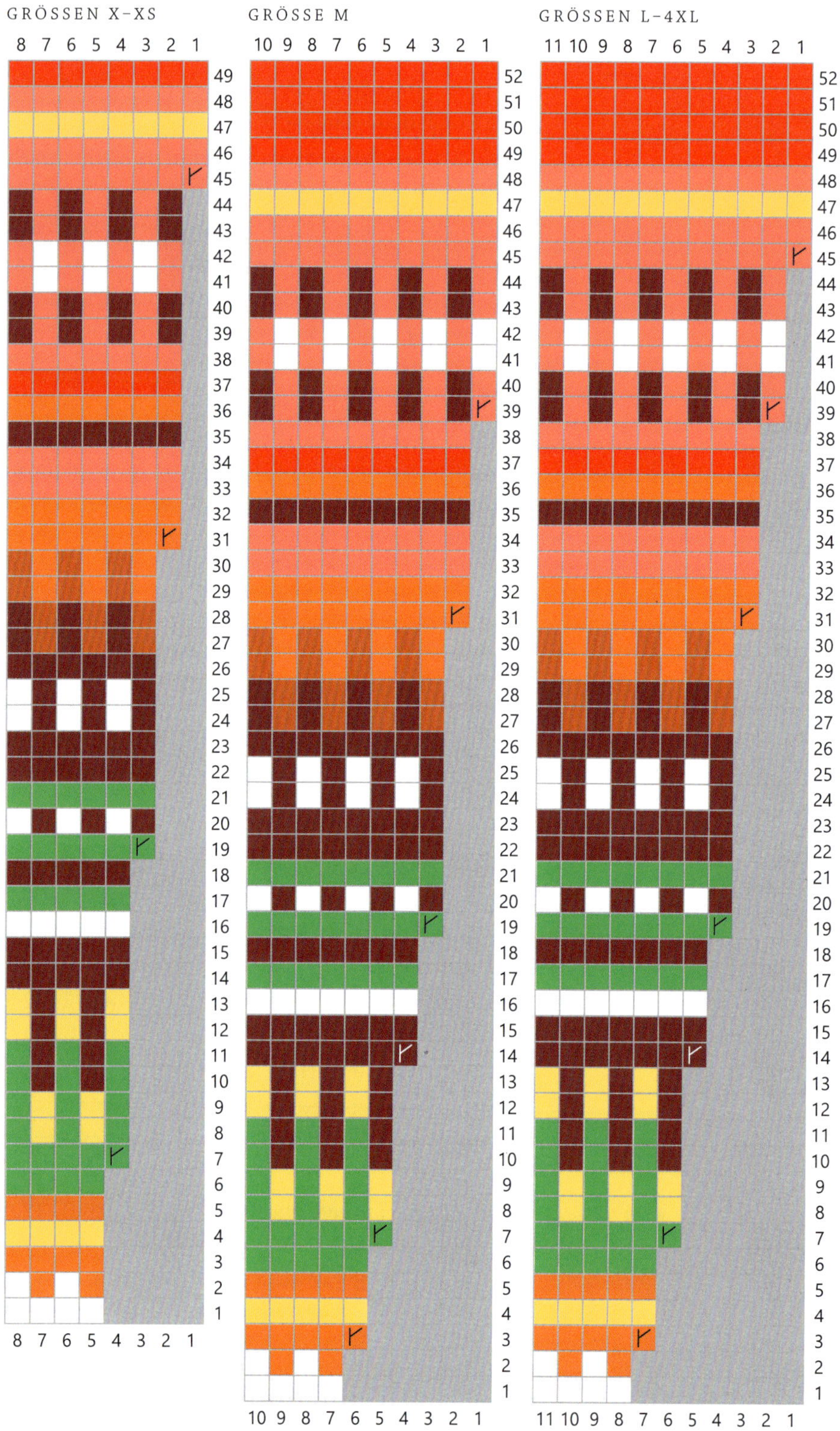

ZÄHLMUSTER C

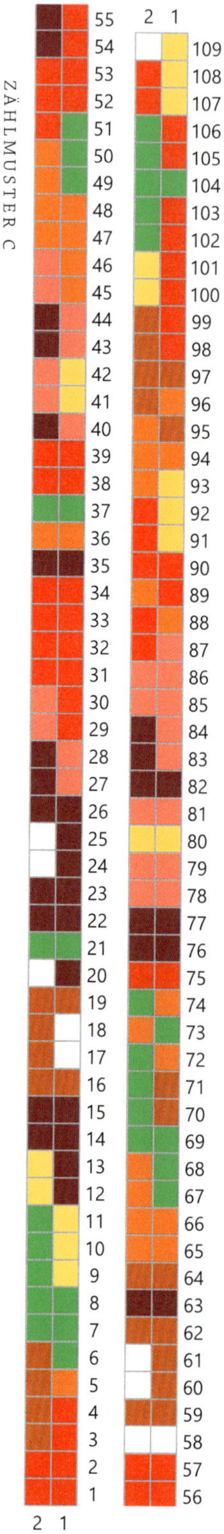

ZÄHLMUSTER D

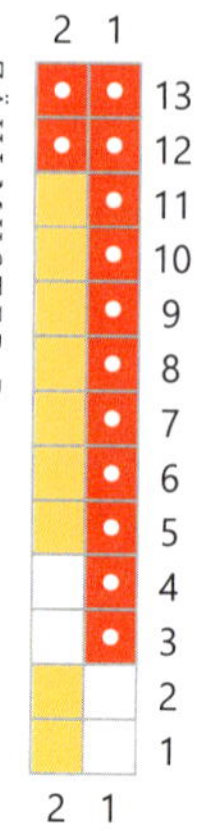

- GF
- MF1
- MF2
- MF3
- MF4
- MF5
- MF6
- MF7
- keine Masche
- re M
- li M
- 1 M zun/re

RUMPF

Nun die Ärmel abteilen. Mit der GF 29 (32, 39, 42) (48, 52, 56, 60) M re (halber Rücken) str, die folgenden 38 (44, 57, 64) (69, 72, 75, 78) Ärmel-M auf einen Hilfsfaden legen. Für das Ärmelloch 3 (4, 2, 4) (3, 4, 3, 4) M anschlagen, MM setzen (hier ist der neue Rundenanfang), 3 (4, 3, 4) (4, 4, 4, 4) M anschl. Für das Vorderteil 58 (64, 78, 84) (96, 104, 112, 120) M re str, 38 (44, 57, 64) (69, 72, 75, 78) Ärmel-M auf einen Hilfsfaden legen, 6 (8, 5, 8) (7, 8, 7, 8) M anschlagen, re M (halber Rücken) bis zum MM str.
Jetzt liegen 128 (144, 166, 184) (206, 224, 238, 256) M auf der Nadel.
Den Rumpf gemäß Zählmuster C weiterstr. Wenn die Länge ab Ärmelloch 40 (40, 41, 41) (41, 42, 42, 42) cm beträgt, zu Rundstricknadel Nr. 3,5 wechseln und im Rippenmuster gemäß Zählmuster D str.
Die M elastisch abketten.

ÄRMEL

Die stillgelegten M eines Ärmels auf eine Rundstricknadel Nr. 4,5 heben. In der Mitte der Ärmelloch-M vom Rumpf beginnen und mit der GF 3 (4, 3, 4) (3, 4, 3, 4) M re herausstr, 38 (44, 56, 64) (69, 72, 75, 78) Ärmel-M re, 3 (4, 3, 4) (4, 4, 4, 4) M re aus dem Ärmelloch herausstr, MM setzen = 44 (52, 62, 72) (76, 80, 82, 86) M auf der Nadel.
23 Rd gemäß Zählmuster C arb, in der folgenden Rd mit den Ärmel-Abn beginnen, dabei weiterhin Zählmuster C folgen.
Abn-Rd: 1 M re, 1 M re ab/zus-str, re M str, bis noch 3 M übrig sind, 2 M re zus, 1 M re.
Die Abn-Rd in jeder 10. (7., 5., 4.) (4., 4., 4., 4.) Rd noch 6 (9, 13, 17) (17, 18, 18, 18)× arb. Auf der Nadel liegen jetzt 30 (32, 34, 36) (40, 42, 44, 46) M.
Wenn der Ärmel ab Ärmelloch 37 (38, 38,5, 39,5) (40, 40, 42, 42) cm misst, zu Nd Nr. 3,5 wechseln und im Rippenmuster gemäß Zählmuster D str.
Alle M elastisch abketten.

FERTIGSTELLUNG

Alle Fadenenden vernähen. Den Pullover anfeuchten, in Form ziehen und liegend trocknen lassen.

«

Bei meinem Raanu-Modell wollte ich den Zauber dieses leider in Vergessenheit geratenen Textils in einen Pullover bannen. Die Raanu-Tradition ist Hunderte von Jahren alt, die Farben für das Raanu wurden also ursprünglich aus der Natur gewonnen. Raanus waren gemäldeähnliche, bunte Textilien, deren Farben sich auf Naturräume bezogen: den Himmel, den Herbstwald oder ein plätscherndes Gewässer. Das Garn für diesen Raanu-Pullover wurde ebenfalls mit Naturfarbstoffen behandelt. Mithilfe der Anleitung kann man das Garn für seinen Raanu-Pullover leicht selbst färben.

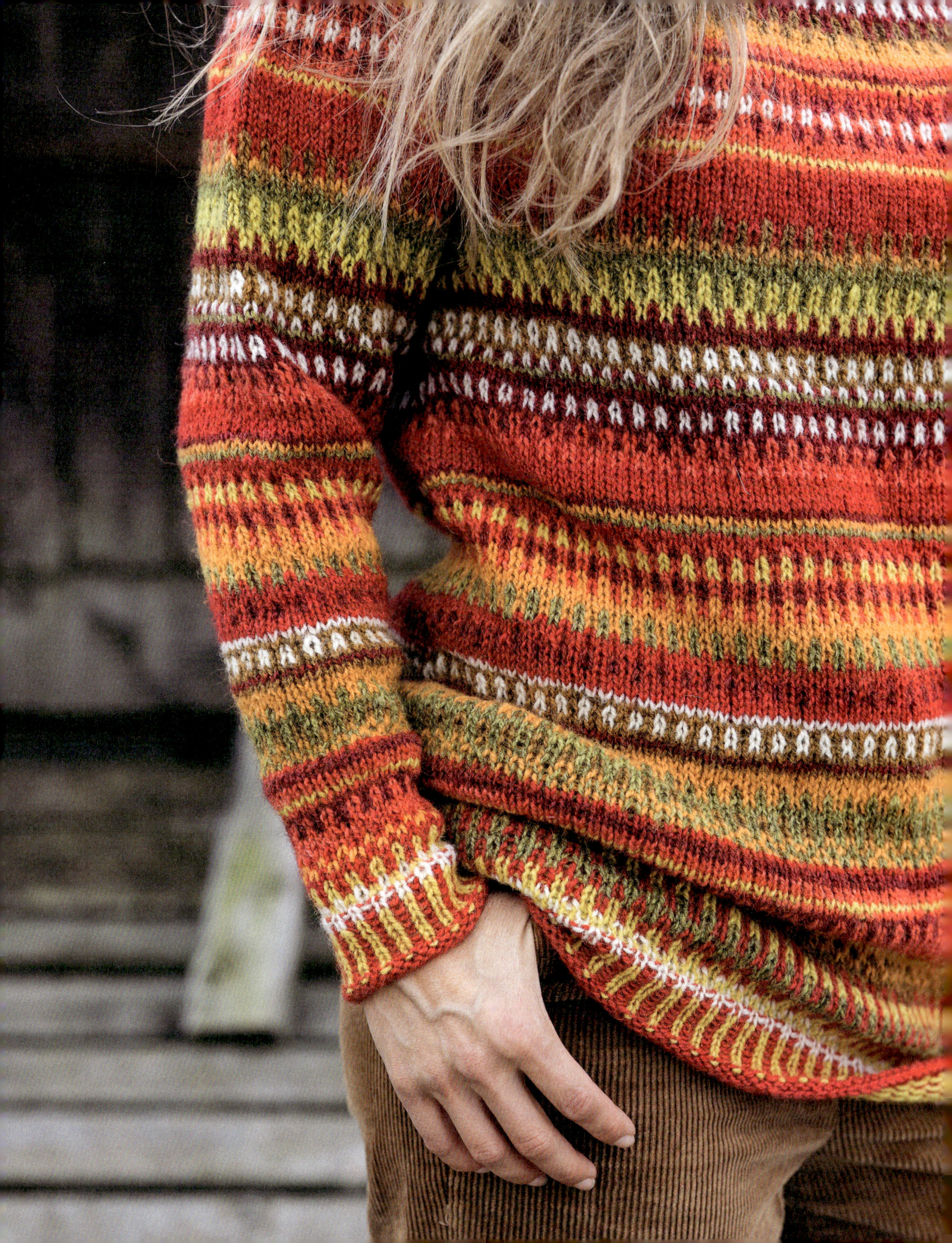

REZEPT I

GRUNDFARBE (GF), KRAPP-WURZEL UND COCHENILLE

(AUF WEISSEM GARN)

MUSTERFARBE 1 (MF1), KRAPP-WURZEL UND COCHENILLE

(AUF GRAUEM GARN)

Mischungsverhältnis: 15 g Krappwurzel (gehackt) und 4 g Cochenille auf 100 g Wolle

---

1. Krappwurzel und Cochenille in einen großen Topf geben und 5 l Wasser hinzugießen. Über Nacht quellen lassen.
2. Den Farbsud durch ein Sieb abseihen.
3. Das Farbbad auf 30 °C erwärmen. Das noch feuchte, gebeizte Färbegut, das an Schlaufen an einem Stock hängt, in die Flüssigkeit tauchen.
4. Die Temperatur auf 80 °C erhöhen und 15 Minuten halten. Über Nacht abkühlen lassen.
5. Das Garn mit einem neutralen Waschmittel waschen und gründlich ausspülen.
6. Die restliche Färbeflotte für eine weitere Färbung (MF2) aufbewahren.

REZEPT II

MUSTERFARBE 3 (MF3), RESEDA GELB

(AUF WEISSEM GARN)

MUSTERFARBE 4 (MF4), RESEDA GRÜN

(AUF GRAUEM GARN)

Mischungsverhältnis 1:2 (50 g Reseda auf 100 g Wolle)

---

1. Reseda in einen Topf geben und ca. 3 l Wasser hinzugießen.
2. Ca. 1 EL Soda (Natriumkarbonat) hinzufügen, um die Farbe zu lösen. 1,5 Stunden köcheln. Der Farbsud ist fertig, wenn er dickflüssig ist.
3. Den Farbsud durch ein Sieb abseihen.
4. Den Farbsud mit kaltem Wasser wieder auf 5 l auffüllen und auf 30 °C erwärmen.
5. Das feuchte, gebeizte Färbegut, das an Schlaufen an einem Stock hängt, in die Flüssigkeit tauchen. Die Temperatur langsam auf Färbetemperatur, ca. 80 °C, erhöhen und 90 Minuten beibehalten.
6. Die Wolle über Nacht im Farbbad abkühlen lassen. Das abgekühlte Garn mit einem neutralen Waschmittel waschen und mehrmals ausspülen, bis das Wasser klar bleibt.
7. Die restliche Färbeflotte für eine weitere Färbung (MF2) aufbewahren.

Die Wolle vor dem Färben gemäß den Anweisungen auf Seite 88 beizen.
Für den Raanu-Pullover wird sowohl weißes als auch graues Garn mit derselben Färbeflotte gefärbt. Da die Ausgangsfarbe des Garns den Farbton beeinflusst, erzeugt dieselbe Flotte zwei verschiedene Farben.

REZEPT III
MUSTERFARBE 2 (MF2) 1. FARBZUG DER KRAPPWURZEL/ COCHENILLE GEMISCHT MIT 1. FARBZUG RESEDA (AUF WEISSEM GARN)

1. Die bereits benutzten Färbeflotten von Rezept I und II zusammen in einen Topf gießen.
2. Mit kaltem Wasser wieder auf 5 l auffüllen und auf 30 °C erwärmen.
3. Das feuchte, gebeizte Färbegut, das an Schlaufen an einem Stock hängt, in die Flüssigkeit tauchen.
4. Die Temperatur langsam auf ca. 80 °C erhöhen und 90 Minuten beibehalten. Die Wolle (über Nacht) im Farbbad abkühlen lassen.
5. Das Garn mit einem neutralen Waschmittel gründlich waschen und ausspülen.

REZEPT IV
MUSTERFARBE 5 (MF5), ANNATTO ORANGE (AUF WEISSEM GARN) MUSTERFARBE 6 (MF6), ANNATTO BRAUN (AUF GRAUEM GARN)

Mischungsverhältnis 1:2
(50 g Annatto auf 100 g Wolle)

1. Annatto in einen Topf geben und ca. 3 l Wasser hinzugießen.
2. Ca. 1 EL Soda (Natriumkarbonat) hinzufügen, um die Farbe zu lösen. 1,5 Stunden köcheln. Der Farbsud ist fertig, wenn er dickflüssig ist.
3. Den Farbsud durch ein Sieb abseihen.
4. Den Farbsud mit kaltem Wasser auf 5 l auffüllen und auf 30 °C erwärmen.
5. Das feuchte, gebeizte Färbegut, das an Schlaufen an einem Stock hängt, in die Flüssigkeit tauchen. Die Temperatur langsam auf Färbetemperatur, ca. 80 °C, erhöhen und 90 Minuten beibehalten.
6. Die Wolle über Nacht im Farbbad abkühlen lassen. Das abgekühlte Garn mit einem neutralen Waschmittel waschen und gründlich ausspülen, bis das Wasser klar bleibt.

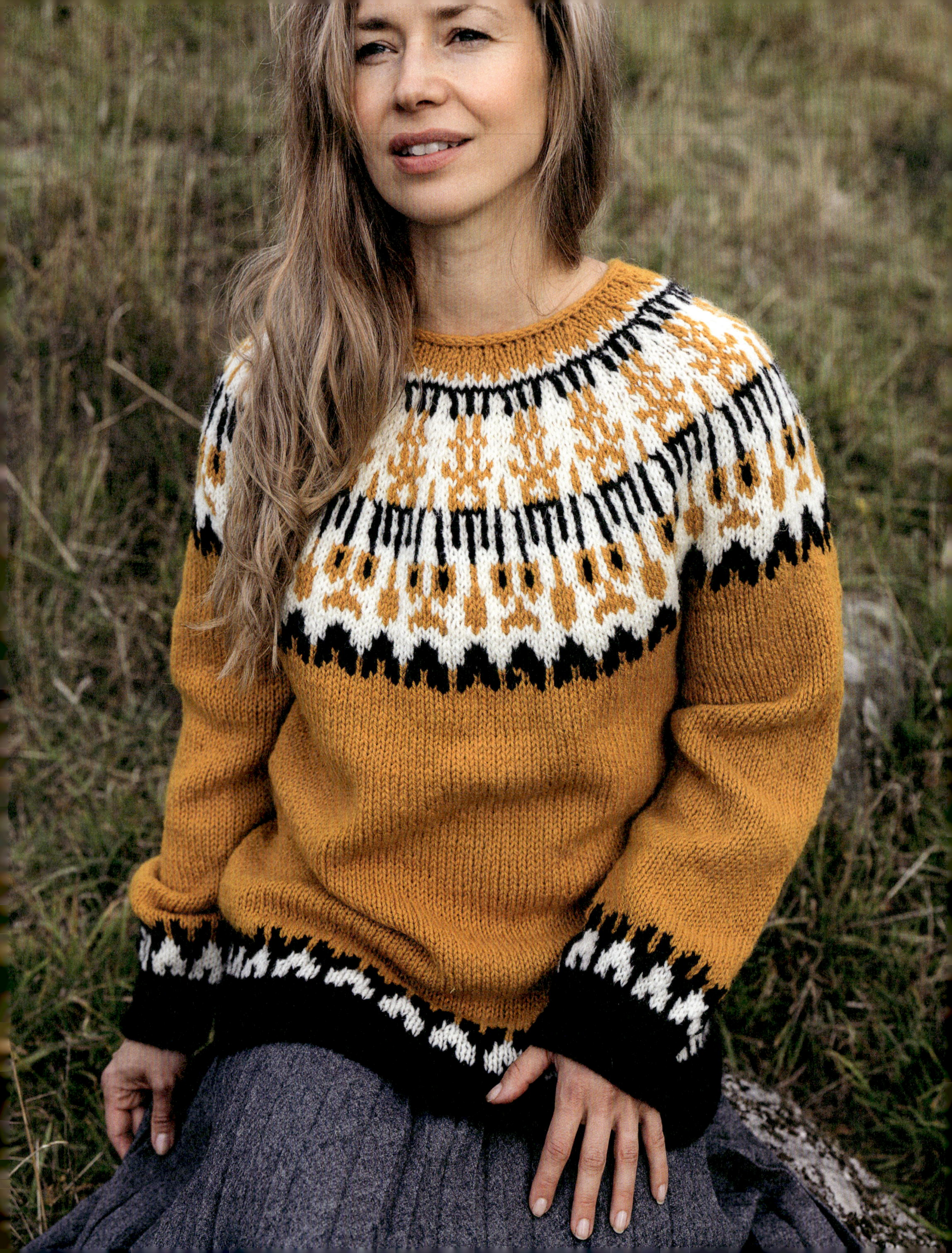

«

Meine Familie stammt aus der Ebene (finnisch: lakeus) von Österbotten. Ein flacher Landstrich, ein Feld mit reifem Korn im Herbst und die traditionellen, dekorativen Gürtel mit durchbohrten Beschlägen standen beim Entwurf des Musters für diesen Pullover Pate. Die Farben des Garns Vuonue Manta haben eine wunderbare Leuchtkraft. Der Pullover wird von unten nach oben in Runden gestrickt. Rumpf und Ärmel werden für die Passe zusammengefügt.

Lakeus

DESIGNERIN: MERJA OJANPERÄ

Lakeus

UNSER MODELL TRÄGT GRÖSSE S

Größen: XS (S, M, L, XL, 2XL)
Empfohlene Bequemlichkeitszugabe: ca. 5 cm

Maße der fertigen Arbeit:
Brustumfang: 83,5 (93,5, 103,5, 110, 116,5, 123,5) cm
Rumpflänge (Achsel bis Bündchen): 40 (42, 43, 45, 47, 49) cm
Ärmelumfang Oberarm: 34,5 (35,5, 38, 40, 40, 42) cm
Umfang Ärmelbündchen: 21 (23,5, 23,5, 26,5, 26,5, 26,5) cm
Innere Ärmellänge (Achsel bis Bündchen): 43 (46, 48, 48, 49, 52) cm

Garn: Vuonue Manta (100 % finnische Lammwolle; 180 m / 100 g) oder ein anderes Garn mit entsprechender Lauflänge
GF: Okra (Ocker), 4 (4, 5, 6, 7, 7) Stränge oder 545 (580, 900, 1100, 1260, 1400) m
MF1: Pikimusta (Pechschwarz), 1 (1, 2, 2, 2, 2) Stränge oder 170 (180, 225, 250, 280, 305) m
MF2: Luonnonvalkoinen (Naturweiß), 1 (1, 1, 2, 2, 2) Stränge oder 145 (155, 180, 215, 240, 265) m

Nadeln: Rundstricknadeln Nr. 3,5 und 4,5, je 80–100 cm lang, für die Ärmel Nadelspiele Nr. 3,5 und 4,5 (oder Rundstricknadeln Nr. 3,5 und 4,5, je 40 cm lang)

Sonstiges: Maschenmarkierer, Hilfsfaden oder Maschenhalter, Wollnadel

Maschenprobe: 18 M und 23 Rd = 10 cm × 10 cm glatt rechts mit Nd Nr. 4,5, leicht gespannt

Achtung! *Die Maschenprobe auch in Bezug auf das Muster überprüfen und falls notwendig die Nadelstärke wechseln.*

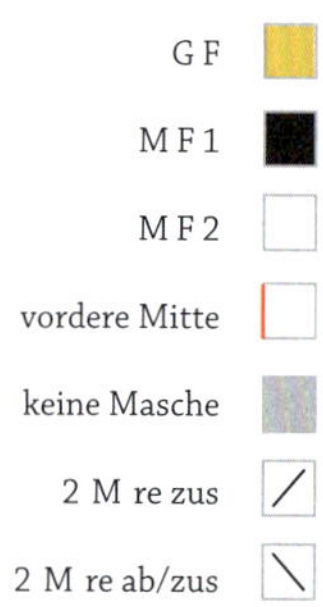

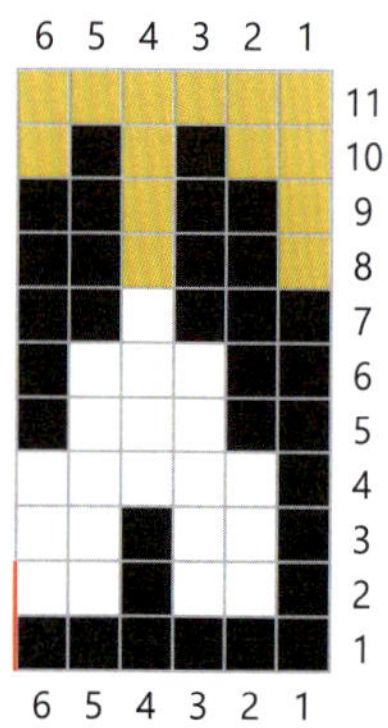

ZÄHLMUSTER A

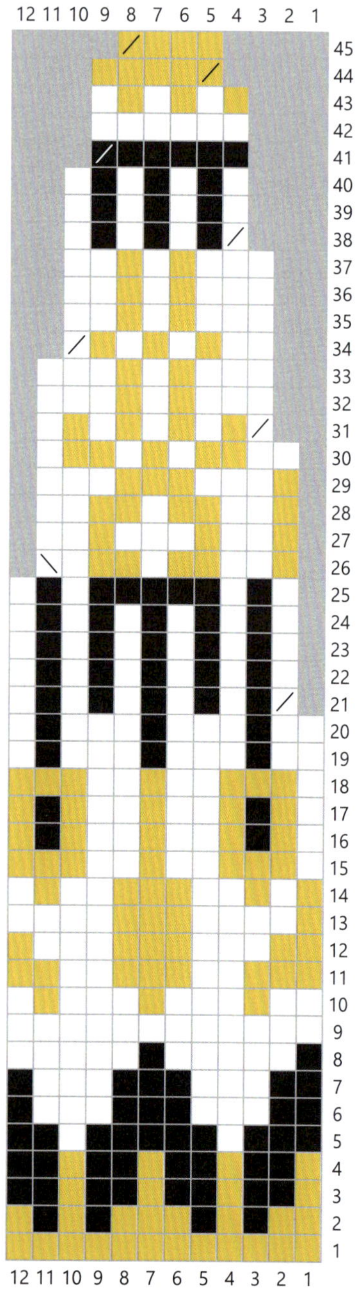

ZÄHLMUSTER B

RUMPF

150 (168, 186, 198, 210, 222) M in der MF1 mit der 80 cm langen Rundstricknadel Nr. 3,5 anschlagen. Einen MM am Rundenanfang (= linke Seiten»naht«) und einen weiteren nach 75 (84, 93, 99, 105, 111) M setzen. Zur Runde schließen und 5 cm im 1/1-Rippenmuster (1 M re verschr, 1 M li im Wechsel) arb. Zu Nadeln Nr. 4,5 wechseln. Die vordere Mitte des Pullovers markieren und den Beginn des Rapports von hier aus berechnen.

Zählmuster A über alle 11 Rd str. Alle MF trennen und mit der GF glatt re fortf, bis der Rumpf ca. 40 (42, 43, 45, 47, 49) cm misst. In der nächsten Rd re M str, bis vor dem Rundenanfang noch 4 (4, 4, 5, 5, 6) M übrig sind. Die folgenden 8 (8, 8, 10, 10, 12) M auf einem Hilfsfaden oder Maschenhalter stilllegen und die Arbeit beiseitelegen.

ÄRMEL

38 (42, 42, 48, 48, 48) M mit MF1 mit dem Nadelspiel Nr. 3,5 anschlagen. Einen MM am Rundenanfang setzen, dieser markiert die Unterseite des Ärmels. Zur Runde schließen und 5 cm im 1/1-Rippenmuster (1 M re verschr, 1 M li im Wechsel) arb. 1 Rd re M str, dabei gleichmäßig verteilt 10 (6, 6, 6, 6, 6) M zun = 48 (48, 48, 54, 54, 54) M auf der Nadel.

Zu Nadelspiel Nr. 4,5 wechseln und alle 11 Rd von Zählmuster A arb. Alle MF trennen und mit der GF glatt re fortf. Sofort nach Zählmuster A mit den Ärmel-Zun beginnen: *MM abh, 1 M re, 1 M zun/li, re M str, bis noch 1 M vor dem MM übrig ist, 1 M zun/re, 1 M re. 6 Rd re M str*. Von * bis * wdh, bis 62 (64, 68, 72, 72, 76) M auf der Nd liegen.

Wenn der Ärmel eine Länge von 43 (46, 48, 48, 49, 52) cm oder eine andere individuell gewünschte Länge erreicht hat, die folgende Rd re M str, bis noch 4 (4, 4, 5, 5, 6) M vor dem MM (Rundenanfang) übrig sind. Die folgenden 8 (8, 8, 10, 10, 12) M auf einem Hilfsfaden oder Maschenhalter stilllegen, dabei den MM entfernen. Die restlichen 54 (56, 60, 62, 62, 64) Ärmel-M stilllegen oder auf der Nadel belassen und beiseitelegen.

Den zweiten Ärmel ebenso arb.

PASSE

Jetzt werden Ärmel und Rumpf vereint. Der Rundenübergang liegt zwischen dem Rückenteil und dem linken Ärmel, wo der Faden in der letzten Rd des Rumpfteils zurückblieb; hier einen MM setzen. Die M wie folgt auf dieselbe Rundstricknadel Nr. 4,5 heben (nicht abstricken): die 54 (56, 60, 62, 62, 64) M des ersten Ärmels, die 67 (76, 85, 89, 95, 99) M des Vorderteils, die folgenden 8 (8, 8, 10, 10, 12) M auf einen Hilfsfaden oder Maschenhalter legen (dabei MM entfernen), die 54 (56, 60, 62, 62, 64) M des zweiten Ärmels und die 67 (76, 85, 89, 95, 99) M des Rückenteils auf die Rundstricknadel heben. Jetzt liegen 242 (264, 290, 302, 314, 326) M auf der Nadel.

In der GF 1 Rd re M str, dabei gleichmäßig verteilt 2 (0, 2, 2, 2, 2) M abn. Jetzt liegen 240 (264, 288, 300, 312, 324) M auf der Nadel.

Zählmuster B arb. Der Rapport wiederholt sich 20 (22, 24, 25, 26, 27)× pro Rd. Alle 45 Rd des Zählmusters str und an den angegebenen Stellen abn. Danach liegen 80 (88, 96, 100, 104, 108) M auf der Nadel. Alle MF trennen und nur mit der GF fortf.

Als Nächstes verkürzte R arb, um den Nacken zu erhöhen. Zuerst die rückwärtige Mitte mit einem MM markieren (= neuer Rd-Beginn) und bis dahin re M str (die übrigen MM entfernen).

1. R (Hin-R): 14 (16, 18, 20, 22, 24) M re, wenden.

2. R (Rück-R): 1 DM, li M bis zum MM str, MM abh, 14 (16, 18, 20, 22, 24) M li, wenden.

3. R: 1 DM, re M bis zum MM str, MM abh, 24 (26, 28, 30, 32, 34) M re, wenden.

4. Rd: 1 DM, li M bis zum MM str, MM abh, 24 (26, 28, 30, 32, 34) M li, wenden.

5. Rd: 1 DM, re M bis zum MM str, MM abh.

Noch 1 Rd re M, dabei die DM zus-str und gleichmäßig verteilt 10 (10, 10, 12, 12, 14) M abn. Auf der Nadel liegen jetzt 70 (78, 86, 88, 92, 94) M.

HALSABSCHLUSS

Der Halsausschnitt wird mit einem I-Cord-Rand in der GF abgeschlossen. Die M des Halsausschnitts befinden sich zu diesem Zeitpunkt noch auf der Rundnadel. Am Rd-Anfang 3 neue M anschlagen und mit einer Nadelspielnadel wie folgt arb: *2 M re, 2 M re zus, die 3 M zurück auf die linke Nd heben, den Faden hinter dem I-Cord-Rand leicht anziehen*. Von * bis * stets wdh, bis alle Hals-M gestrickt und nur noch 3 I-Cord-M übrig sind. Den Faden trennen und die Enden im Maschenstich zusammennähen.

FERTIGSTELLUNG

Alle Fadenenden auf der Innenseite vernähen. Die Ärmellöcher im Matratzenstich schließen. Den Pullover anfeuchten, in Form ziehen und liegend trocknen lassen.

Die Rundpasse ziert ein wunderschönes Muster, das an die flachen Landstriche meiner Heimat erinnert.

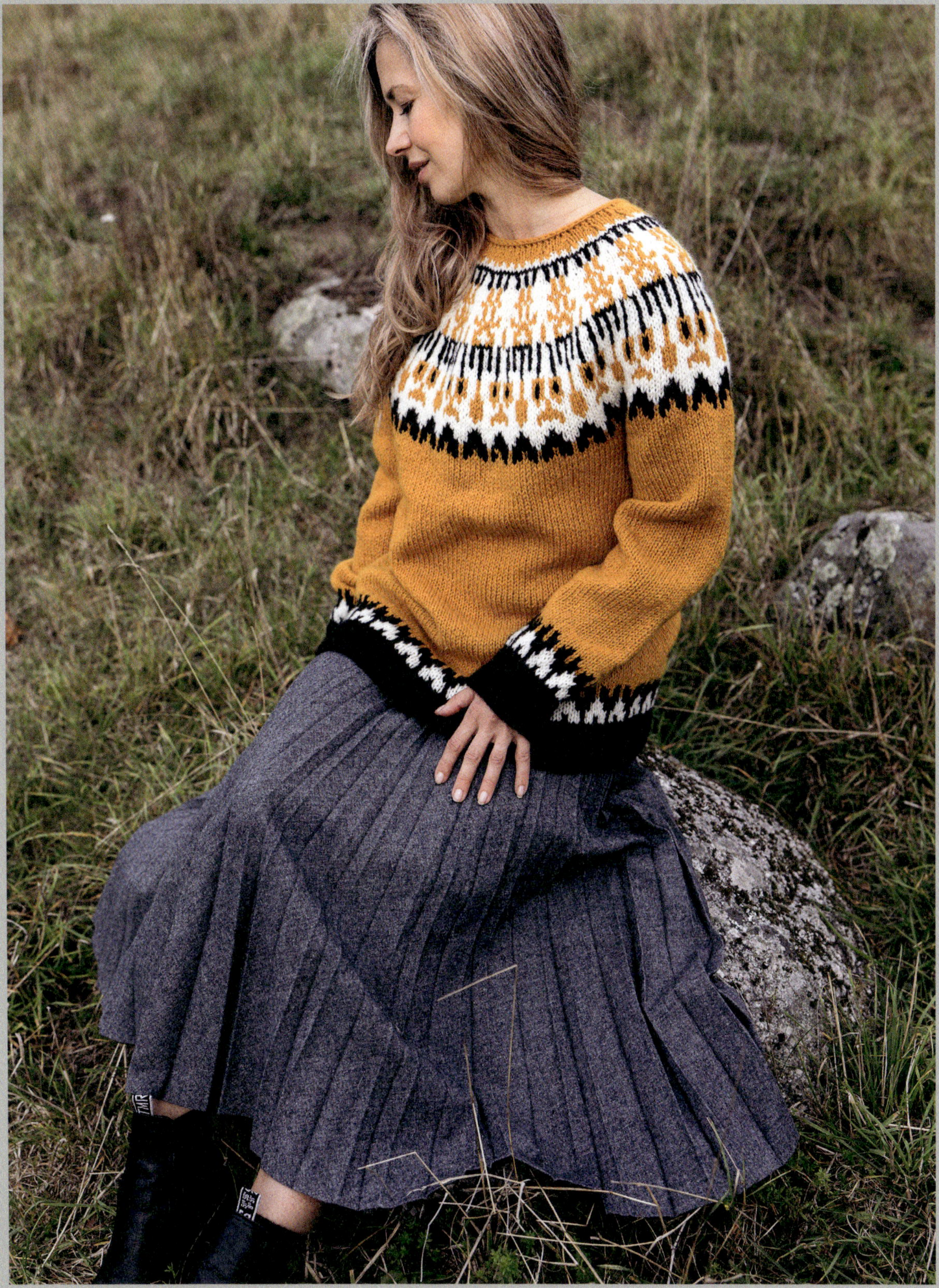

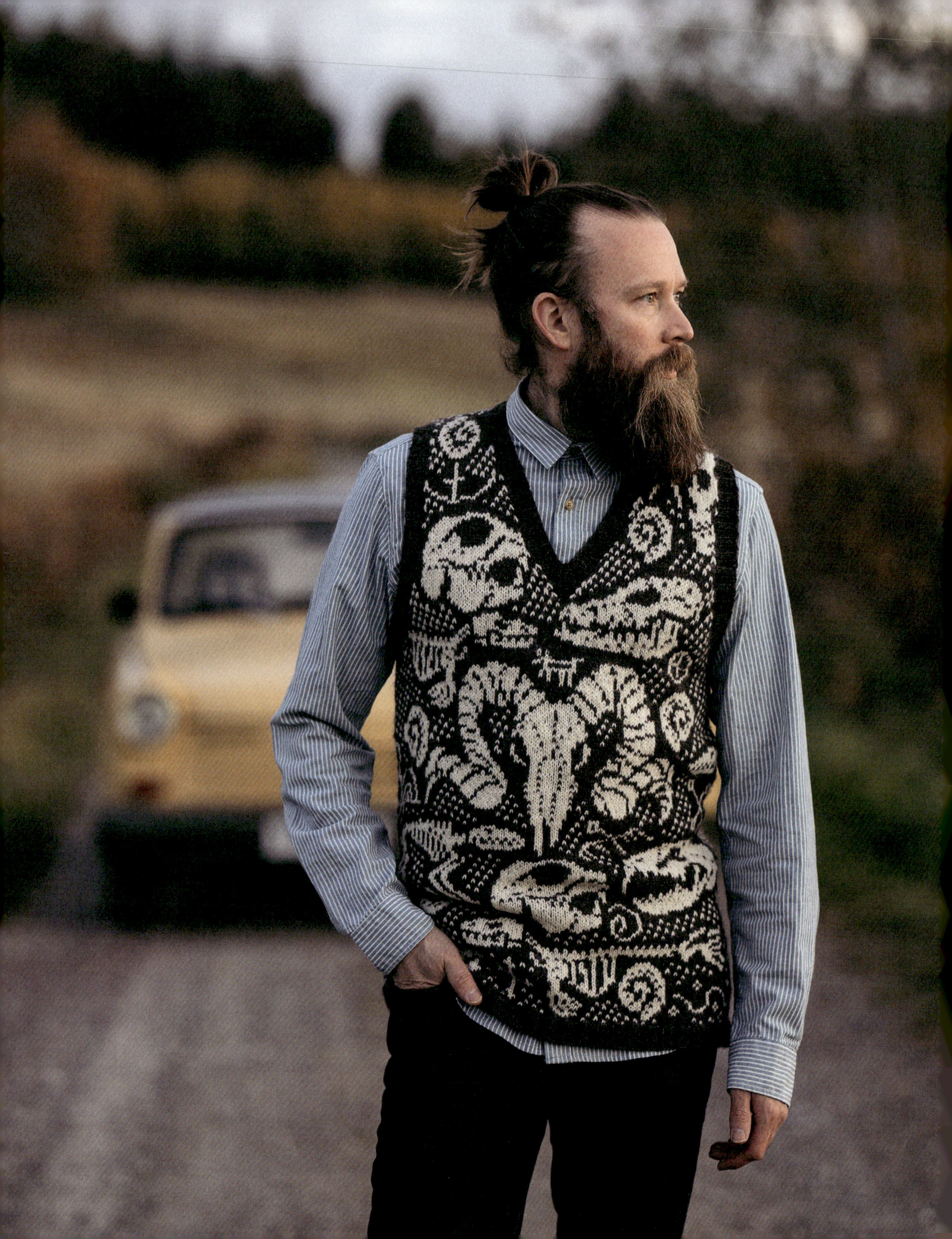

»

Dieser Pullunder strahlt die starke Kraft der Tiere aus, unserer ehrenwerten Mitgeschöpfe, und beseelt seinen Träger mit einem Hauch vergangener Volkstraditionen in Form von Schamanentrommeln und Felsenmalereien. Der Name bezieht sich auf das Unterirdische, die Unterwelt in der finnischen Mythologie, das Reich der Toten. Und trotz vereinzelter morbider Elemente hält dieser Pullunder wunderbar warm und ist absolut gesellschaftsfähig.

Alinen

DESIGNERIN: MARJUKKA VUORISALO

Alinen

UNSER MODELL TRÄGT GRÖSSE S–L

Größen: XS (S–L, XL–4XL)
Empfohlene Bequemlichkeitszugabe: 0–2 cm

Maße der fertigen Arbeit:
Brustumfang: 73,5 (99, 142,5) cm
Rumpflänge (Achsel bis Bündchen): 34,5 (39,5, 39,5) cm
Gesamtlänge (Schulter bis Bündchen): 58,5 (64, 64) cm

Garn: Kammgarn von Pirtin Kehräämö, 110×4 tex (100 % Wolle; 220 m / 100 g) oder ein anderes Garn mit entsprechender Lauflänge
GF: 4 Tummanharmaa (Dunkelgrau), 2 (3, 4) Stränge oder 440 (660, 880) m
MF: 1 Luonnonvalkea (Naturweiß), 2 (2, 3) Stränge oder 440 (440, 660) m

Nadeln: Rundstricknadeln Nr. 3,5 und 4, 80–100 cm lang

Sonstiges: Maschenmarkierer, Wollnadel

Maschenprobe: 22 M und 32 Rd = 10 cm × 10 cm glatt rechts mit Nd Nr. 4, leicht gespannt

Achtung! *Die Maschenprobe auch in Bezug auf das Muster überprüfen und falls notwendig die Nadelstärke wechseln.*

VORDERTEIL

RECHTE SCHULTER

15 (15, 16) M in der GF mit Nd Nr. 4 anschlagen. Alle 57 (63, 70) R gemäß Zählmuster A für die gewählte Größe arb. Auf der Nadel liegen jetzt 35 (41, 49) M.

Der Pullunder wird oben in Reihen begonnen, dann wird der Rumpf in Runden gestrickt. Die Länge des Pullunders kann nach Wunsch leicht angepasst werden. Unserer hat eine gute Länge, die den unteren Rücken schön wärmt.

ZÄHLMUSTER A, GRÖSSE XS

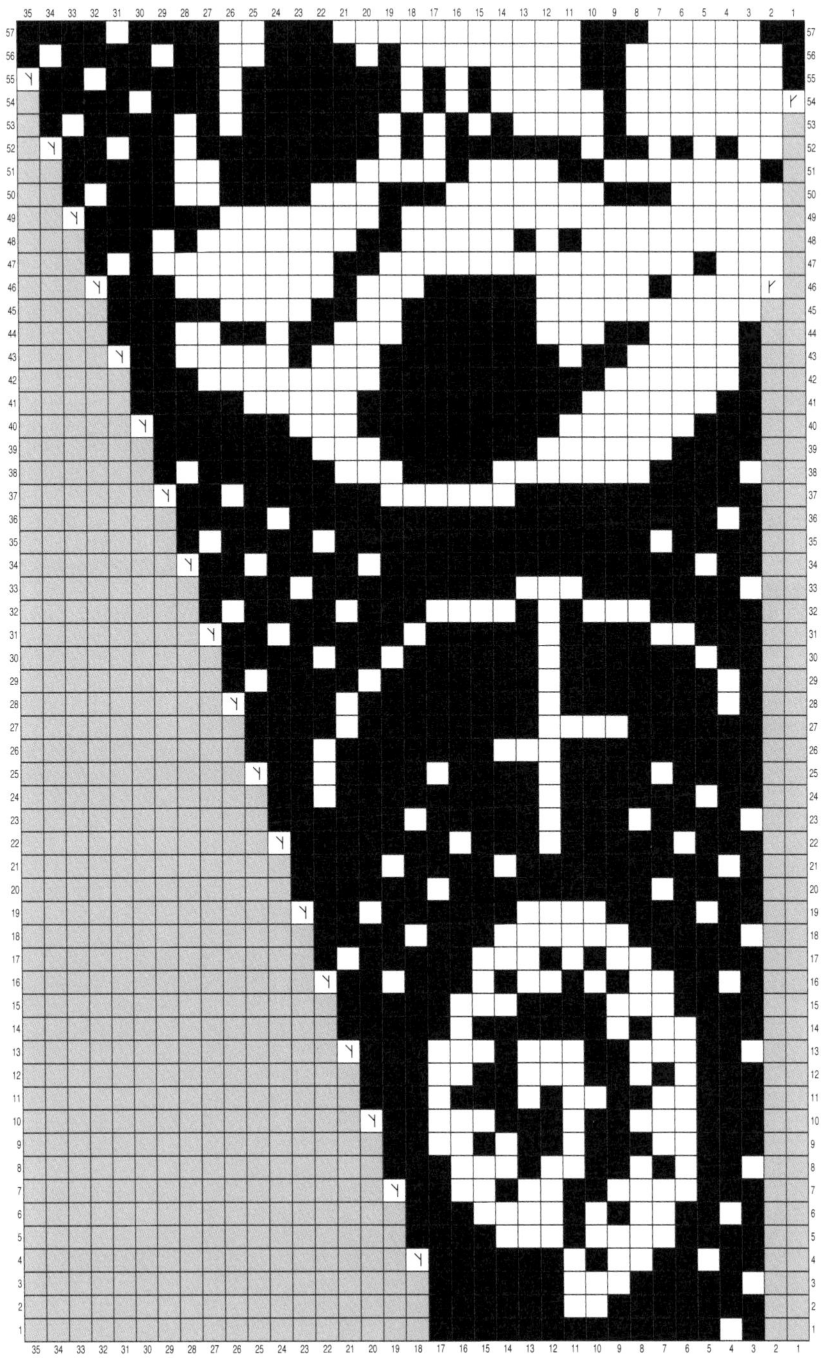

■ GF

□ MF

keine Masche

1 M zun/re

1 M zun/li

ZÄHLMUSTER A, GRÖSSE S–L

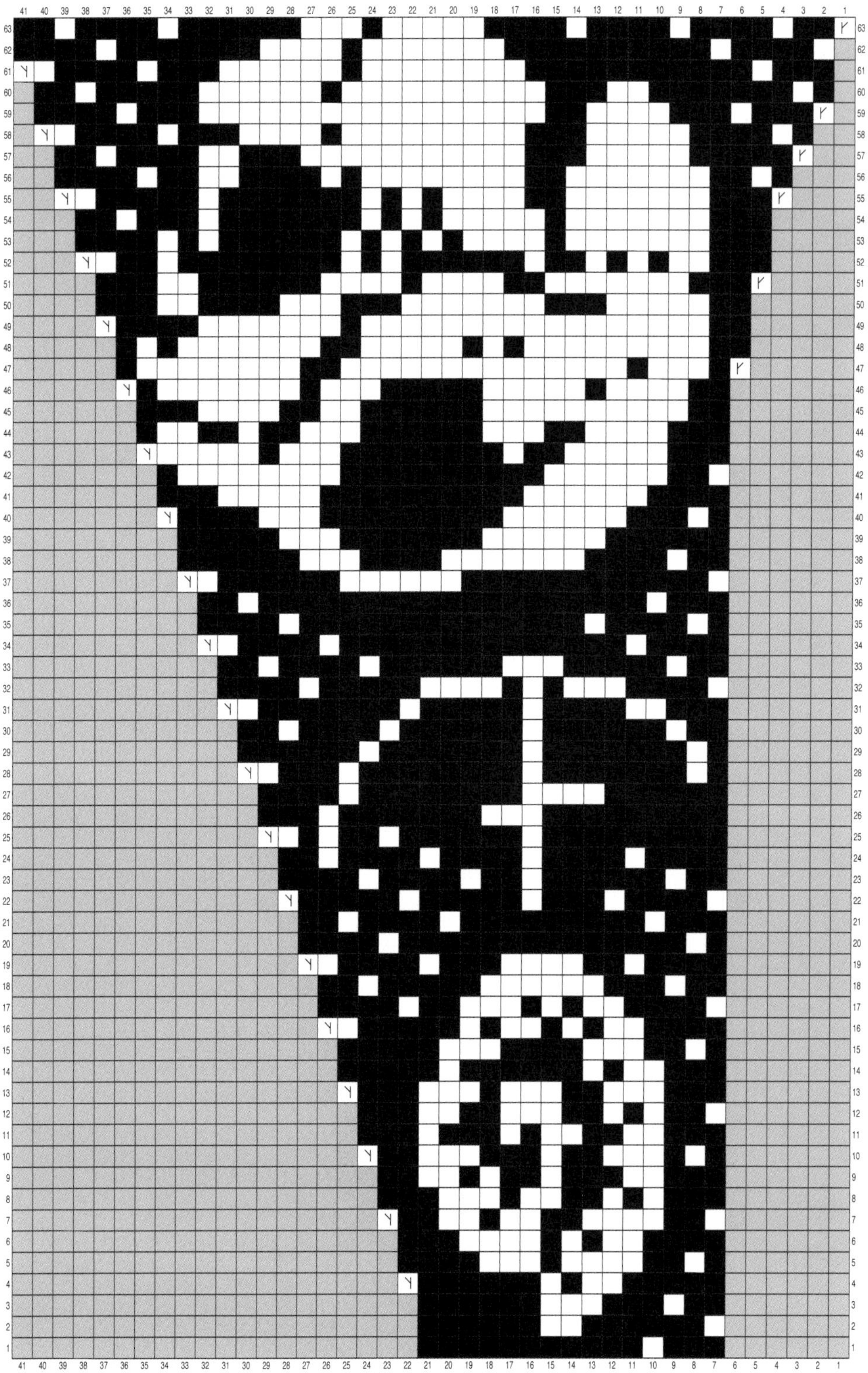

- GF
- MF
- keine Masche
- 1 M zun/re
- 1 M zun/li

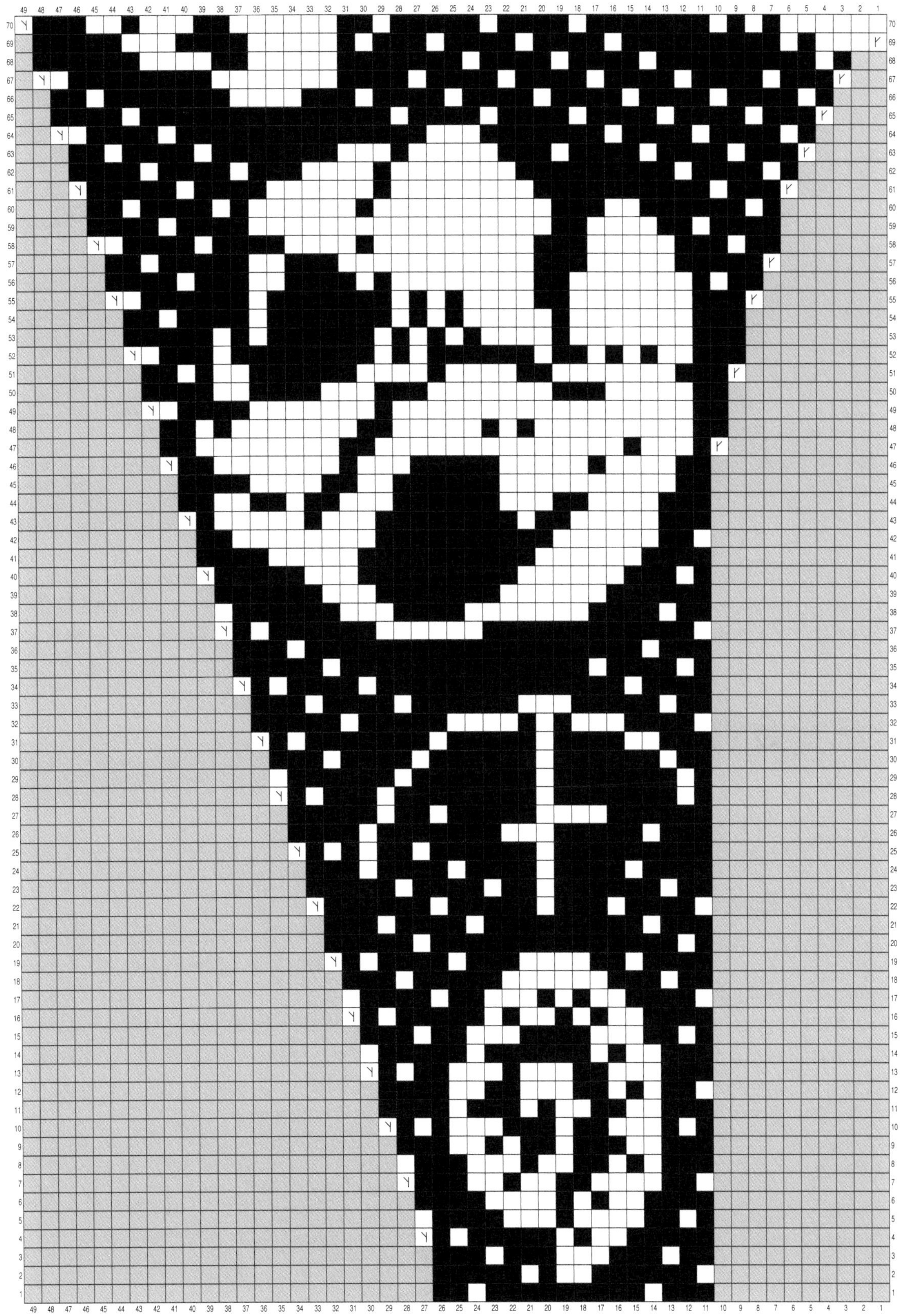

ZÄHLMUSTER A, GRÖSSE XL–4XL

Größe XL–4XL:
Die 1.–6. Rd von Zählmuster C2 (Seite 118) str.
Alle Größen:
GF und MF trennen und die Arbeit beiseitelegen.

LINKE SCHULTER

15 (15, 16) M in der GF mit Nd Nr. 4 für die linke Schulter anschlagen. Alle 57 (63, 70) R gemäß Zählmuster B für die gewählte Größe arb. Auf der Nadel liegen jetzt 35 (41, 49) M.
Größe XL–4XL:
Die 1.–6. Rd von Zählmuster C1 (Seite 118) str.
Alle Größen:
Die Fäden nicht trennen.

ZUSAMMENFÜGEN DER SCHULTERTEILE

Größen XS (S–L):
Die rechte und die linke Schulter in der nächsten Rück-R zusammenfassen: Die M der linken Schulter gemäß Zählmuster C für die gewählte Größe str (2 M zun gemäß Zählmuster), die M der rechten Schulter hinzunehmen und sie in Verlängerung der linken Schulter gemäß Zählmuster C str. Auf der Nadel liegen jetzt 72 (84) M.
Gemäß Zählmuster C fortf und alle 20 (14) R str. Auf der Nadel liegen jetzt 81 (100) M.
Größe XL–4XL:
Nächste R (Hin-R): Die 7. R gemäß Zählmuster C2, dann die 7. R gemäß Zählmuster C1 str.
Nächste R (Rück-R): Die 8. R gemäß Zählmuster C1, dann die 8. R gemäß Zählmuster C2 str.
Auf der Nadel liegen jetzt 158 M.
Alle Größen:
Die Fäden trennen und die Arbeit beiseitelegen.

RÜCKENTEIL

RECHTES RÜCKENTEIL

Das Vorderteil so halten, dass die Vorderseite nach außen und die Anschlagskante nach oben zeigt. In der GF mit Nd Nr. 4 aus der Anschlagkante des rechten Vorderteils 15 (15, 16) M re herausstr.
Zählmuster D (Seite 120) arb, den Rapport fortlaufend wdh, dabei gleichzeitig für den Halsausschnitt M wie folgt zun (die neuen M jeweils ins Muster integrieren):
1. R (Rück-R): Mit der 2. (4., 4.) M des Zählmusters beginnen und bis R-Ende str.
2. R (Hin-R): 1 (1, 1) M zun, gemäß Zählmuster bis R-Ende str.
3. R: Gemäß ZM bis R-Ende str, 1 (1, 2) M zun.
4. R: 2 (2, 2) M zun, gemäß ZM bis R-Ende str.
5. R: Gemäß ZM bis R-Ende str, 2 (2, 2) M zun.
Auf der Nadel liegen jetzt 21 (21, 23) M.
Die Fäden trennen und die Arb beiseitelegen.

LINKES RÜCKENTEIL

In der GF mit Nd Nr. 4 aus der Anschlagskante des linken Vorderteils 15 (15, 16) M re herausstr.
Zählmuster D arb, den Rapport fortlaufend wdh, dabei gleichzeitig für den Halsausschnitt M wie folgt zun (die neuen M jeweils ins Muster integrieren):
1. R (Rück-R): Gemäß Zählmuster bis R-Ende str.
2. R (Hin-R): Gemäß Zählmuster bis R-Ende str, 1 (1, 1) M zun.
3. R: 1 (1, 2) M zun, gemäß ZM bis R-Ende str.
4. R: Gemäß ZM bis R-Ende str, 2 (2, 2) M zun.
5. R: 2 (2, 2) M zun, gemäß ZM bis R-Ende str.
Auf der Nadel liegen jetzt 21 (21, 23) M.

ZÄHLMUSTER B, GRÖSSE XS

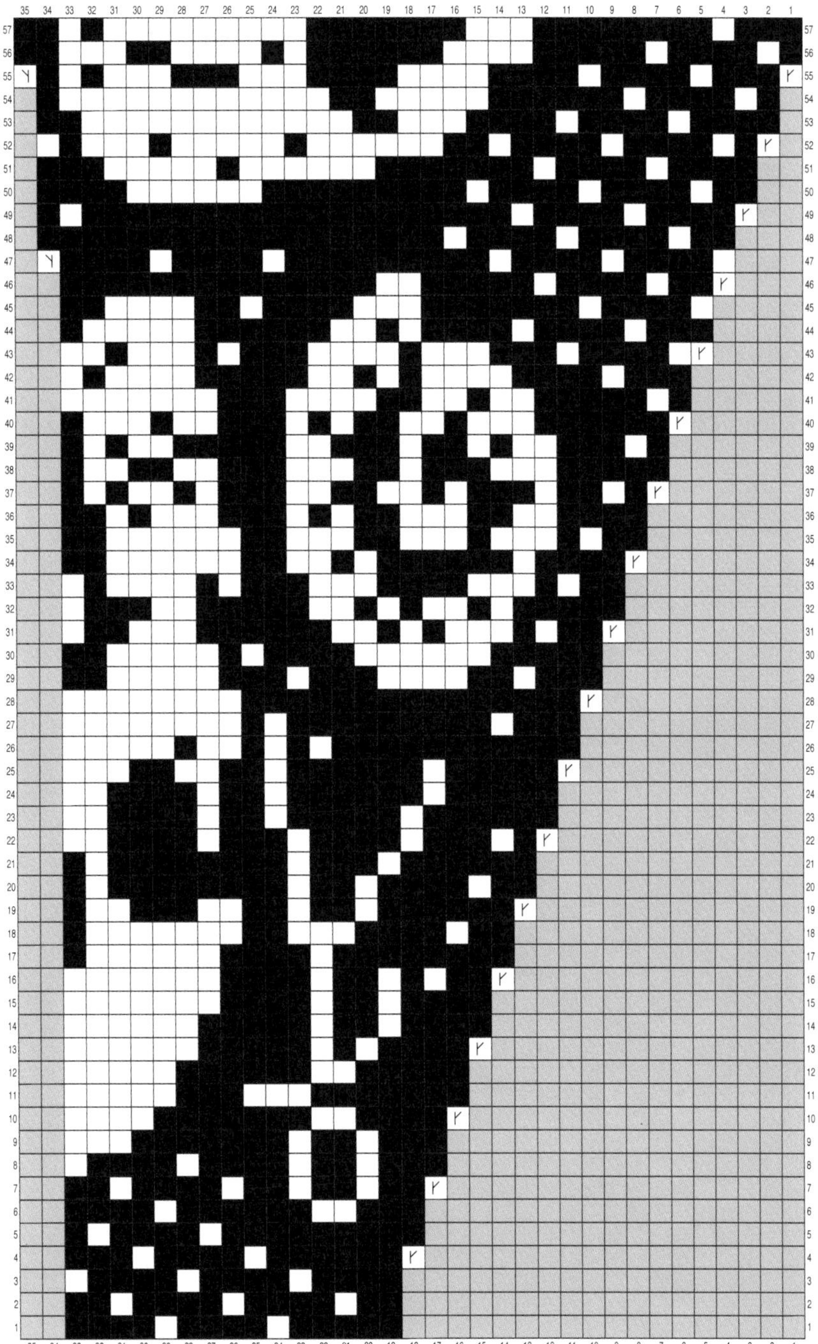

GF

MF

keine Masche

1 M zun/re

1 M zun/li

ZÄHLMUSTER B, GRÖSSE S–L

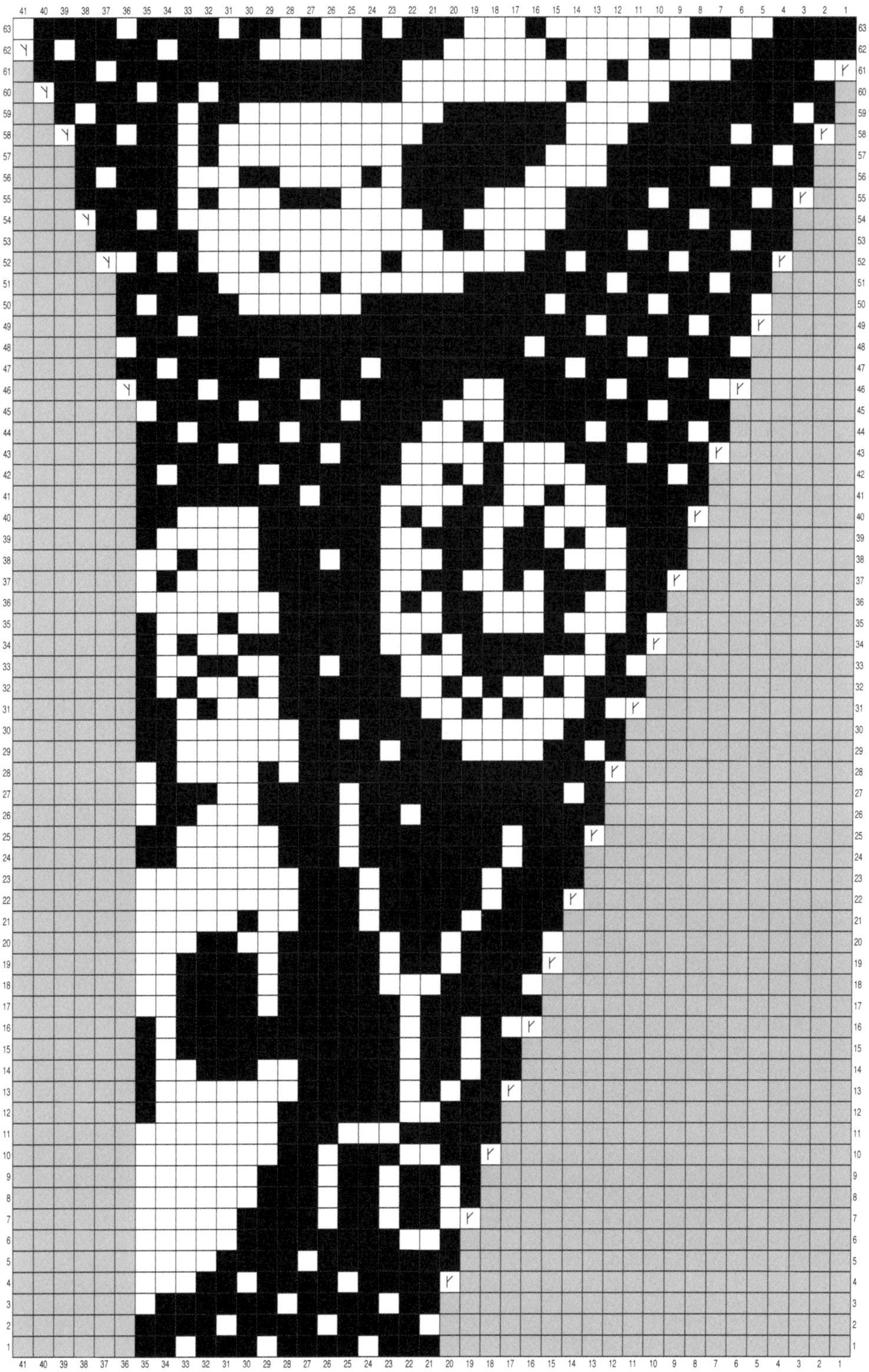

- ■ GF
- □ MF
- keine Masche
- 1 M zun/re
- 1 M zun/li

ZÄHLMUSTER B, GRÖSSE XL–4XL

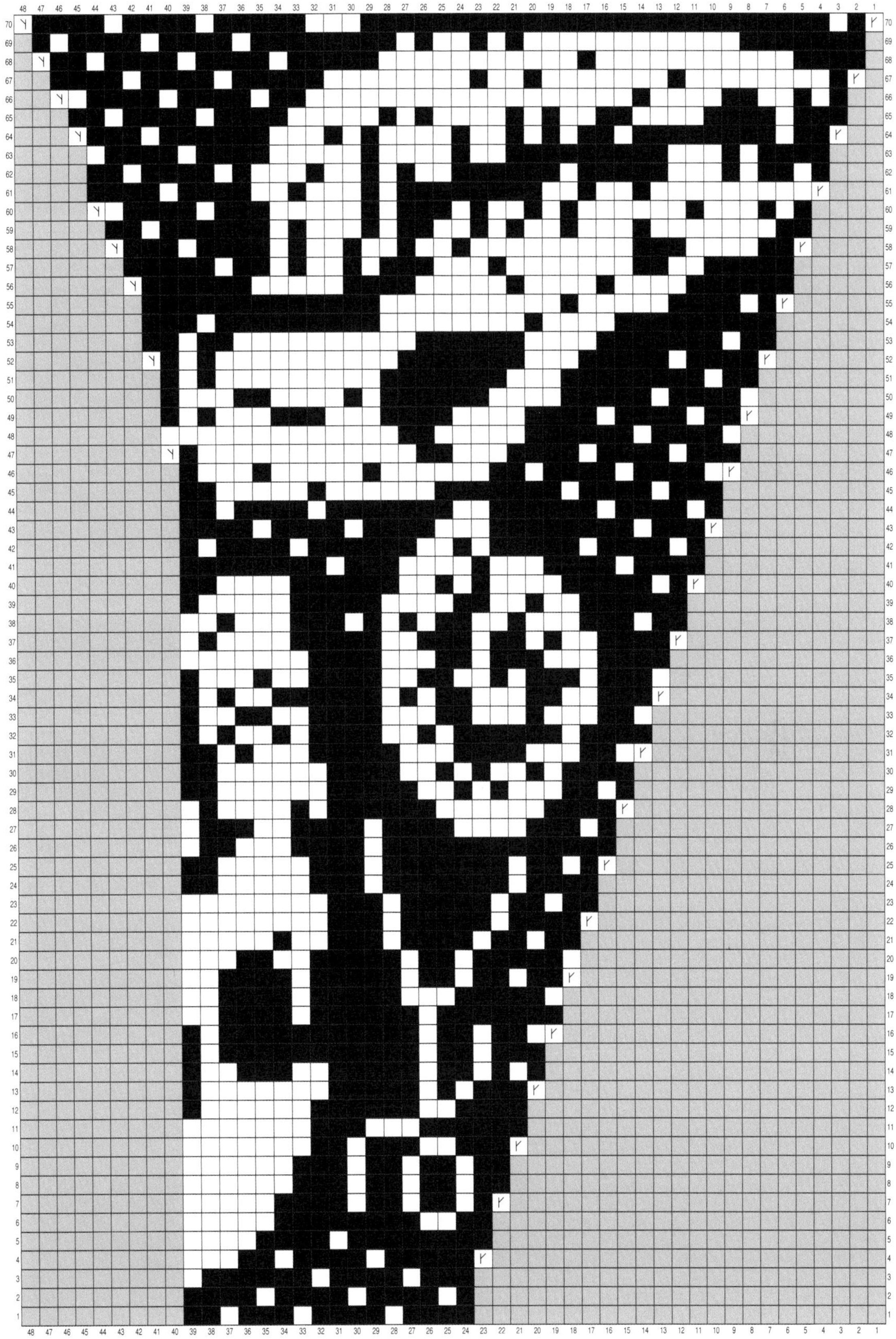

ZÄHLMUSTER C,
GRÖSSE XS

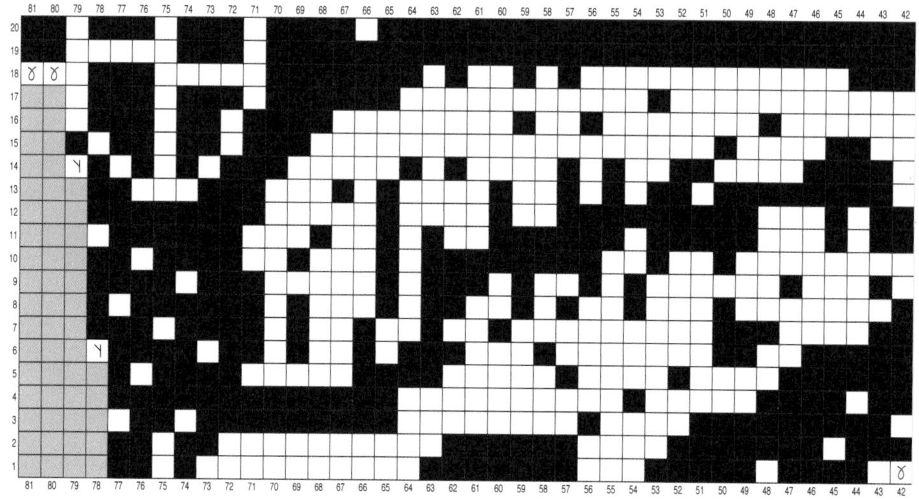

ZÄHLMUSTER C, GRÖSSE S–L

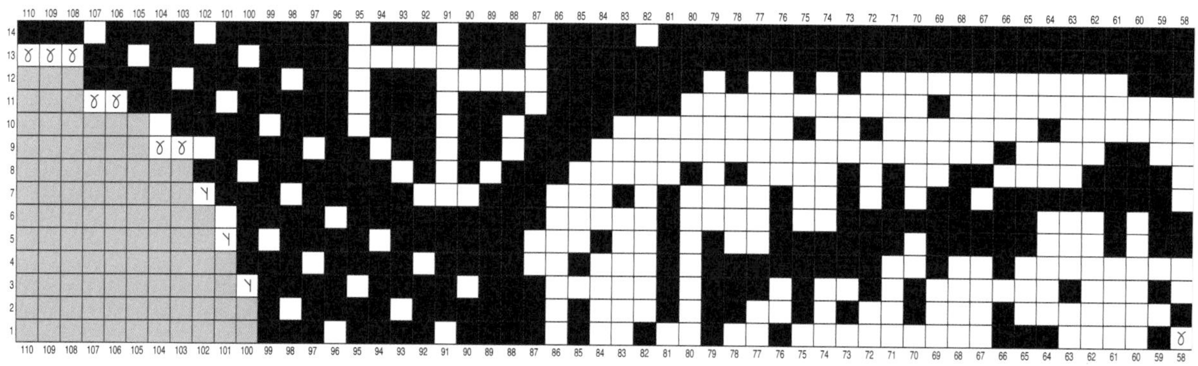

ZÄHLMUSTER C1,
GRÖSSE XL–4XL

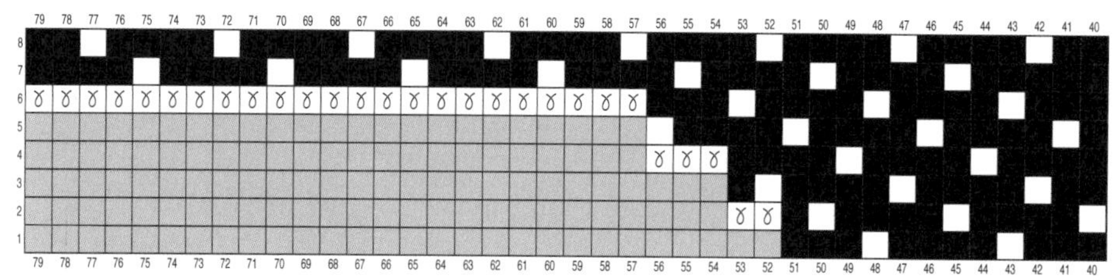

ZÄHLMUSTER C2,
GRÖSSE XL–4XL

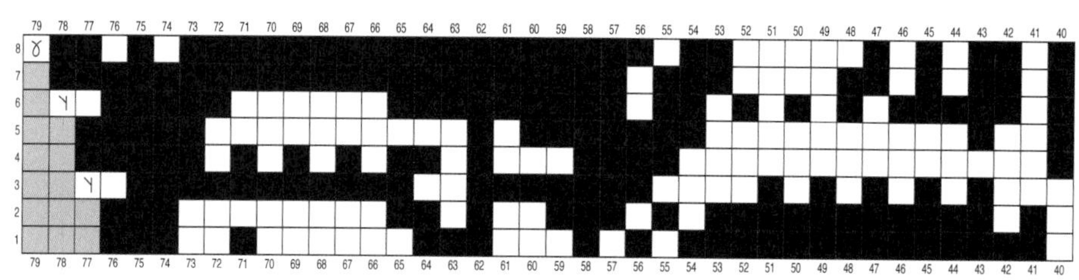

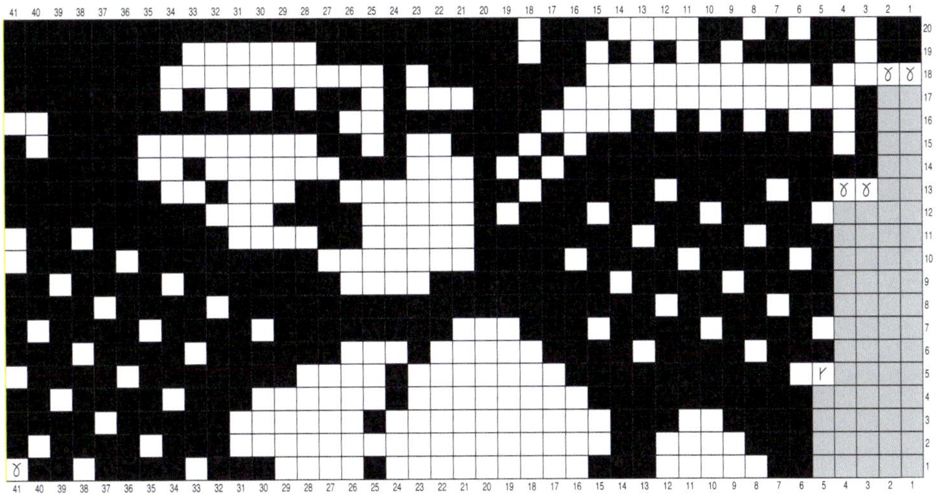

- GF
- MF
- keine Masche
- vordere Mitte
- 1 M zun (neu anschlagen)
- 1 M zun/re
- 1 M zun/li

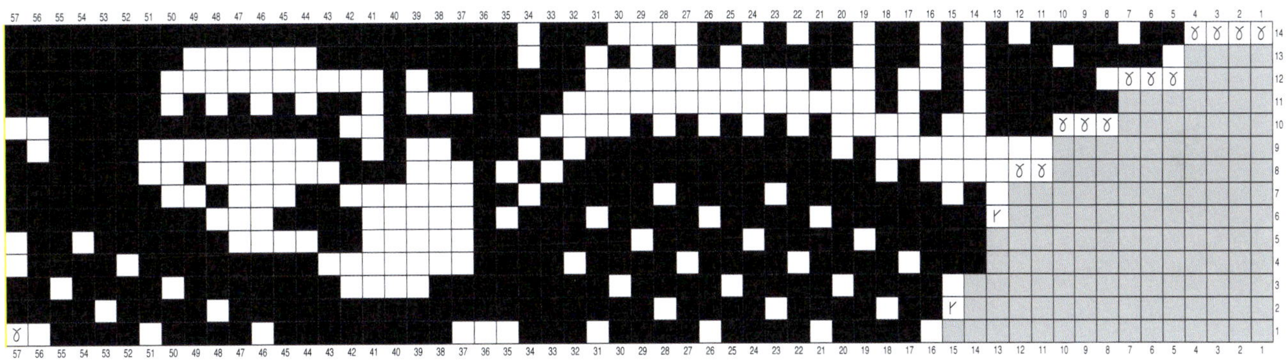

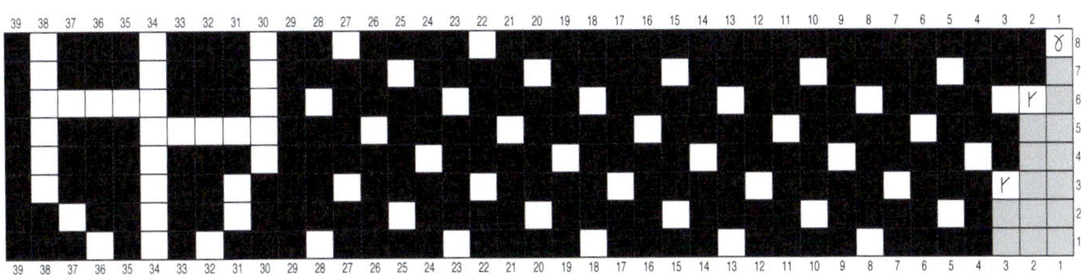

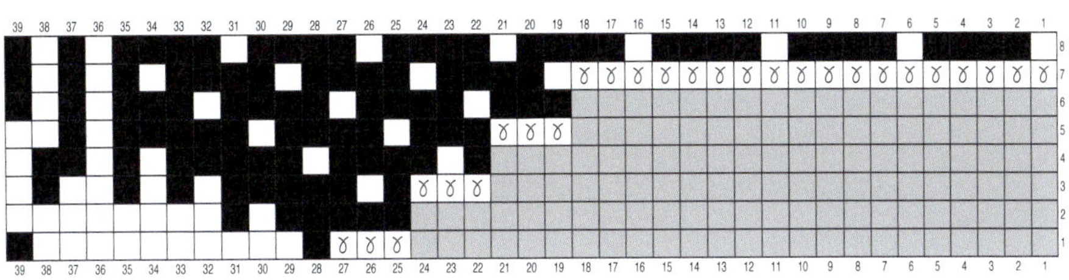

ZUSAMMENFÜGEN DER RÜCKWÄRTIGEN SCHULTERTEILE

Das rechte und das linke Schulterstück in der nächsten Hin-R vereinen: Die M des linken Rückenteils gemäß Zählmuster D str, 26 (28, 36) M anschlagen, die M des rechten Rückenteils in Verlängerung des linken Rückenteils gemäß Zählmuster str. Am Übergang sicherstellen, dass das Muster korrekt anschließt. Auf der Nadel liegen jetzt 68 (70, 82) M.

Gemäß Zählmuster D ohne Zunahmen fortf, bis für das Rückenteil insg 46 (45, 46) R gestrickt wurden.

In den nächsten R für die Armausschnitte zunehmen wie in Zählmuster A, B und C des Vorderteils, aber im Rückenmuster fortf. So weiterstr, bis alle Zunahmen gestrickt sind und das Rückenteil genauso lang ist wie das Vorderteil. Jetzt liegen 81 (108, 156) M auf der Nadel. Die Fäden nicht trennen.

ZÄHLMUSTER D

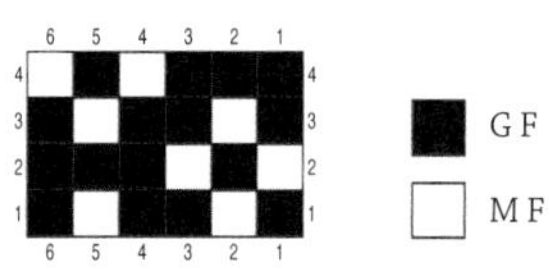

RUMPF

Vorder- und Rückenteil auf der Rundstricknadel vereinen und weiter in Rd str.

Größen XS (S–L):

Für das Vorderteil 81 (110) M auf die Nd nehmen und gemäß Zählmuster E2 und E1 ab der 1. Rd für die gewählte Größe str, MM setzen, für das Rückenteil 81 (108) M str, dabei Zählmuster D wdh. Auf der Nadel liegen jetzt 162 (218) M.

Größe XL–4XL:

Für das Rückenteil 156 M str, dabei Zählmuster D wdh, MM setzen, die 158 M für das Vorderteil auf die Nd nehmen und gemäß Zählmuster E2 und E1 ab der 2. Rd str. Auf der Nadel liegen 314 M.

Alle Größen:

So fortf und das Vorderteil str, dabei die Zählmuster E2 und E1 wdh, das Rückenteil weiter mit Zählmuster D str, bis die 1.–103. (1.–119., 2.–119.) Rd der Zählmuster E2 und E1 gestrickt sind.

Die MF trennen, mit der GF 1 Rd re M str, dabei für das Rückenteil gleichmäßig verteilt 2 (2, 2) M zun. Auf der Nadel liegen jetzt 164 (220, 316) M.

Mit Nd Nr. 3,5 im 2/2-Rippenmuster (2 M re, 2 M li im Wechsel) 7 cm str. Locker abketten.

FERTIGSTELLUNG

In der GF mit Nd Nr. 3,5 aus dem Armausschnitt 140 M re herausstr, den Rd-Beginn mit einem MM markieren. 7 cm im 2/2-Rippenmuster (2 M re, 2 M li im Wechsel) str. Die M locker abketten. Den zweiten Armausschnitt genauso arb.

In der GF mit Nd Nr. 3,5 aus dem Halsausschnitt 136 M re herausstr (über einer Schulternaht beginnen), den Rd-Beginn mit einem MM markieren. 7 cm im 2/2-Rippenmuster (2 M re, 2 M li im Wechsel) str. Die M locker abketten.

Alle Fadenenden vernähen und den Pullunder leicht dämpfen.

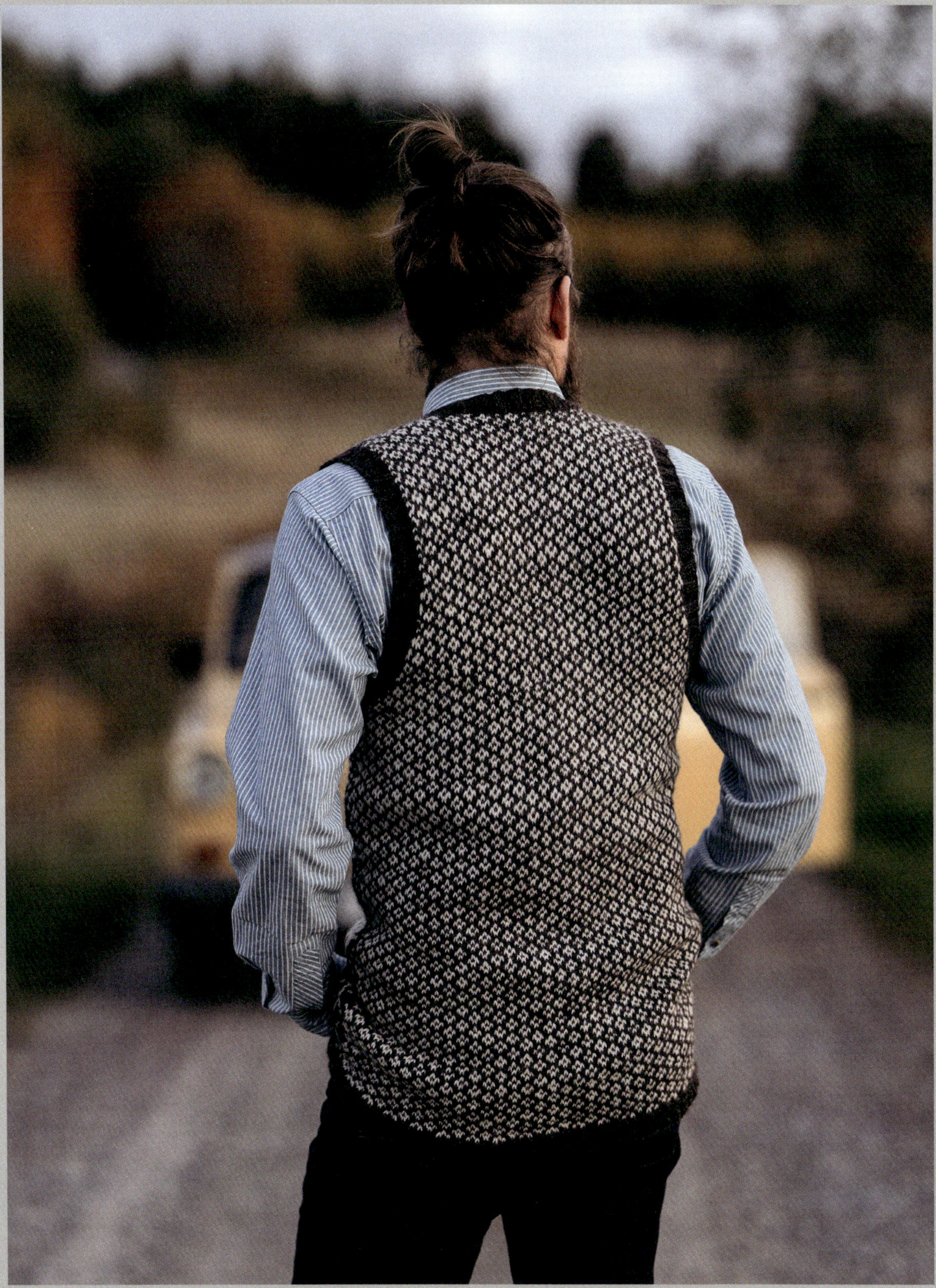

ZÄHLMUSTER E1

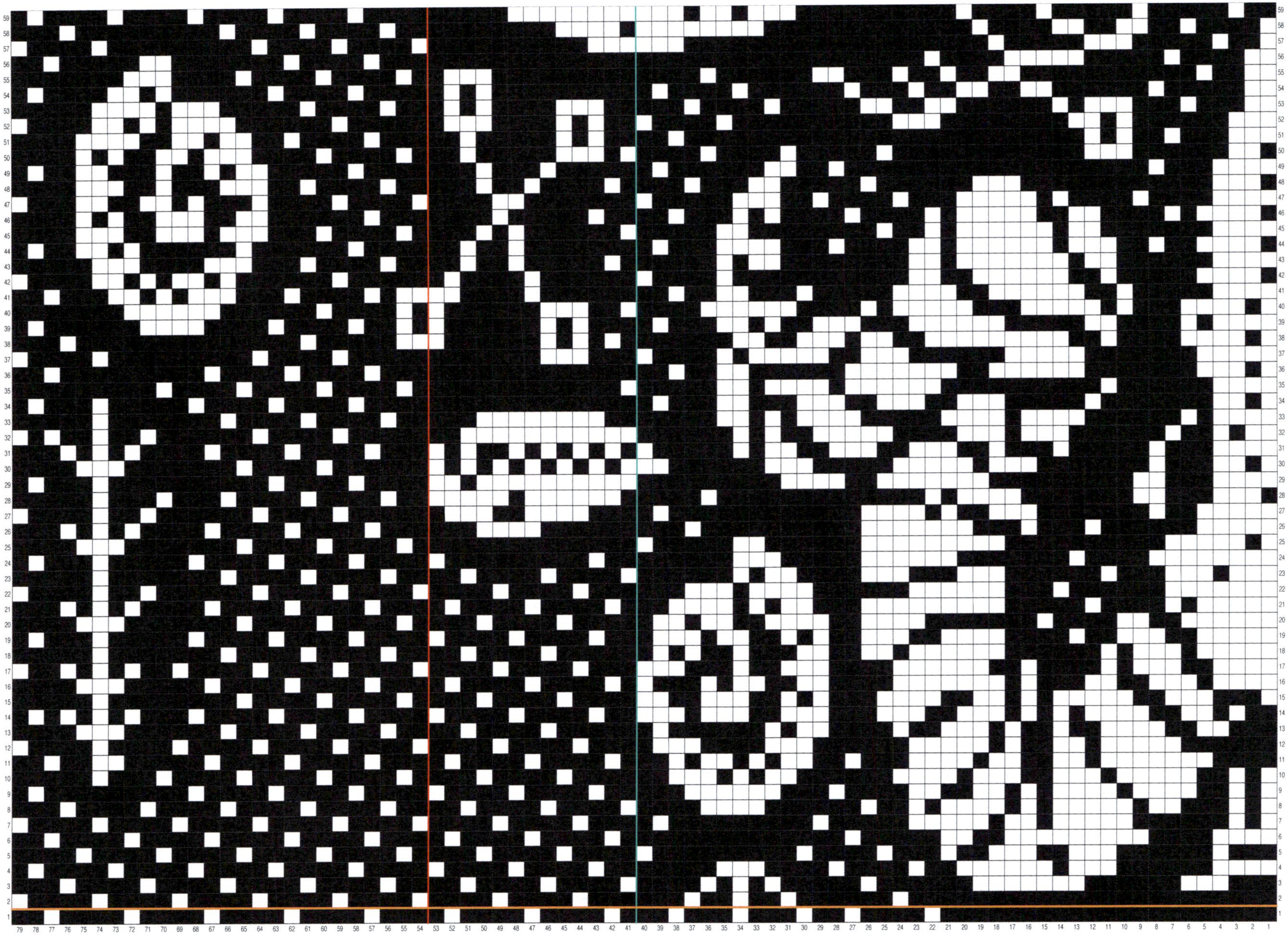

GF

MF

GRÖSSE S–L

GRÖSSE XS

GRÖSSE XL–4XL

ZÄHLMUSTER E2

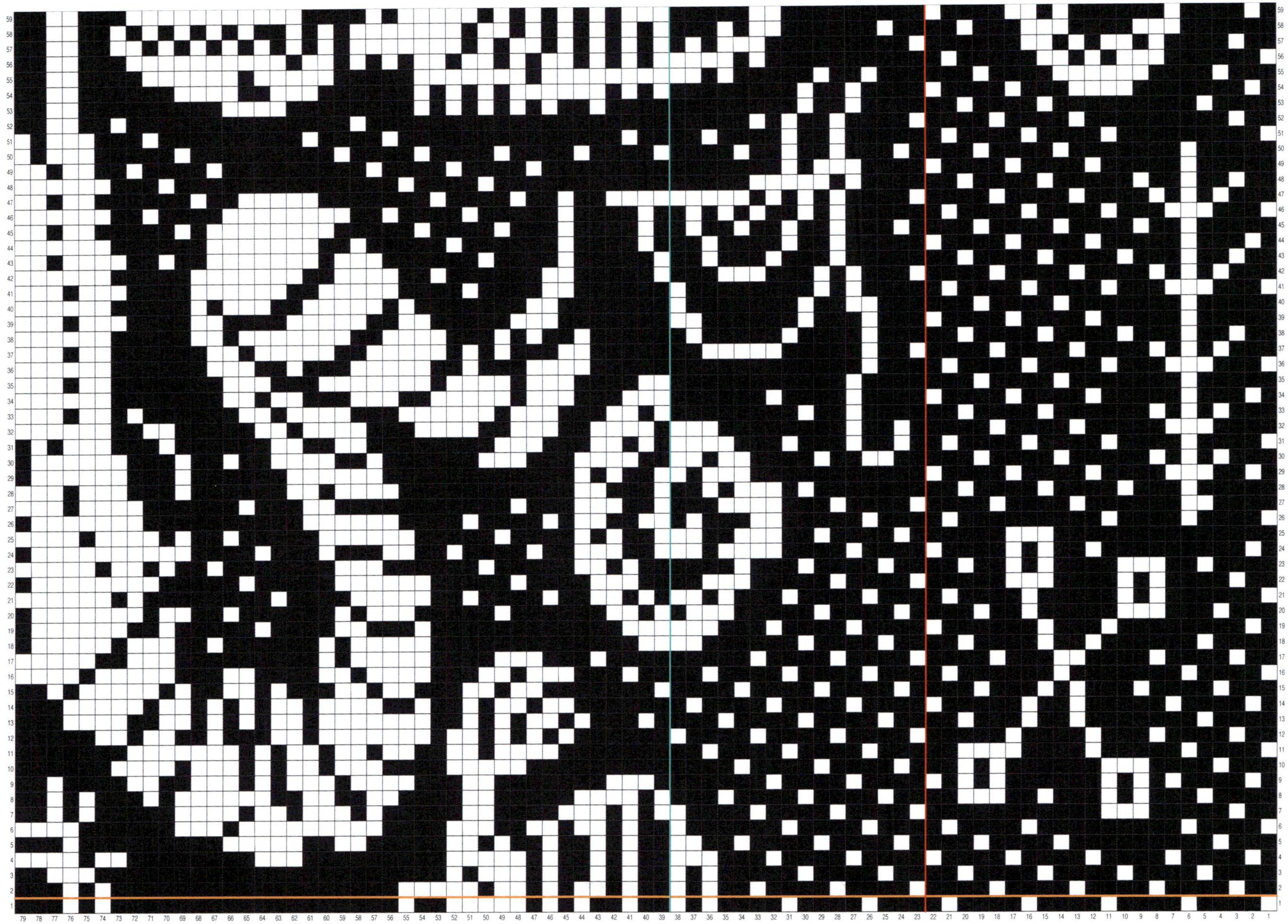

GF

MF

GRÖSSE S–L

GRÖSSE XS

GRÖSSE XL–4XL

Ylinen

«

In der lässigen Kapuzenjacke mit weiten Ärmeln wiederholen sich einige der Motive des Herrenpullunders in kleinerem Maßstab, aber hier haben wir einen Bezug auf das Überirdische in der finnischen Mythologie, das Reich der Götter. Das i-Tüpfelchen der Jacke ist das selbstgewebte Band. Sein Muster stellt das internationale Handzeichen eines echten Heavy-Metal-Fans in einer etwas knochigeren Form dar – Volkstradition wurde hier modern interpretiert. Der Rock greift das Muster der Jacke auf und komplettiert das Set.

DESIGNERIN: MARJUKKA VUORISALO

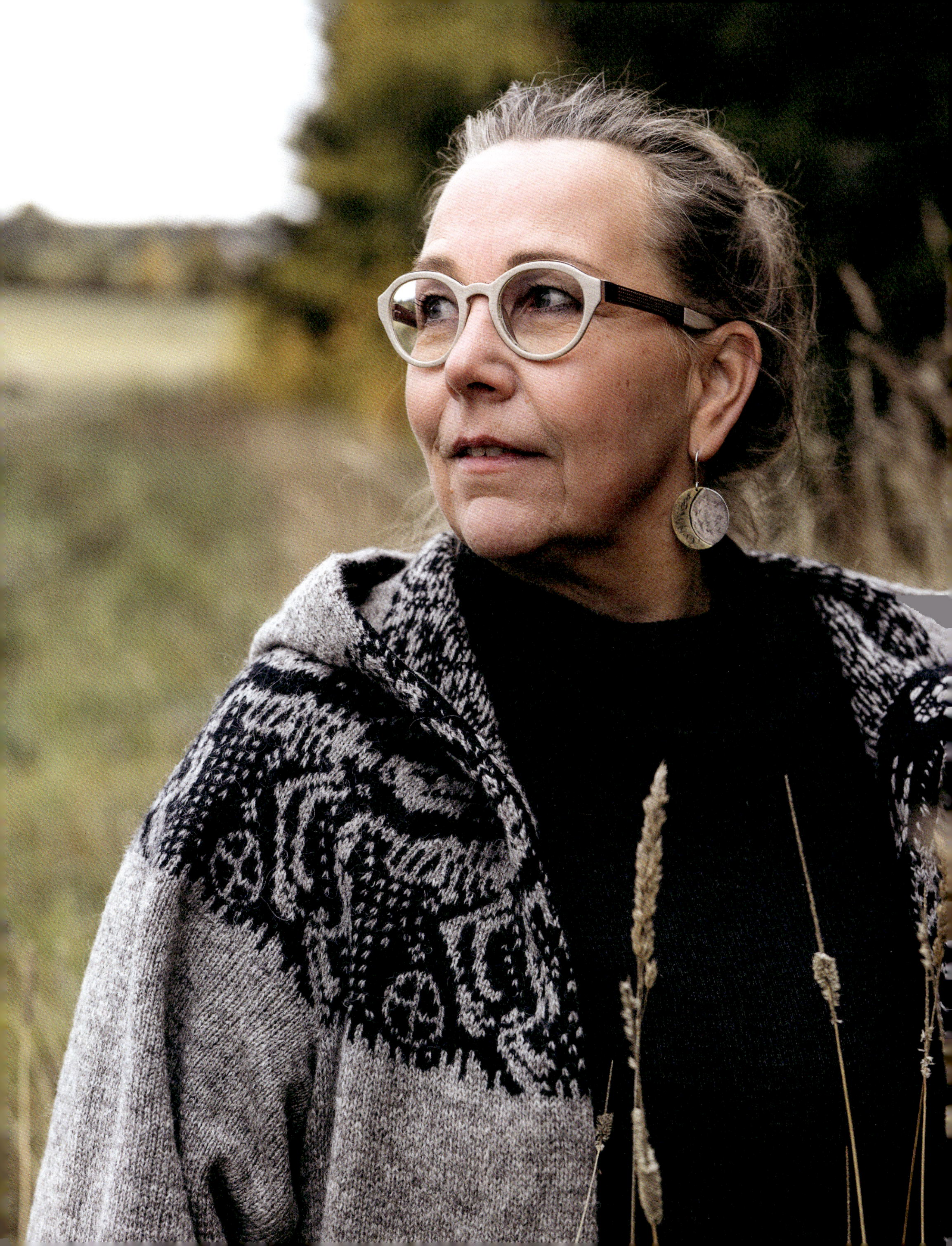

Ylinen

UNSER MODELL TRÄGT GRÖSSE L–XL

Größen: XS–S (L–XL, 2XL–4XL)
Empfohlene Bequemlichkeitszugabe: 3 cm

Maße der fertigen Arbeit:
Brustumfang: 60 (100, 130) cm
Rumpflänge (Achsel bis Bündchen): 39,5 (40,5, 42,5) cm
Gesamtlänge (Kragen bis Bündchen): 58 (59, 61) cm
Ärmelumfang Oberarm: 50 (57,5, 65,5) cm
Umfang Ärmelbündchen: 20 (23,5, 26) cm
Innere Ärmellänge (Achsel bis Bündchen): 52,5 (54, 56) cm
Hüftumfang: 92 (106, 134) cm
Rocklänge: 56 (56, 56) cm

Garn: Pirtin Kehräämö Villanka, 90×3 tex (100 % Wolle; 360 m / 100 g) oder ein anderes Garn mit entsprechender Lauflänge
Für die Jacke:
GF: Keskiharmaa (Mittelgrau), 4 (5, 5) Stränge oder 1440 (1620, 1800) m
MF: Musta (Schwarz), 1 (2, 2) Stränge oder 360 (540, 720) m
Für das Band:
Musterfarbe: Keskiharmaa (Mittelgrau), 1 Strang oder 50 m
Grundfarbe: Musta (Schwarz), 1 Strang oder 100 m
Schussfaden: Musta (Schwarz), 1 Strang oder 50 m
Für den Rock:
GF: Keskiharmaa (Mittelgrau), 2 (3, 3) Stränge oder 720 (900, 1080) m
MF: Musta (Schwarz), 1 (1, 1) Strang oder 360 (360, 360) m

Nadeln: Rundstricknadel Nr. 2,5 mm, 80–100 cm lang

Sonstiges: Maschenmarkierer, Hilfsfaden oder Maschenhalter, Gatterkamm (wenn Sie kein fertiges Band kaufen), Wollnadel, Gummiband in der Länge des Taillenumfangs, Sicherheitsnadel

Maschenprobe: 34 M und 44 Rd = 10 cm × 10 cm glatt rechts mit Nd Nr. 2,5, leicht gespannt

Achtung! *Die Maschenprobe auch in Bezug auf das Muster überprüfen und falls notwendig die Nadelstärke wechseln.*

Die Strickjacke mit Kapuze wird in Runden von oben nach unten gestrickt. Zum Schluss wird die Jacke inklusive der Kapuze vorne aufgeschnitten (»gesteekt«). Die Schnittkante wird innen mit dem Webband versäubert.

KAPUZE

112 (112, 112) M in der GF auf der Rundstricknadel anschlagen. Weitere 112 (112, 112) M aus der Unterkante der M in die entgegengesetzte Richtung aufnehmen = 224, 224, 224 M. Die Arb zur Rd schließen, am Rd-Anfang einen MM und nach 112 (112, 112) M einen weiteren MM setzen. 41 (42, 90) Rd glatt re str.
Mit den Abnahmen beginnen:
Abn-Rd: Re M str, bis 2 M vor dem MM, 2 M re zus, MM abh, 2 M re ab/zus-str, re M bis Rd-Ende str [= 2 M abgen].
Die Abn-Rd in jeder 2. (3., 3.) Rd noch 47 (31, 15)× wdh. Jetzt sind 136 Rd für die Kapuze gestrickt und auf der Nadel liegen 128 (160, 192) M.

PASSE

Nun mit der Passe beginnen (den 2. MM entfernen, den MM am Rd-Anfang lassen).
Die Passe gemäß Zählmuster A arb und zun wie eingezeichnet. Der Rapport wiederholt sich 8 (10, 12)× pro Rd. Alle 82 Rd des Zählmusters str. Auf der Nadel liegen jetzt 320 (400, 480) M. Die MF trennen.

RUMPF

30 (52, 74) M re in der GF str, 100 (112, 124) Ärmel-M auf einen Hilfsfaden heben und dafür 42 (82, 105) neue M anschlagen, 60 (72, 84) M re str, 100 (112, 124) Ärmel-M auf einen Hilfsfaden heben und dafür 42 (82, 105) neue M anschlagen, 30 (52, 74) M re str. Auf der Nadel liegen jetzt 204 (340, 442) M.
In der GF noch 107 (111, 120) Rd glatt re str oder bis der Rumpf ab Ärmelloch 24,5 (25, 27,5) cm misst.
Den unteren Musterstreifen gemäß Zählmuster B arb. Der Rapport wiederholt sich 6 (10, 13)× pro Rd. Wenn alle 39 Rd des Zählmusters gestrickt sind, die GF trennen und mit MF 2 Rd glatt re und 26 Rd im 2/2-Rippenmuster (2 M re, 2 M li im Wechsel) str.

ÄRMEL

100 (112, 124) Ärmel-M vom Hilfsfaden auf die Nd heben. In der Mitte der für das Ärmelloch angeschlagenen M beginnen und 35 (42, 49) M re herausstr, die Ärmel-M str und aus dem Ärmelloch 35 (42, 49) M re herausstr, MM setzen. Auf der Nadel liegen jetzt 170 (196, 222) M.
55 (45, 90) Rd – oder bis die Arb 12,5 (10,5, 20,5) cm misst – glatt re str. Mit den Abnahmen beginnen:
Abn-Rd: 2 M re zus, re M str, bis 2 M übrig sind, 2 M re ab/zus-str [=2 M abgen].
Die Abn-Rd in jeder 3. (3., 2.) Rd noch 50 (57, 66)× wdh. Auf der Nadel liegen jetzt 68 (80, 88) M.
In der MF 2 Rd glatt re. 22 Rd im 2/2-Rippenmuster (2 M re, 2 M li im Wechsel) str. Locker abketten.
Den zweiten Ärmel ebenso arb.

FERTIGSTELLUNG

Um die Jacke fertigzustellen, werden etwa 218 (220, 224) cm Band benötigt. Auf Wunsch können Sie auch ein industriell hergestelltes Band dazu nehmen, aber traditionell wird bei diesem Modell ein handgewebtes Band verwendet. Anweisungen zum Weben des Bandes finden Sie auf Seite 132–133.
Jacke und Band dämpfen. Die vordere mittlere Masche über die ganze Höhe mit einem Faden im Vorstich markieren. Für den Steek 2–3× beidseitig dieser Linie im Steppstich abnähen, damit die Maschen sich nicht lösen. Die Jacke zwischen den Sicherungsnähten aufschneiden. Die Schnittkante 1,5 cm nach innen umklappen, das Band innen über der Schnittkante mit Stecknadeln fixieren und mit kleinen Stichen von Hand annähen. Die kurzen Bandenden nach innen falten, unter den eingeschlagenen Strick schieben und die untere Jackenkante mit dem Band zusammennähen.
Die Fadenenden vernähen. Jubeln vor Freude!

ZÄHLMUSTER A, PASSE

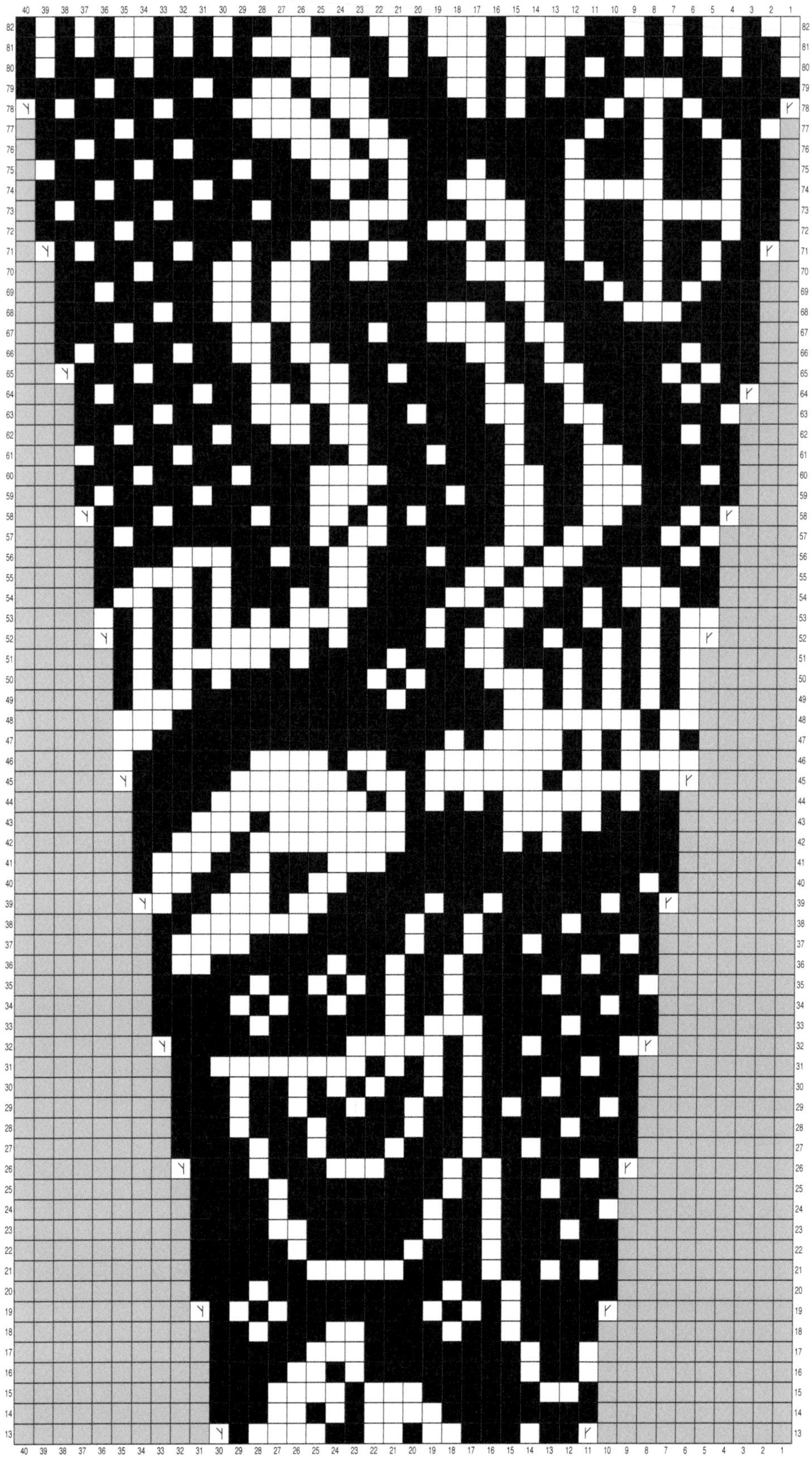

- GF
- MF
- keine Masche
- 1 M zun/re
- 1 M zun/li

ZÄHLMUSTER B, UNTERER STREIFEN

WEBBAND

Bandkette: 14 jeweils 3 m lange Kettfäden in der Musterfarbe und 29 Fäden in der Grundfarbe zuschneiden. Das Kettenende abschneiden und die Fäden in den Gatterkamm (Rigid Heddle) fädeln. Den 15. Faden in der Grundfarbe in das mittlere Loch des Kamms einziehen und die restlichen Fäden in der Grundfarbe abwechselnd in die angrenzenden Schlitze und Löcher auf jeder Seite. Jetzt sind die Fäden in der Grundfarbe eingefädelt. Nun die Fäden in der Musterfarbe paarweise in die Schlitze des Kamms zu beiden Seiten des mittleren Fadens einfädeln, drei Paare auf der einen Seite und vier Paare auf der anderen Seite (siehe Zählmuster C).

Alle eingefädelten Fäden geradeziehen und die Fadenenden an beiden Seiten verknoten. Einen Knoten um die Taille binden und den Koten am Kettenende am nächsten stabilen Gegenstand (z. B. einem Türgriff) befestigen. Wenn der Kamm angehoben wird, entsteht das erste Fach; hier wird der Schussfaden durchgeführt (Grundfarbe; die ungeraden Reihen des Zählmusters, die Fäden in der Musterfarbe im Mittelteil befinden sich in diesem Fach unten). Wenn der Kamm nach unten bewegt wird, entsteht ein neues Fach, durch das der Schussfaden geführt wird (die geraden Reihen des Zählmusters; die Fäden in der Musterfarbe im Mittelteil befinden sich in diesem Fach oben). Das Muster auf dem Band entsteht, indem die Musterfäden paarweise im Wechsel angehoben und nach unten gedrückt werden, entsprechend dem Zählmuster D. Zunächst einige Testreihen weben, um die richtige Dichte für die Breite und Höhe des Bandes zu ermitteln, dann gemäß Zählmuster arbeiten (oder ein individuelles Muster verwenden), bis das Band die gewünschte Länge plus 10–15 cm Schrumpf- und Wendezugabe erreicht hat.

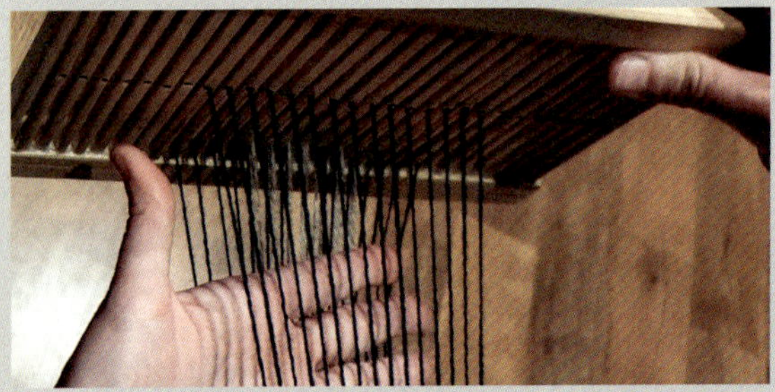

1. So sieht das erste Fach des Bandes aus. Der Kamm ist angehoben, die Fäden in der Musterfarbe liegen unten. Durch dieses Fach wird der erste Schussfaden gefädelt.

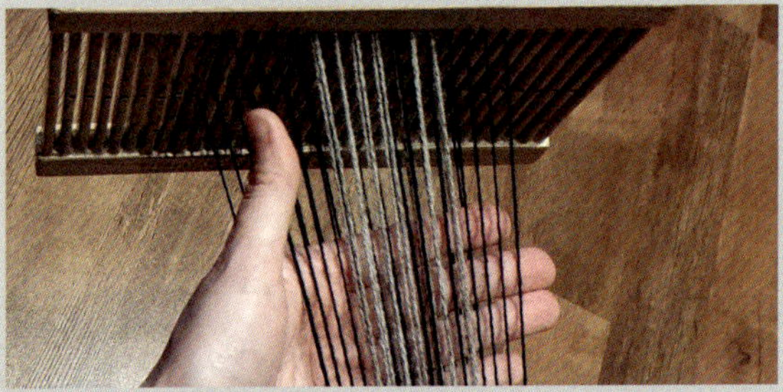

2. Zweites Fach. Der Kamm ruht auf den Kettfäden, die Fäden in der Musterfarbe liegen oben.

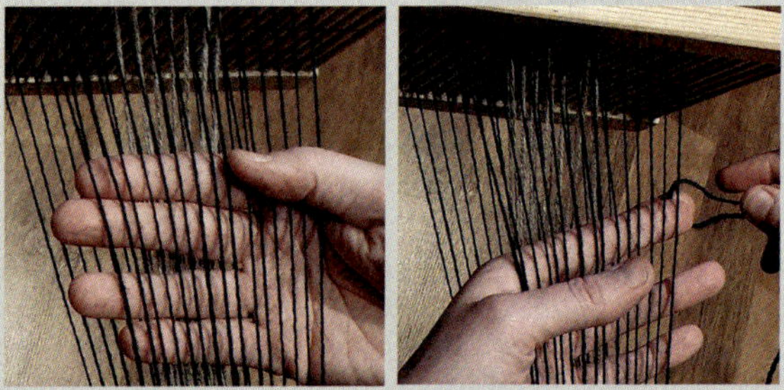

3. Zweites Fach des fertigen Bandes. Der Kamm ruht noch auf den Kettfäden, und die Fäden in der Musterfarbe wurden mit der Hand heruntergedrückt. In dieses Fach wird ein weiterer Schussfaden eingefädelt.

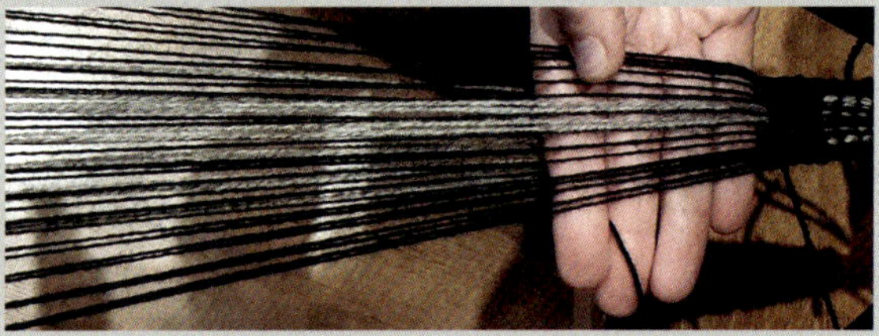

4. Das Bandmuster entsteht durch Anheben und Absenken der Musterfadenpaare gemäß Zählmuster. Auf dem Bild sieht man die 9. Zeile des Bandzählmusters, also das erste Fach, das auf der Bandoberfläche das Handskelett bildet.

ZÄHLMUSTER C, BAND

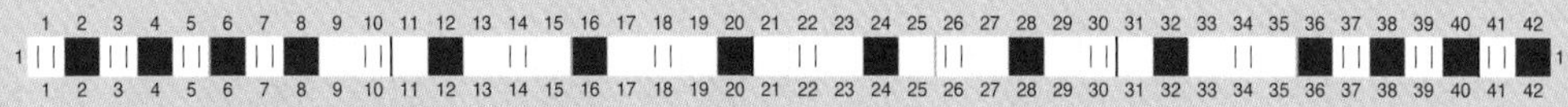

- || Grundfarbe im Schlitz des Kamms
- ■ Grundfarbe im Loch des Kamms
- □ Musterfarbe im Schlitz des Kamms

ZÄHLMUSTER D, BAND

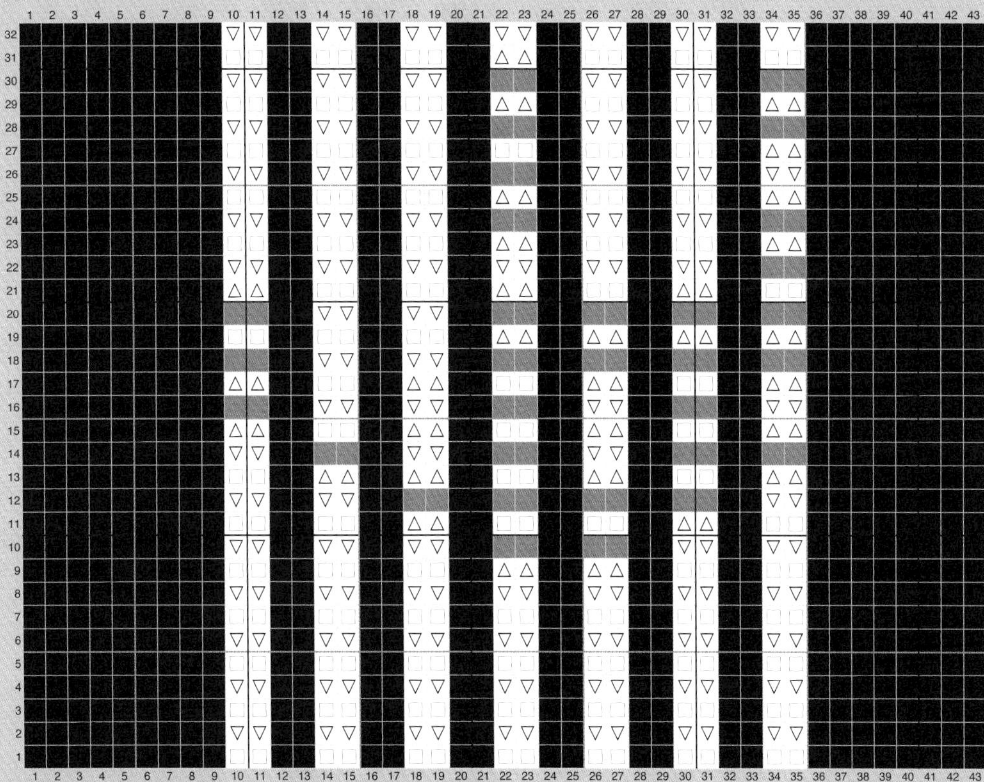

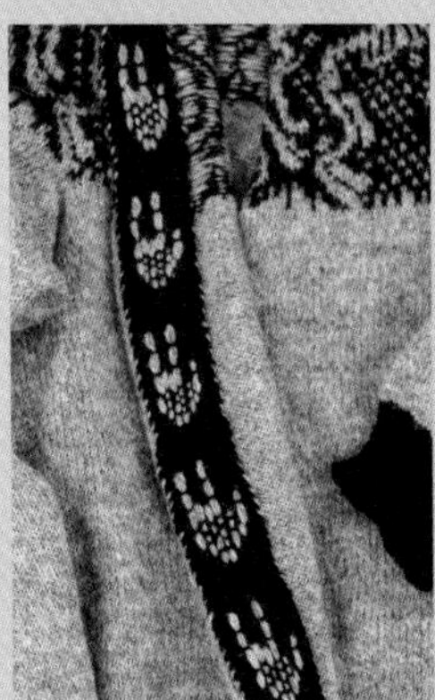

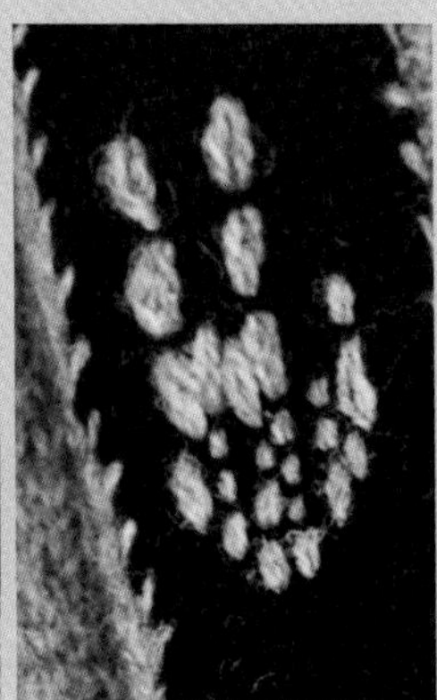

- ■ Grundfarbe
- ▒ Faden in der Musterfarbe angehoben
- □ Faden in der Musterfarbe abgesenkt
- △ die abgesenkte Musterfarbe wird nach oben geschoben
- ▽ die angehobene Musterfarbe wird nach unten gedrückt

Rock

Achtung! *Der Rock wird ab dem Saumteil mit Abnahmen gestrickt, sodass sich eine leichte Bleistiftrockform ergibt. Auf Wunsch kann der Saum auch gerade gearbeitet werden. In diesem Fall den höheren Garnverbrauch beachten.*

312 (360, 456) M in der GF anschlagen und zur Rd schließen. Am Rd-Anfang einen MM und nach der Hälfte der M einen weiteren MM setzen.

88 (88, 88) Rd bzw. 20 cm glatt re str. Dann mit den Abnahmen beginnen:

Abn-Rd: *2 M re ab/zus-str, re M str, bis 2 M vor dem MM übrig sind, 2 M re zus, MM abh*, von * bis * noch 1× wdh [= 4 M abgen].

Die Abn-Rd in jeder 9. Rd noch 5× wdh. Auf der Nadel liegen jetzt 288 (336, 432) M.

Weiter glatt re arb, bis der Rock 49 cm ab Anschlag misst.

MF hinzunehmen und gemäß Zählmuster E str. Der Rapport wiederholt sich 12 (14, 18)× pro Rd. Wenn alle 46 Rd des Zählmusters gestrickt sind, die GF trennen.

In der MF noch 30 Rd glatt re arb, dann alle M locker abketten.

ZÄHLMUSTER E, ROCK

GF

MF

FERTIGSTELLUNG

Den Rock dämpfen. Den Saum in der 15. Rd nach innen umklappen und locker annähen. Die obere Rockkante in der 15. Rd nach innen umklappen und locker annähen, dabei eine Öffnung zum Durchziehen des Gummibandes lassen. Das Gummiband durch den Tunnel ziehen und die Enden aufeinandernähen.

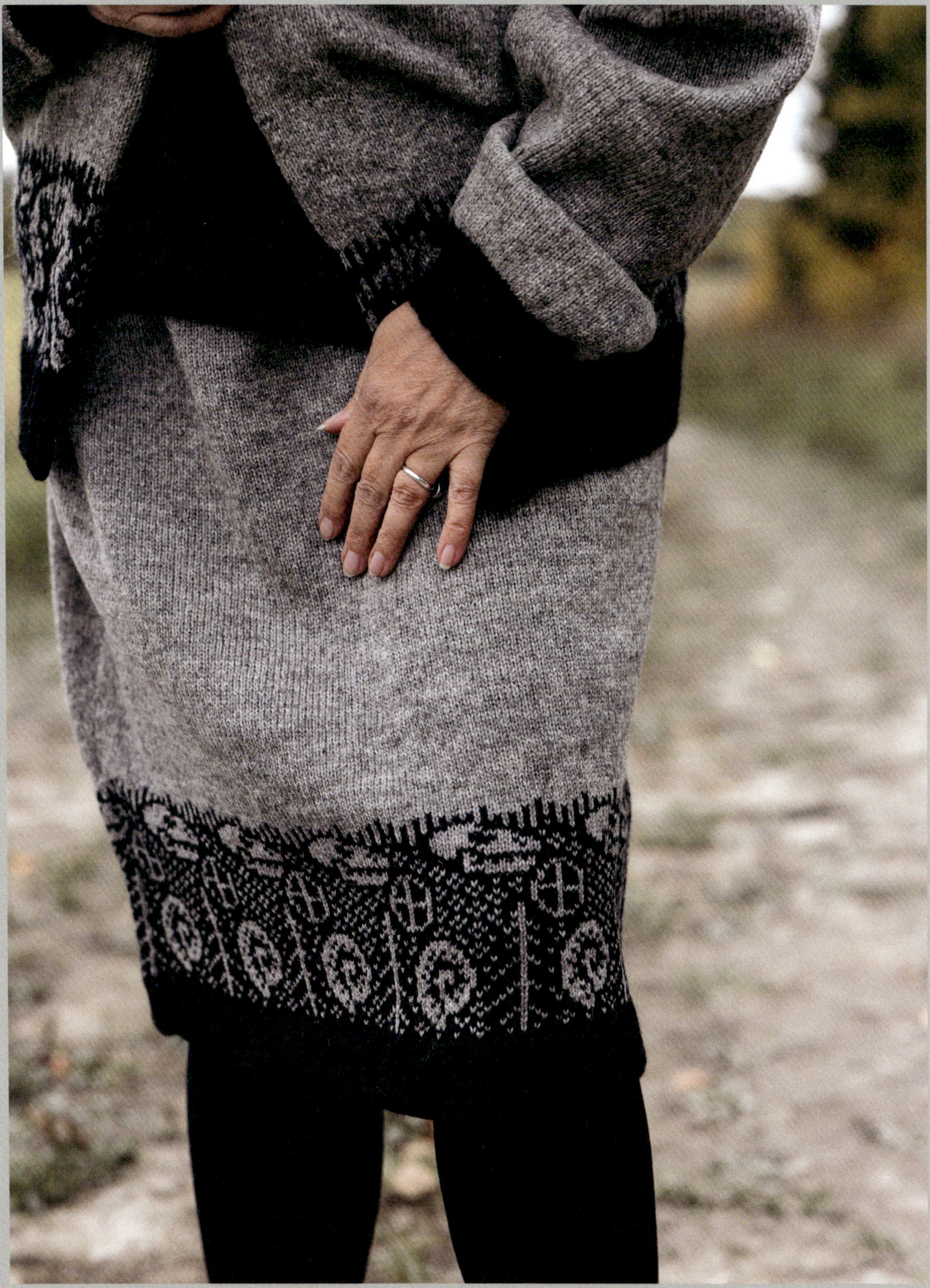

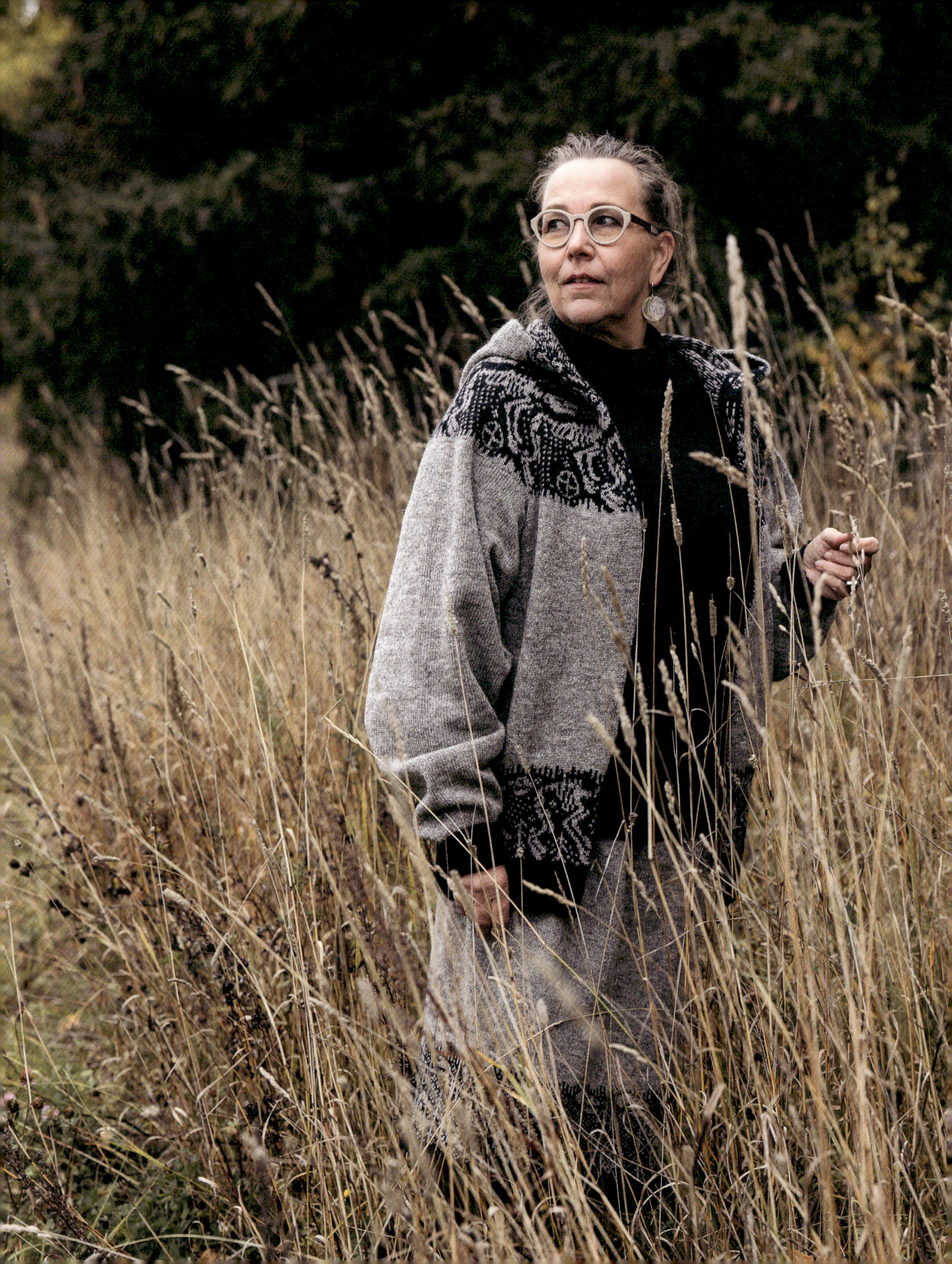

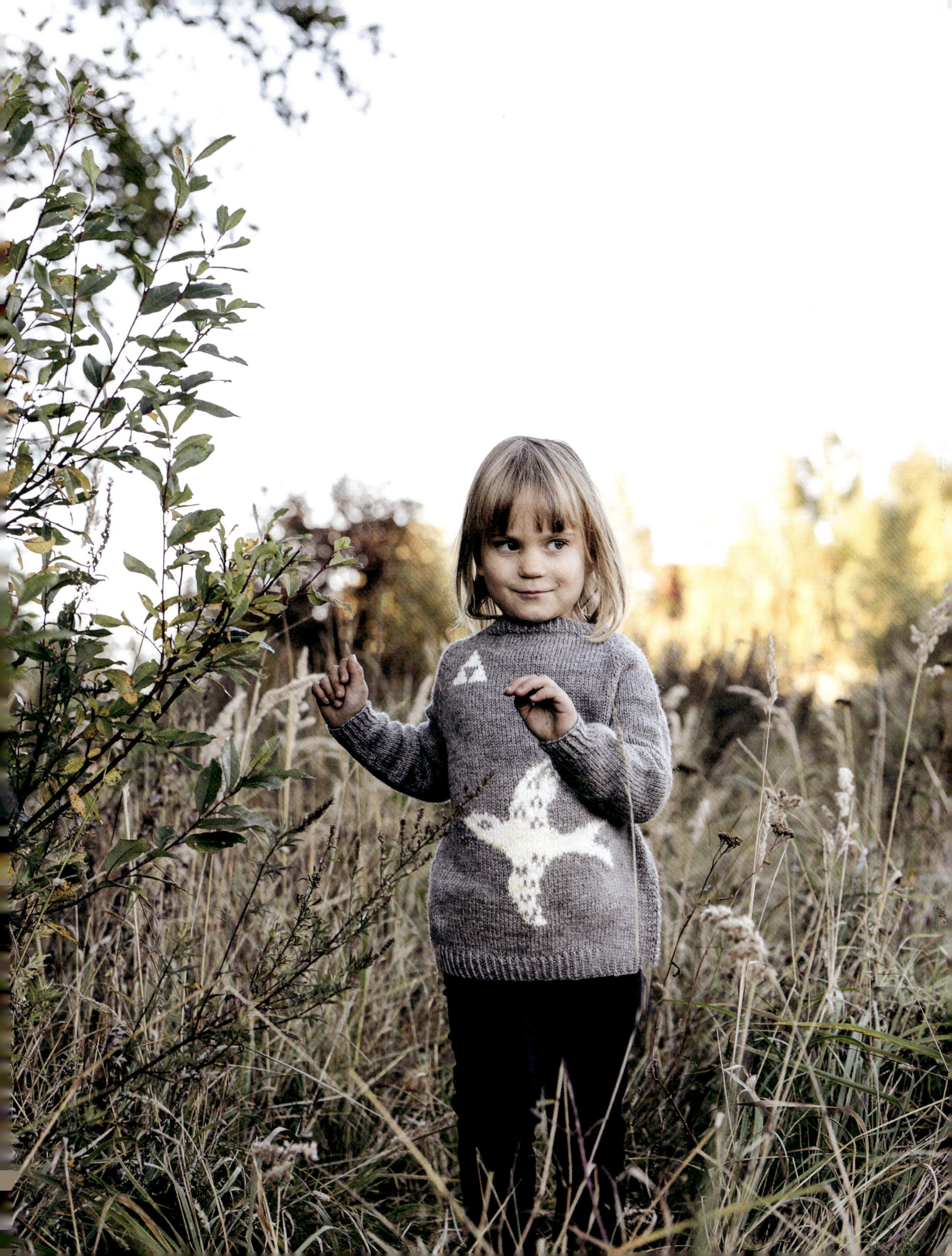

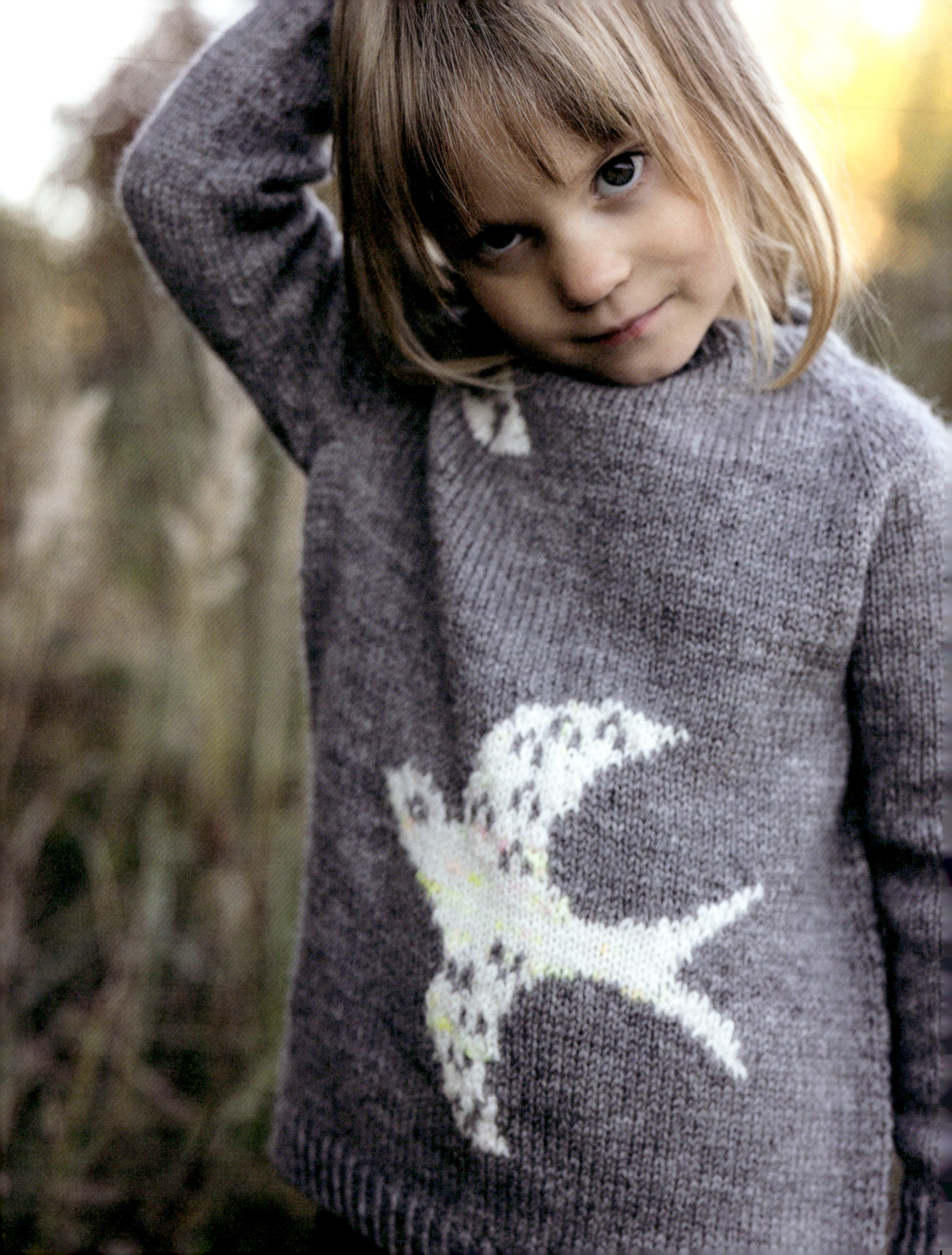

Pääsky

«

Eine Schwalbe (finnisch: pääsky) hoch oben in den Lüften steht für lange, helle Tage und laue Sommerabende. Der obere Teil und die Ärmel des Pullovers sowie der Rumpf mit Intarsien werden in Runden gearbeitet. Der Bereich mit dem Motiv kann auch in Reihen gestrickt werden, dann wird die Seitennaht später geschlossen. Das Motiv auf der Raglanpasse wird im Maschenstich auf die fertige Arbeit gestickt. Die neonfarbenen Punkte auf dem Schwalbenkörper sind ein fröhlicher Kontrast zur ungefärbten Schafwolle.

DESIGNERIN: MINTTU WIKBERG

Pääsky

UNSER MODELL TRÄGT GRÖSSE 4

Größen: 1 (2, 3, 4) (5, 6, 7, 8)
Empfohlene Bequemlichkeitszugabe: 10–12 cm

Maße der fertigen Arbeit:
Brustumfang: 60 (66, 68, 75) (79, 84, 90, 92) cm
Rumpflänge (Achsel bis Bündchen): 22 (23, 25, 30) (34, 37, 38, 39) cm
Höhe der Passe: 13 (14,5, 15,5, 16,5) (17,5, 18,5, 19,5, 20,5) cm
Gesamtlänge (Kragen bis Bündchen): 35 (37,5, 40,5, 46,5) (51,5, 55,5, 57,5, 59,5) cm
Ärmelumfang Oberarm: 19 (20, 21, 22) (22,5, 22,5, 23,5, 24,5) cm
Umfang Ärmelbündchen: 13,5 (14,5, 16,5, 17,5) (17,5, 18, 18, 19) cm
Innere Ärmellänge (Achsel bis Bündchen): 19 (24, 26, 29) (33,5, 36, 38,5, 40,5) cm

Garn:
GF: Kammgarn von Pirtin Kehräämö (100 % Wolle; 220 m / 100 g) oder ein anderes Garn mit entsprechender Lauflänge
Keskiharmaa (Mittelgrau), 2 (2, 2, 3) (3, 4, 4, 4) Stränge oder 300 (360, 400, 550) (670, 780, 870, 900) m
MF: dyecat STUDIO (100 % Wolle; 210 m / 100 g) oder ein anderes Garn mit entsprechender Lauflänge
Is this how Kittens are made?, 1 Strang oder 50 m

Nadeln: Nadelspiele Nr. 3,5 und 4, Rundstricknadeln Nr. 3,5 und 4, 80–100 cm lang

Sonstiges: Maschenmarkierer, Hilfsfaden oder Maschenhalter, Wollnadel

Maschenprobe: 22 M und 30 Rd = 10 cm × 10 cm glatt rechts in Rd mit Nd Nr. 4, leicht gespannt
20 M und 28 R/Rd = 10 cm × 10 cm glatt rechts mit Intarsien mit Nd Nr. 4, leicht gespannt

Der Pullover wird von oben nach unten gestrickt, damit man ihn auf Wunsch leicht verlängern kann, wenn das Kind wächst. Einfach das Bündchen am Rumpf und an den Ärmeln von unten auftrennen und länger neu stricken.

PASSE

Für den Halsausschnitt 88 (88, 88, 90) (94, 96, 96, 96) M in der GF mit Nd Nr. 3,5 auf der Rundstricknadel oder dem Nadelspiel anschlagen. (Spätestens wenn die M mehr werden, zur Rundstricknadel wechseln.) Zur Rd schließen und den Rd-Anfang mit einem MM markieren. 2,5 cm im 1/1-Rippenmuster (1 M re verschr, 1 M li im Wechsel) str, dabei in der letzten Rd für die Raglanzunahmen wie folgt 4 MM setzen:
32 (34, 34, 37) (39, 42, 44, 44) M im Rippenmuster str, MM setzen, 12 (10, 10, 8) (8, 6, 4, 4) M im Rippenmuster str, MM setzen, 32 (34, 34, 37) (39, 42, 44, 44) M im Rippenmuster str, MM setzen, im Rippenmuster bis Rd-Ende str.
Zu Nd Nr. 4 wechseln.

Falls gewünscht, jetzt den Nacken mit verkürzten Reihen erhöhen:
1. R: 32 (34, 34, 37) (39, 42, 44, 44) M re str, Arbeit wenden.
2. R: 1 DM, li M bis zum MM str, Arbeit wenden.
3. R: 1 DM, re M bis zur DM str, die DM als 1 M abstr, 6 (5, 5, 4) (4, 3, 2, 2) M re, Arbeit wenden.
4. R: 1 DM, li M bis zur DM str, die DM als 1 M abstr, 6 (5, 5, 4) (4, 3, 2, 2) M li, Arbeit wenden.
5. R: 1 DM, re M bis zum MM str.

In der nächsten Rd beidseitig der MM zun:
Zun-Rd: 1 M re, 1 M zun/li, *re M str, bis noch 1 M vor dem MM übrig ist, 1 M zun/re, 1 M re, MM abh, 1 M re, 1 M zun/li* 3×, re M str, bis noch 1 M übrig ist, 1 M zun/re, 1 M re [= 8 M zugen].
2 Rd glatt re ohne Zun str.
Die Zun-Rd in jeder 3. Rd arb, bis 10 (12, 13, 14) (15, 16, 17, 18) Zun-Rd (+ Zwischen-Rd) gestrickt sind. Auf der Nd liegen jetzt 168 (184, 192, 202) (214, 224, 232, 240) M.

Überprüfen, dass die Passenhöhe ab Anschlag auf der Vorderseite 13 (14,5, 15,5, 16,5) (17,5, 18,5, 19,5, 20,5) cm beträgt. Bei Bedarf weitere Rd glatt re arb.

RUMPF

Ab Anfang der nächsten Rd 52 (58, 60, 65) (69, 74, 78, 80) M re str, für den Ärmel 32 (34, 36, 36) (38, 38, 38, 40) M auf einem Hilfsfaden oder Maschenhalter stilllegen, 8 (8, 8, 10) (10, 10, 12, 12) M unter dem Arm anschlagen (= Ärmelloch). 52 (58, 60, 65) (69, 74, 78, 80) M re str, für den Ärmel 32 (34, 36, 36) (38, 38, 38, 40) M auf einem Hilfsfaden oder Maschenhalter stilllegen, 8 (8, 8, 10) (10, 10, 12, 12) M anschlagen. In die Mitte der neu angeschlagenen M je einen MM für den Rd-Übergang bzw. die Seite setzen. Der Rd-Übergang liegt an der linken Seite des Pullovers. Über die 120 (132, 136, 150) (158, 168, 180, 184) Rumpf-M 2 Rd glatt re str.
Am Ende der nächsten Rd die Arb wenden, am Rd-Anfang einen Umschlag machen und bis zum Ende li M str. Der Rumpf wird nun in Reihen fertiggestrickt: re M in der Hin-R und li M in der Rück-R arb. Am R-Anfang (Hin- und Rück-R) immer einen Umschlag machen. Um die Reihen zur Runde zu schließen, die letzte M in der Hin-R mit dem U vom Anfang verschränkt re zus str. In der Rück-R die letzte M und den U vom Anfang li zus str. So ergibt sich trotz des Strickens in Reihen ein Schlauch ohne Naht.

ZÄHLMUSTER A

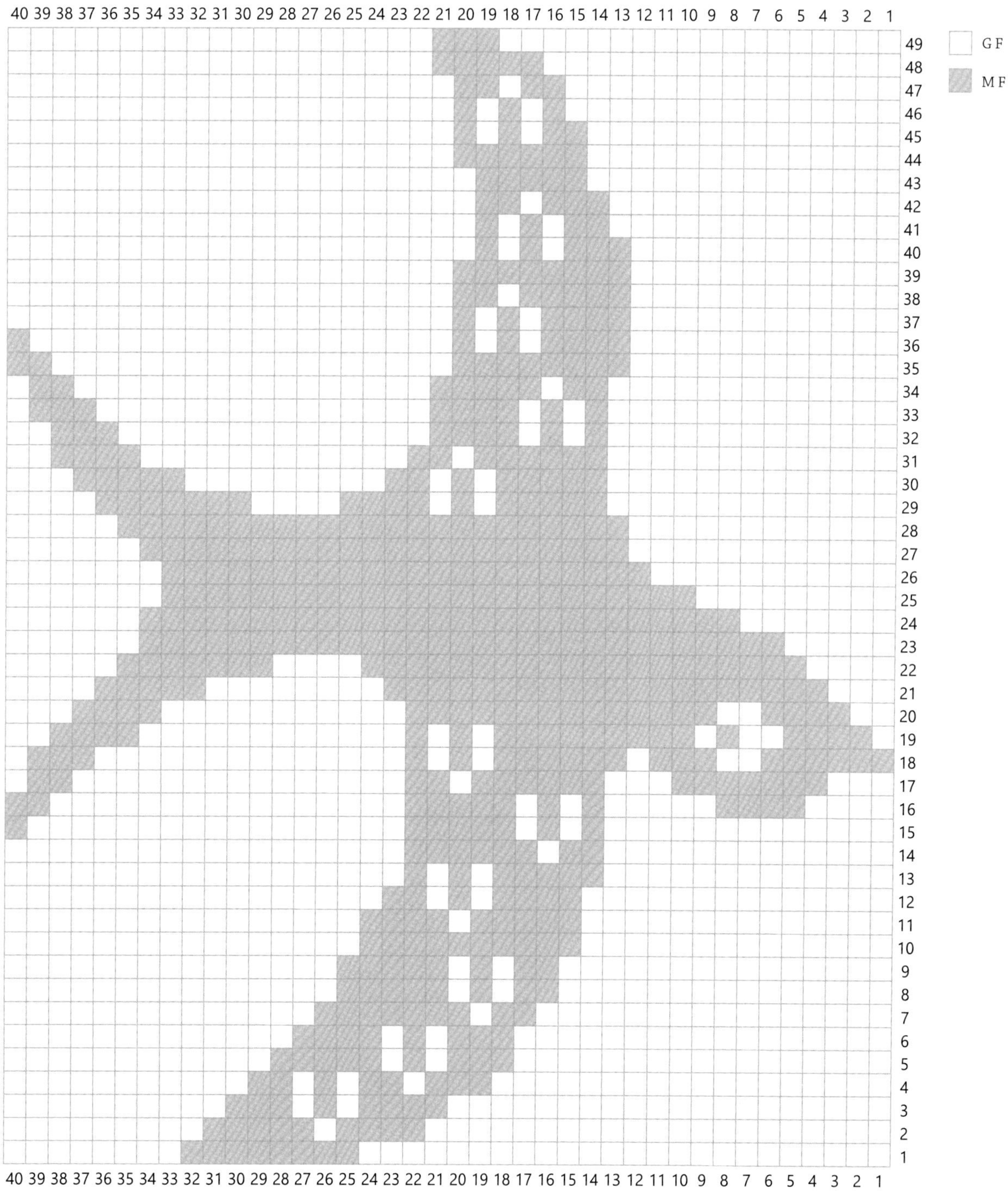

Wenn ab dem Ärmelloch 3 (3, 3, 5) (7, 9, 11,13) R gestrickt sind, in der nächsten Hin-R für das Vorderteil mit dem Motiv gemäß Zählmuster A wie folgt beginnen: In der GF 10 (13, 14, 17) (19, 22, 25, 26) M re str, MM setzen, die 1. R gemäß Zählmuster A str, MM setzen, in der GF re M bis R-Ende str. Über die 40 M zwischen den MM das Zählmuster str. Über die R 21–28 rechts und links des Motivs mit zwei Knäueln in der GF arb, damit die Spannfäden nicht zu lang werden.

Wenn alle 49 R von Zählmuster A gestrickt sind, die MF trennen und in der GF weiter glatt re str, bis die Arb ab Ärmelloch ca. 19 (20, 22, 27) (31, 34, 35, 36) cm misst.

Zu Nd Nr. 3,5 wechseln und in Rd 3 cm im 1/1-Rippenmuster (1 M re verschr, 1 M li im Wechsel) arb. Mustergemäß abketten.

ÄRMEL

Die stillgelegten 32 (34, 36, 36) (38, 38, 38, 40) Ärmel-M auf Nd Nr. 4 heben. 8 (8, 8, 10) (10, 10, 12, 12) M aus den neu angeschlagenen M zwischen Vorder- und Rückenteil herausstr sowie beidseitig 1 M zwischen Ärmelloch und Passe aufn, damit kein Loch entsteht. Auf der Nd liegen jetzt 42 (44, 46, 48) (50, 50, 52, 54) M. Zur Rd schließen und in die Mitte des Ärmellochs (nach der Hälfte der neuen M) einen MM setzen.

In der GF glatt re str, bis die Arbeit ab Ärmelloch 2 cm misst. Dann beidseitig des MM mit den Abnahmen beginnen.

Abn-Rd: MM abh, 1 M re str, 2 M re zus, re M str, bis noch 3 M vor dem MM übrig sind, 2 M re verschr zus, 1 M re [= 2 M abgen].

Die Ärmelabnahmen ca. alle 2,5 (3,5, 4,5, 5) (5, 6,5, 6, 6) cm insg. 6 (6, 5, 5) (6, 5, 6, 6)× arb. Auf der Nd liegen jetzt 30 (32, 36, 38) (38, 40, 40, 42) M.

Glatt re str, bis der Ärmel ab Ärmelloch 16 (21, 23, 26) (30,5, 33, 35,5, 37,5) cm lang ist. Zu Nd Nr. 3,5 wechseln und 3 cm im 1/1-Rippenmuster (1 M re verschr, 1 M li im Wechsel) arb. Im Musterverlauf abketten.

FERTIGSTELLUNG

Das Dreiecksmotiv gemäß Zählmuster B im Maschenstich auf die Raglanpasse an einer beliebigen Stelle aufsticken, am besten auf den Oberarm. Alle Fadenenden auf der Innenseite vernähen. Den Pullover anfeuchten, in Form ziehen und liegend trocknen lassen.

ZÄHLMUSTER B

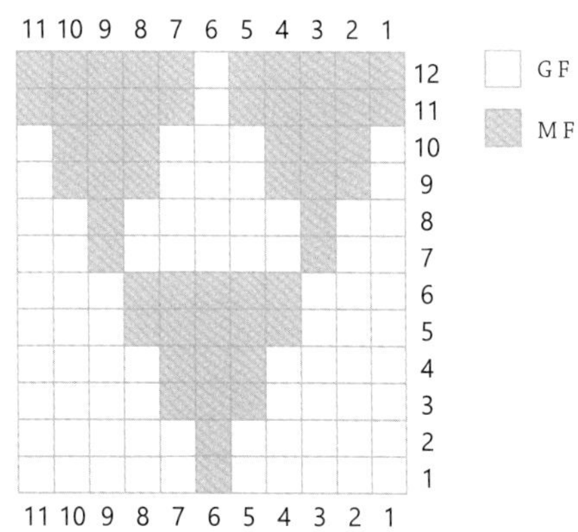

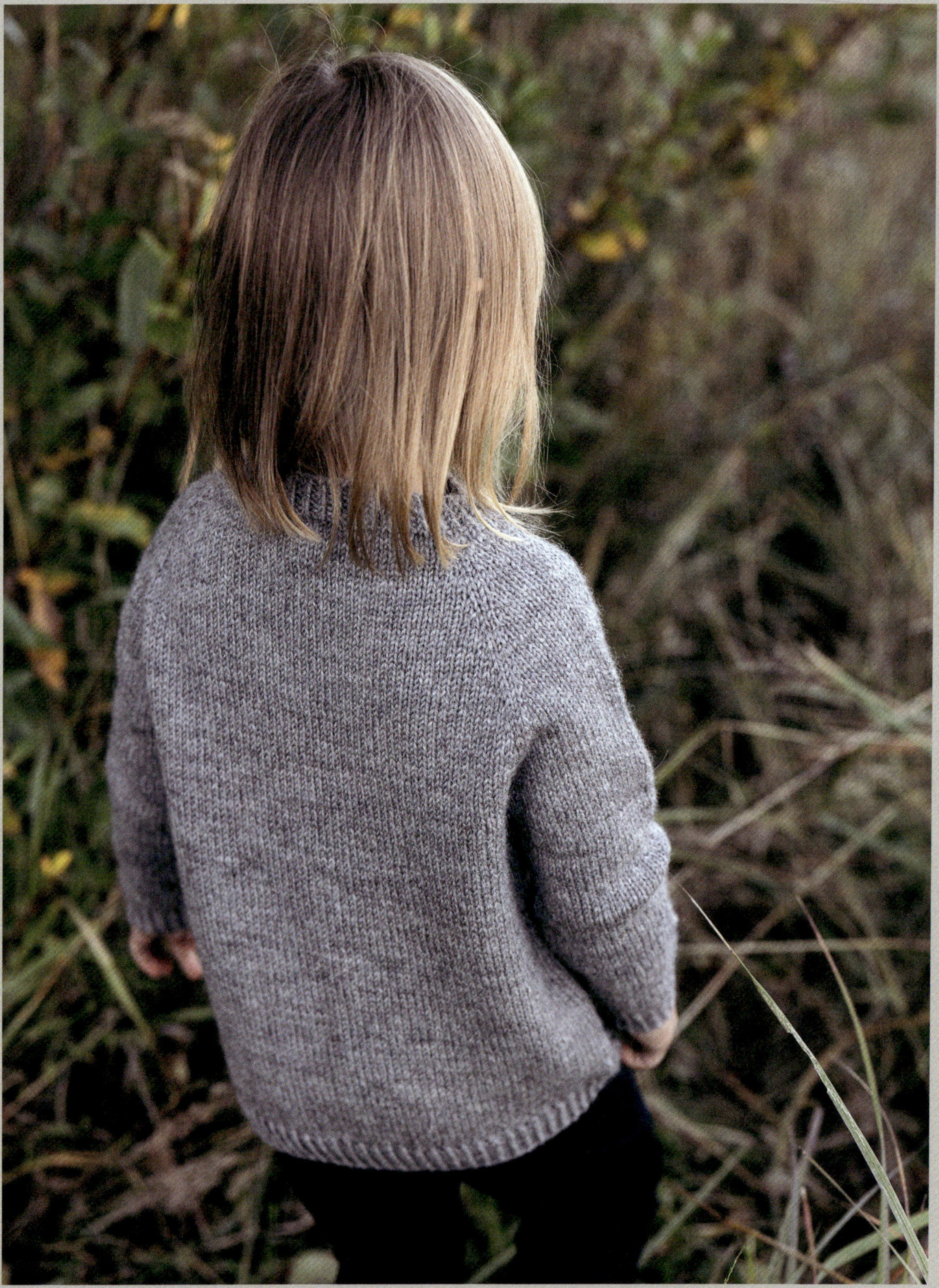

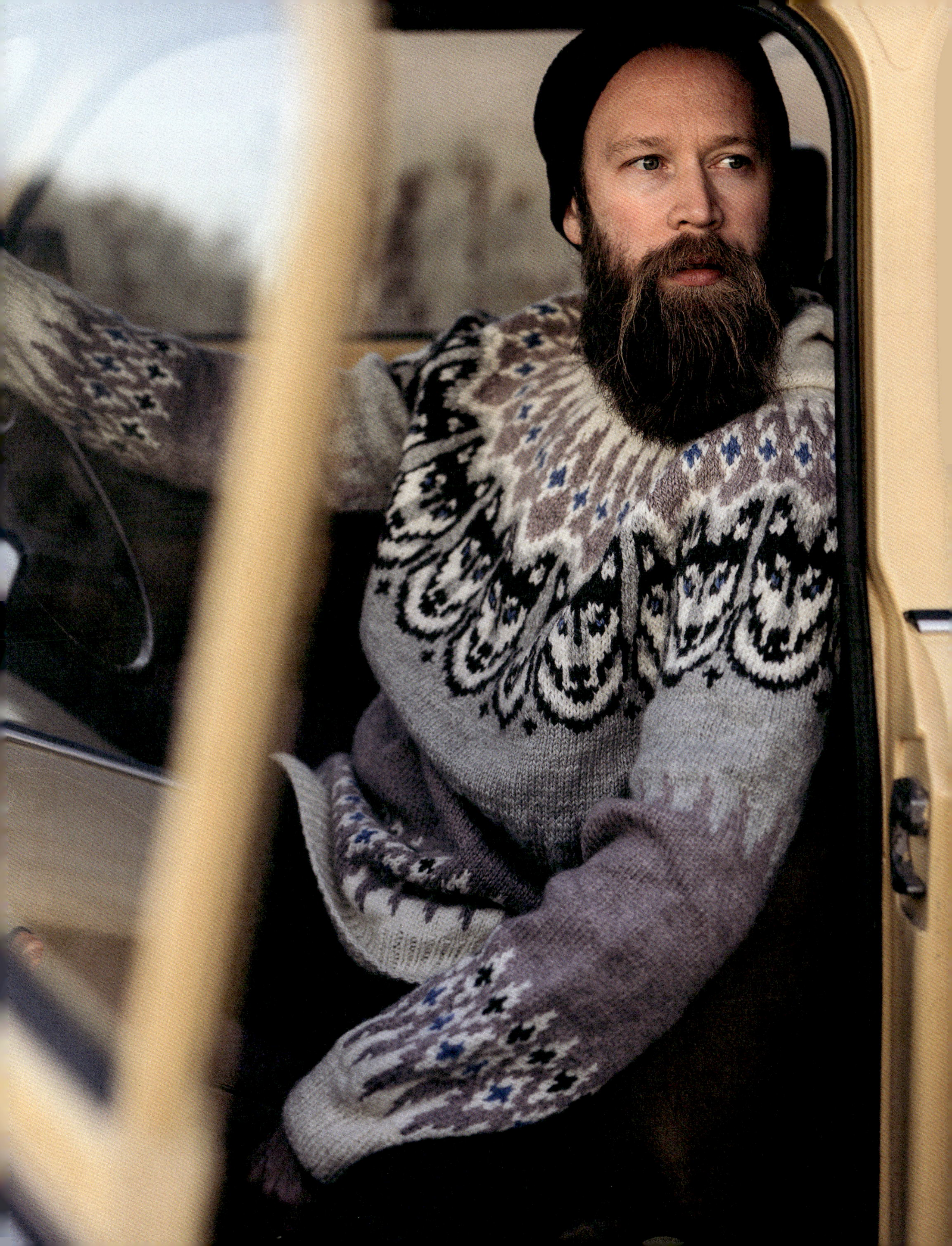

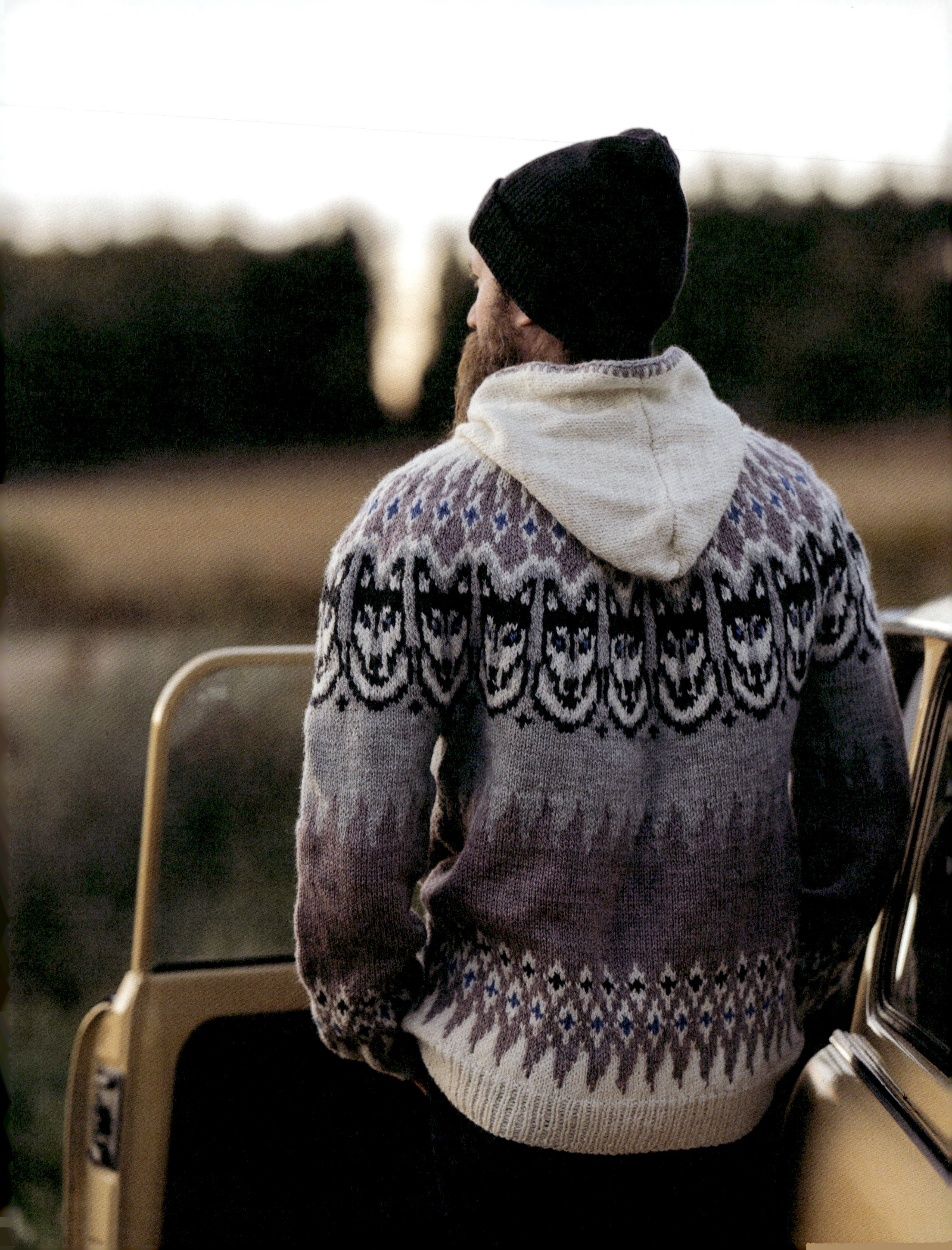

«

Oben auf dem Fjell ist es windig. Ein Rudel (finnisch: lauma) Wölfe ist unterwegs, dem schneidenden Wind ausweichend, und bleibt manchmal stehen, um sich umzusehen. Der Schnee reflektiert die Blautöne des Frühlingshimmels in den Augen der Wölfe. Die Wölfe bleiben nicht lange an einer Stelle. Instinkte und Gewohnheiten führen sie weiter, so sicher, wie die Polarnacht endet und im Herbst wieder beginnt.

Lauma

DESIGNERIN: KATJA MAKKONEN

Lauma

UNSER MODELL TRÄGT GRÖSSE M

Größen: XS (S, M, L)
Empfohlene Bequemlichkeitszugabe: 10 cm

Maße der fertigen Arbeit:
Brustumfang: 91,5 (97, 105,5, 114,5) cm
Rumpflänge (Achsel bis Bündchen): 39 (40, 41, 42) cm
Gesamtlänge (Kragen bis Bündchen):
58,5 (59,5, 60,5, 61,5) cm
Ärmelumfang Oberarm: 28,5 (31,5, 34,5, 34,5) cm
Umfang Ärmelbündchen: 23 (25, 26,5, 26,5) cm
Innere Ärmellänge (Achsel bis Bündchen):
45 (46, 47, 48) cm

Garn: Taito Pirkanmaan: paksu Pirkka-lanka (= dickes Pirkka-Garn) (100 % Wolle; 175 m / 100 g) oder ein anderes Garn mit entsprechender Lauflänge
GF: 101 Luonnonvalkoinen (Naturweiß), 2 (3, 3, 3) Stränge oder 335 (385, 440, 490) m
MF1: 321 Kelo (Roségrau), 3 (3, 3, 4) Stränge oder 455 (490, 525, 560) m
MF2: 401 Tuhka (Aschgrau), 3 (3, 3, 3) Stränge oder 370 (405, 440, 475) m
MF3: 119 Musta (Schwarz), 1 (1, 1, 2) Stränge oder 140 (160, 175, 195) m
MF4: 207 Kuningas (Königsblau), 1 (1, 1, 1) Strang oder 70 (90, 105, 125) m

Nadeln: Rundstricknadeln Nr. 3 und Nr. 4, 80 cm lang, Nadelspiele Nr. 3 und Nr. 4 (oder Rundstricknadeln Nr. 3 und Nr. 4, 20 cm lang)

Sonstiges: Maschenmarkierer, Hilfsfaden oder Maschenhalter, Kordel für die Kapuze, Wollnadel

Maschenprobe: 21 M und 29 Rd = 10 cm × 10 cm glatt rechts mit Nd Nr. 4, ungespannt

Achtung! *Die Maschenprobe auch in Bezug auf das Muster überprüfen und falls notwendig die Nadelstärke wechseln.*

Das Modell wird ohne Nähte von unten nach oben gestrickt. Bei allen Motiven werden mehrere Farben in derselben Runde benötigt. Allerdings gibt es mehrere Stellen, die man nachträglich im Maschenstich aufsticken kann, zum Beispiel die blauen und schwarzen Maschen im unteren Musterstreifen, die blauen Maschen auf der Passe und die Augen der Wölfe.

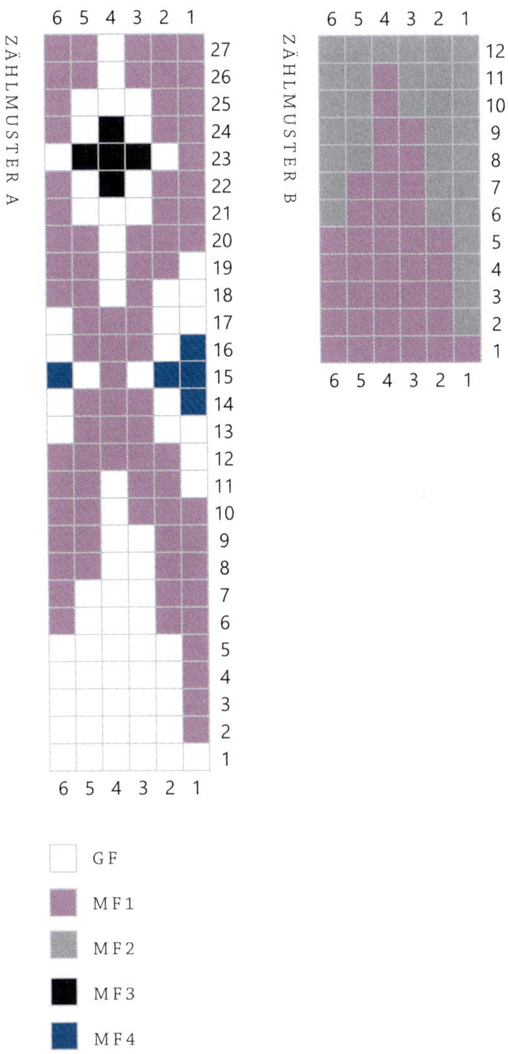

RUMPF

192 (200, 220, 240) M in der GF auf der langen Rundstricknadel Nr. 3 anschlagen. Zur Runde schließen und einen MM am Rundenanfang setzen. 6 cm im 1/1-Rippenmuster (1 M re, 1 M li im Wechsel) arb. Zu Rundstricknadel Nr. 4 wechseln. 1 Rd re M str, dabei gleichmäßig verteilt 0 (4, 2, 0) M zun. Auf der Nadel liegen jetzt 192 (204, 222, 240) M.
Gemäß Zählmuster A arb. Der Rapport wiederholt sich 32 (34, 37, 40)× pro Rd. Wenn alle 27 Rd des Zählmusters gestrickt sind, die GF, MF3 und MF4 trennen.
Mit MF1 glatt re fortf, bis die Arb ca. 28 (29, 30, 31) cm misst. Zählmuster B str. Danach mit MF2 glatt re fortf, bis die Arb 39 (40, 41, 42) cm misst.
Nach der Hälfte aller M einen weiteren MM setzen und beidseitig der MM jeweils 4 M auf einen Maschenhalter oder Hilfsfaden heben = 8 M pro Ärmelloch stillgelegt.

ÄRMEL

48 (52, 56, 56) M in der GF auf dem Nadelspiel (oder der kurzen Rundstricknadel) Nr. 3 anschlagen. Zur Runde schließen und einen MM am Rundenanfang setzen. 6 cm im 1/1-Rippenmuster (1 M re, 1 M li im Wechsel) arb. Zum Nadelspiel Nr. 4 (oder der kurzen Rundstricknadel Nr. 4) wechseln. 1 Rd re M str, dabei gleichmäßig verteilt 12 (14, 16, 16) M zun. Auf der Nadel liegen jetzt 60 (66, 72, 72) M.
Gemäß Zählmuster A arb. Der Rapport wiederholt sich 10 (11, 12, 12)× pro Rd. Wenn alle 27 Rd des Zählmusters gestrickt sind, die GF, MF3 und MF4 trennen.
Mit MF1 glatt re fortf, bis der Ärmel ca. 28 (29, 30, 31) cm misst. Zählmuster B str. Danach mit MF2 glatt re fortf, bis der Ärmel 45 (46, 47, 48) cm misst. Beidseitig des MM 4 M auf einen Maschenhalter oder Hilfsfaden heben; es sind also 8 M für jedes Ärmelloch stillgelegt.

Den Ärmel beiseitelegen und den zweiten Ärmel ebenso str.

PASSE

Jetzt werden Rumpf und Ärmel vereint: Mit MF2 und der langen Rundstricknadel Nr. 4 für den ersten Ärmel 52 (58, 64, 64) M re, das Vorderteil 92 (98, 107, 116) M re, den zweiten Ärmel 52 (58, 64, 64) M re und das Rückenteil 92 (98, 107, 116) M re str, MM setzen. Der Rundenübergang befindet sich zwischen dem linken Ärmel und dem Rückenteil. Auf der Nadel liegen 288 (312, 342, 360) M.
1 Rd re M str, dabei gleichmäßig verteilt 0 (8, 6, 8) M zunehmen. Auf der Nadel liegen jetzt 288 (304, 336, 352) M.
Nun gemäß Zählmuster C arb, dabei wie dort angegeben abnehmen. Der Rapport wiederholt sich 18 (19, 21, 22)× pro Rd. Wenn alle 55 Rd des Zählmusters gestrickt sind, liegen noch 72 (76, 84, 88) M auf der Nadel.

KAPUZE

Die vordere Mitte der Passe ermitteln und bis dorthin in der GF alle M re str. Die rückwärtige Mitte der Passe ermitteln und mit einem MM markieren. Die Kapuze wird glatt re in R gestrickt (in der Hin-R re M und in der Rück-R li M).
1. R (Rück-R): 3 M anschl, li M bis zum MM str, MM abh, li M bis R-Ende str.
2. R (Hin-R): 3 M anschl, re M bis 1 M vor dem MM str, 1 M zun/re, 1 M re, MM abh, 1 M re, 1 M zun/li, re M bis R-Ende str.
3. R (Rück-R): li M str.
Die 2. und 3. R noch 8 (8, 9, 9)× wdh.
Danach glatt re ohne Zun str, bis die Kapuze ab Nacken 32 (33, 34, 35) cm lang ist.
Nächste R (Hin-R): re M bis 3 M vor dem MM str, 2 M re zus, 1 M re, MM abh, 1 M re, 2 M re ab/zusstr, re M bis R-Ende str.
Nächste R (Rück-R): li M str.
Diese beiden R noch 2× wdh.
Alle M abketten. Die obere Naht der Kapuze im Matratzenstich schließen, die Kapuzenkanten an den 3 zu Beginn zugen M nach innen falten und annähen, sodass sich ein Tunnel ergibt. Zur Verzierung die äußere Kapuzenkante mit einem kontrastfarbenen Faden umsticken oder umhäkeln und eine Kordel in den Tunnel einziehen.

FERTIGSTELLUNG

Die stillgelegten M (jeweils am Rumpf und am Ärmel) unter den Achseln im Maschenstich zusammennähen und so die Ärmellöcher schließen. Falls nicht alle Farben beim Stricken mitgeführt wurden, diese Stellen nun im Maschenstich aufsticken, z. B. die Augen der Wölfe. Alle Fadenenden auf der Innenseite der Arbeit vernähen. Die Arbeit mit einem Schuss Essig in lauwarmes Wasser legen, das Wasser in einem Frotteehandtuch ausdrücken, den Pullover in Form ziehen und liegend trocknen lassen.

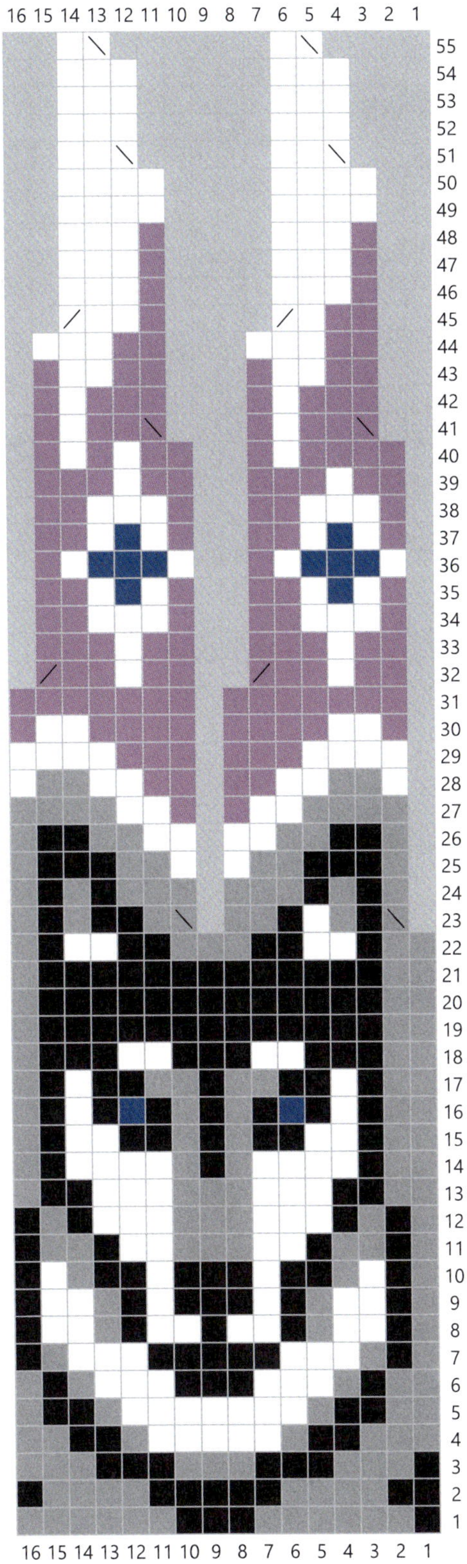

- GF
- MF1
- MF2
- MF3
- KV4
- keine Masche
- ╱ 2 M re zus
- ╲ 2 M re ab/zus-str

Als Stellen zum Besticken bieten sich zum Beispiel die kleinen blauen und schwarzen »Kreuze« sowie die Augen der Wölfe an.

Lento

«

Lento bedeutet Flug und bezieht sich hier auf die Schmetterlinge. Dieser Pullover sprüht nur so vor Jubel, Freude und spielerischer Leichtigkeit. Der Ausdruck lässt sich leicht verändern, wenn man andere Farben wählt. Die einzelnen weißen Maschen in den Schmetterlingen können entweder eingestrickt oder nachträglich aufgestickt werden. Die Spannfäden könnten ansonsten recht lang werden. Der Pullover wird von oben nach unten in Runden gestrickt.

DESIGNERIN: NIINA LAITINEN

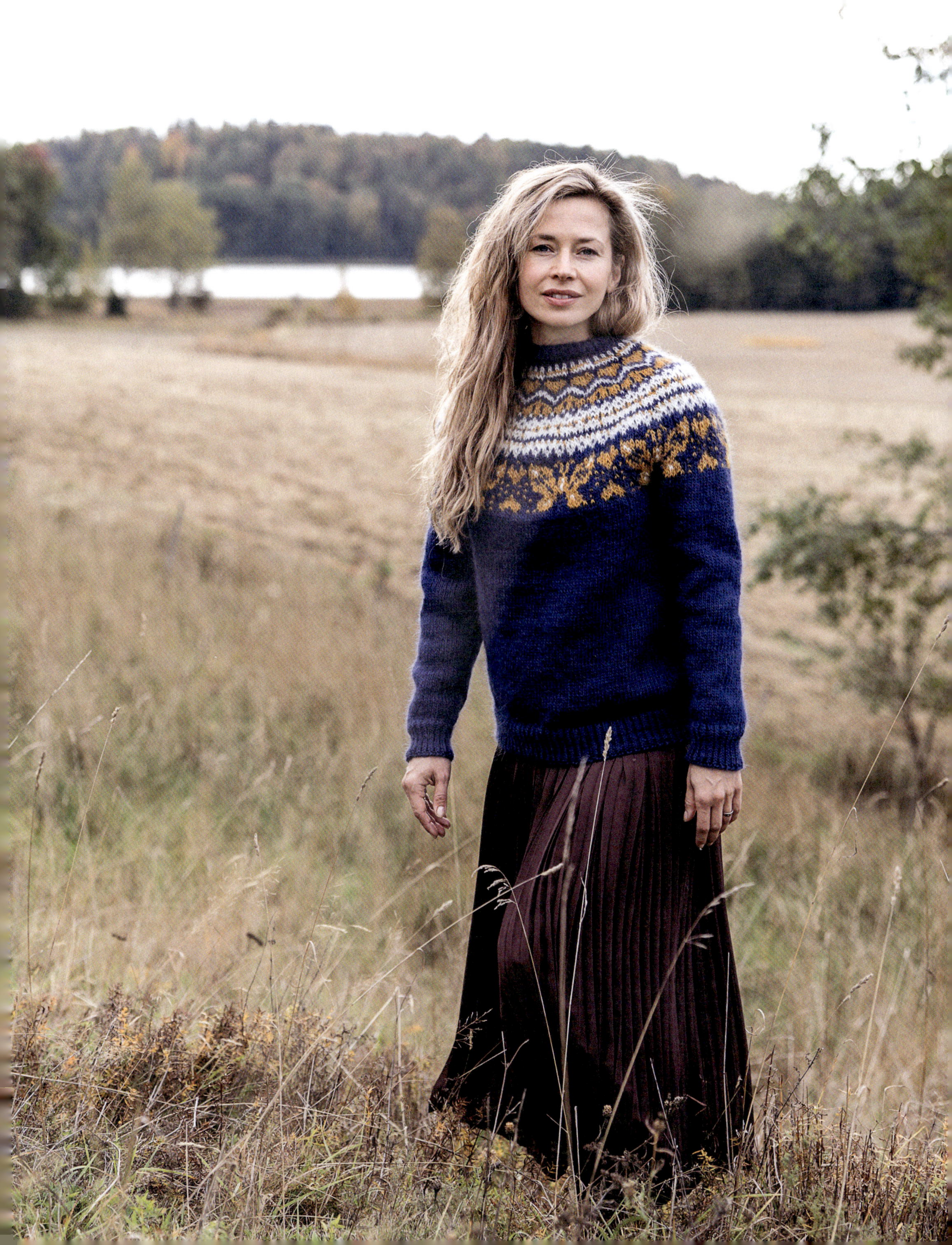

Lento

UNSER MODELL TRÄGT GRÖSSE S

Größen: S (M, L, XL)
Empfohlene Bequemlichkeitszugabe: 3–5 cm

Maße der fertigen Arbeit:
Brustumfang: 95,5 (104,5, 112, 120) cm
Rumpflänge (Achsel bis Bündchen): 39 (39, 40, 41) cm
Gesamtlänge (Kragen bis Bündchen): 63,5 (63,5, 64,5, 66) cm
Ärmelumfang Oberarm: 34,5 (35,5, 38, 40) cm
Umfang Ärmelbündchen: 23,5 (23,5, 24,5, 25,5) cm
Innere Ärmellänge (Achsel bis Bündchen): 48 (49, 50, 50) cm

Garn: Novita Icelandic Wool (100 % Wolle; 90 m / 50 g) oder ein anderes Garn mit entsprechender Lauflänge
GF: 164 Mustikka (Heidelbeere), 8 (9, 10, 11) Knäuel oder 720 (810, 900, 990) m
MF1: 638 Seitikki (Schleierling; Orangeton), 3 (3, 4, 4) Knäuel oder 270 (270, 360, 360) m
MF2: 010 Luonnonvalkoinen (Naturweiß), 2 (2, 3, 3) Knäuel oder 180 (180, 270, 270) m

Nadeln: Rundstricknadeln Nr. 4 und 4,5, 40 und 80 cm lang
Nadelspiele Nr. 4 und 4,5

Sonstiges: Maschenmarkierer, Hilfsfaden oder Maschenhalter, Wollnadel

Maschenprobe: 18 M und 24 Rd = 10 cm × 10 cm glatt rechts, leicht gespannt

Achtung! *Die Maschenprobe auch in Bezug auf das Muster überprüfen und falls notwendig die Nadelstärke wechseln.*

PASSE

82 (84, 86, 88) M in der GF mit der kürzeren Rundstricknadel Nr. 4 anschlagen. Zur Runde schließen und einen MM am Rundenanfang setzen. *Tipp! Im Laufe der Zun zur längeren Rundstricknadel wechseln, sobald die kürzere zu voll wird.*

Für das Bündchen 3 cm im 1/1-Rippenmuster (1 M re, 1 M li im Wechsel) arb. Zu Rundstricknadel Nr. 4,5 wechseln und 3 Rd re M str, gleichzeitig in der 1. Rd gleichmäßig verteilt 14 (18, 22, 26) M zun = 96 (102, 108, 114) M.

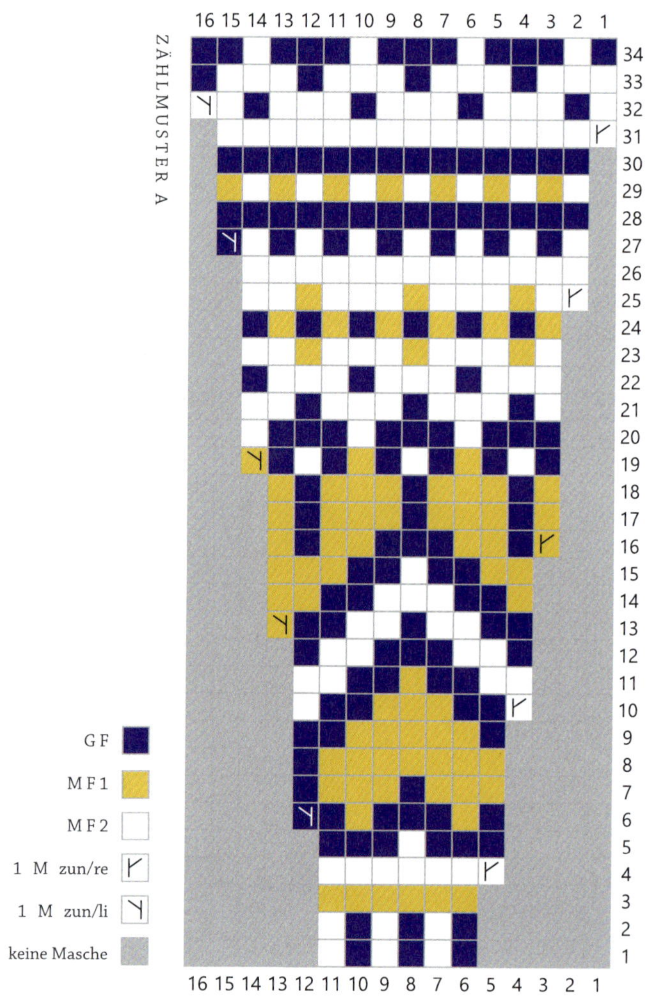

Von Zählmuster A die 1. Rd arb. Der Rapport von 6 M wiederholt sich 16 (17, 18, 19)× pro Rd.

Alle Rd des Zählmusters str, dabei zun wie eingezeichnet. Nach dem Zählmuster liegen 256 (272, 288, 304) M auf der Nadel.

Gemäß Zählmuster B für die gewählte Größe fortf.

Achtung! Für Größe M in der 1. Rd 2 M abn (= 270 M), für Größe XL gleichmäßig verteilt 4 M abn (= 300 M).

Wenn Zählmuster B fertig gestrickt ist, mit der GF glatt re fortfahren und in der 2. Rd 0 (2, 2, 8) M zun. Auf der Nadel liegen jetzt 256 (272, 290, 308) M.

ZÄHLMUSTER B, GRÖSSEN S UND L

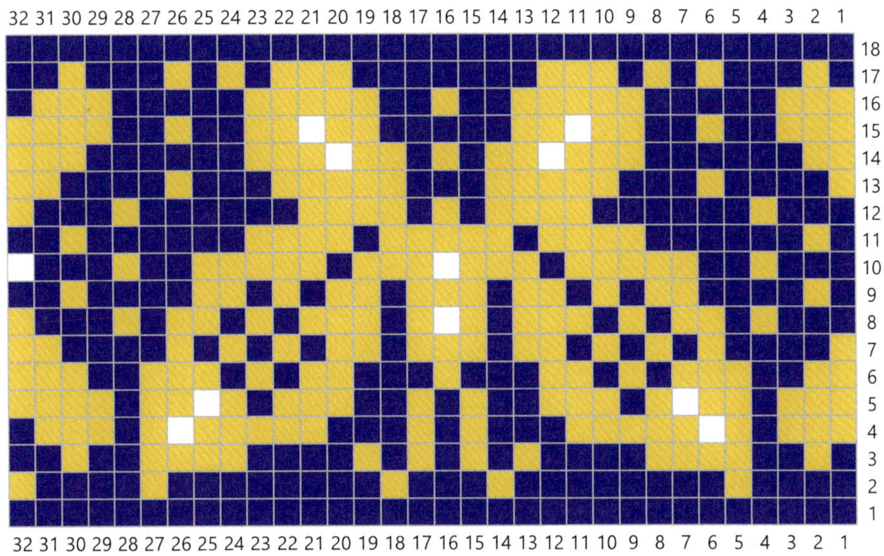

ZÄHLMUSTER B, GRÖSSEN M UND XL

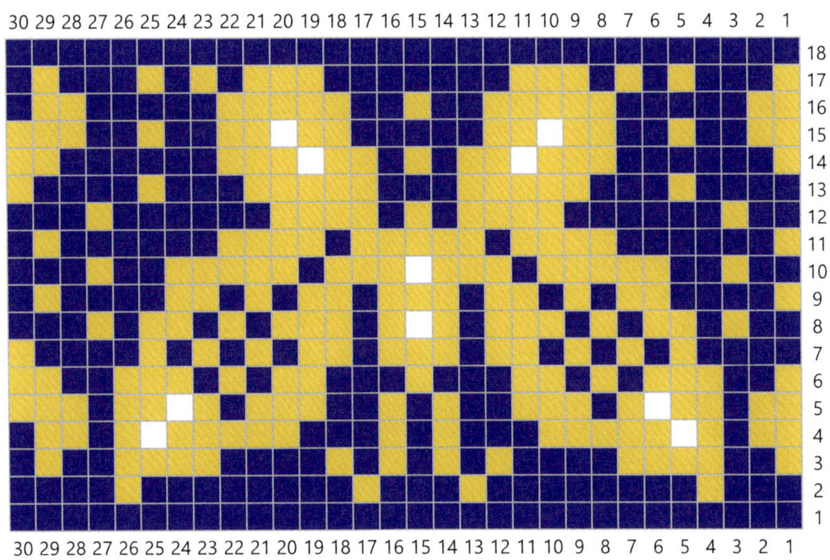

Die Passe sollte ab Halsbündchen 21,5 (21,5, 21,5, 22) cm messen. Falls erforderlich, weitere Rd glatt re str.

Die M in vier Bereiche aufteilen: Für das Rückenteil 76 (83, 89, 95) M re str, 52 (53, 56, 59) Ärmel-M auf einem Hilfsfaden oder einem Maschenhalter stilllegen, für das Ärmelloch 10 (11, 12, 13) neue M anschlagen, für das Vorderteil 76 (83, 89, 95) M re str, 52 (53, 56, 59) Ärmel-M auf einem Hilfsfaden oder einem Maschenhalter stilllegen und für das zweite Ärmelloch 10 (11, 12, 13) neue M anschlagen. Auf der Nadel liegen jetzt 172 (188, 202, 216) M.

RUMPF

Mit der GF glatt re fortf, bis der Rumpf ab Achsel 33 (33, 34, 35) cm misst.

Zu Rundstricknadel Nr. 4 wechseln und 6 cm im 1/1-Rippenmuster (1 M re verschr, 1 M li im Wechsel) arb. Die M elastisch abketten, wie sie erscheinen.

ÄRMEL

Die Ärmel in der GF glatt re in Rd str. Dafür das Nadelspiel verwenden oder mit den langen Rundstricknadeln und Magic Loop arb. Die stillgelegten 52 (53, 56, 59) Ärmel-M auf Nd Nr. 4,5 heben und re str. Aus den angeschlagenen Rumpf-M für das Ärmelloch 10 (11, 12, 13) M herausstr. Auf der Nadel liegen jetzt 62 (64, 68, 72) M. Weiter glatt re in Rd arb. Der Rundenanfang liegt in der Mitte der herausgestrickten M; dort einen MM setzen.

2 cm glatt re str, dann mit den Abn beginnen: 2 M re, 2 M re zus, re M bis 4 M vor Rundenanfang str, 2 M re abh/zus-str, 2 M re. Die Abn im Abstand von 3,5 (3,5, 3, 2,5) cm insg. 10 (11, 12, 13)× wdh. Auf der Nadel liegen jetzt noch 42 (42, 44, 46) M.

Glatt re in Rd weiterstr, bis der Ärmel ab Achsel 42 (43, 44, 44) cm lang ist. Zum Nadelspiel Nr. 4 wechseln und 6 cm im 1/1-Rippenmuster (1 M re verschr, 1 M li im Wechsel) arb.

Die M elastisch abketten, wie sie erscheinen.

Den zweiten Ärmel ebenso arb.

FERTIGSTELLUNG

Alle Fadenenden vernähen. Den Pullover von links leicht dämpfen und liegend trocknen lassen.

Der Tanz der Schmetterlinge entführt Sie mitten in die finnische Wiesenlandschaft, fernab von Alltagssorgen und Stress.

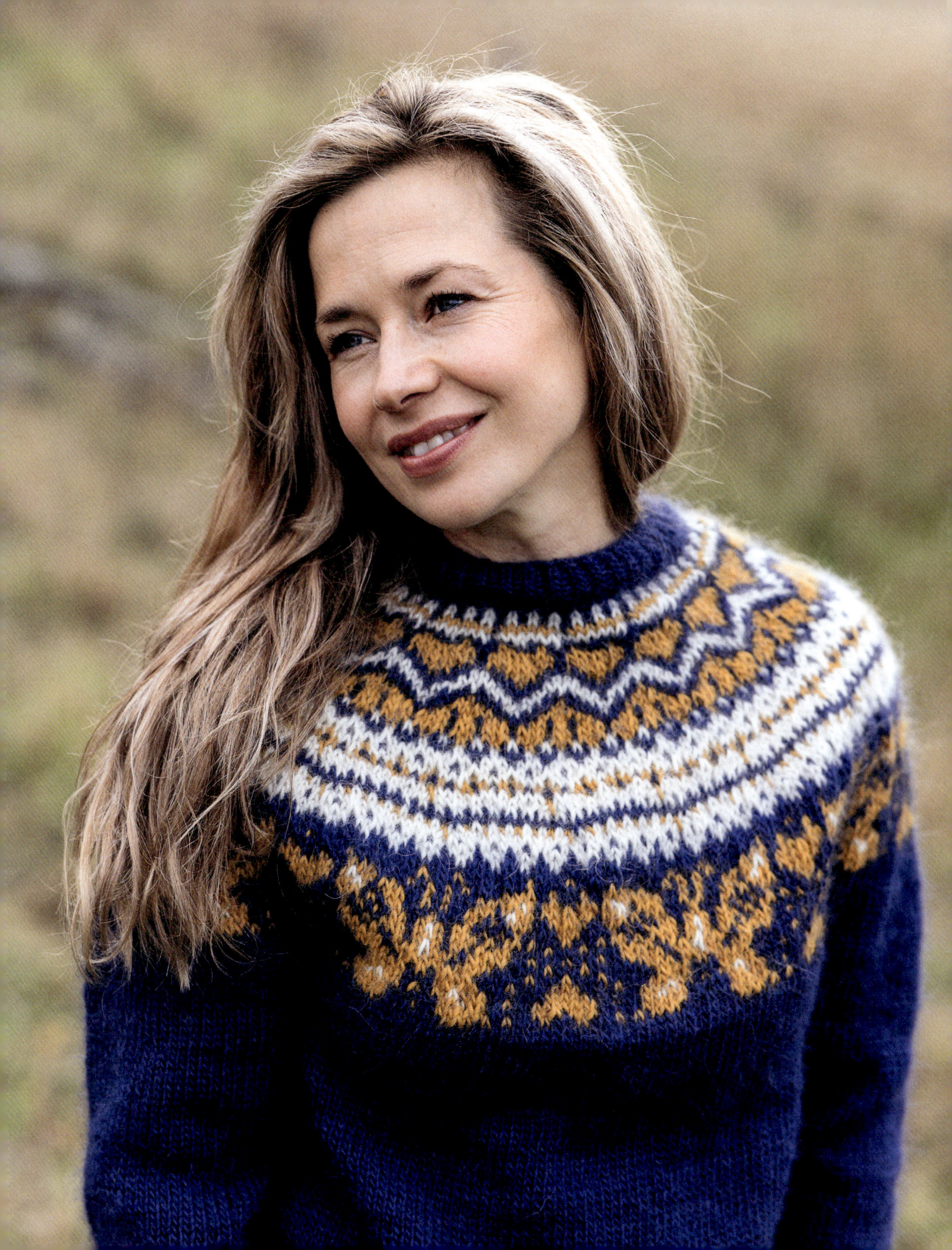

Designerinnen

PIRJO IIVONEN

Unelmien silmukat – haaveista sukiksi (2015)
Unelmien huivit (2017)
Suuri suomalainen toivesukkakirja – miesten sukat (2018)
Unelmien neuleasusteet (2018)
Jämälankasukat – Neulo keränloput ihaniksi sukiksi! (2019)
Suuri suomalainen toivesukkakirja – lasten sukat (2019)
Suuri suomalainen toivesukkakirja – pitkät sukat (2020)
Unelmien talvineuleet (2021)
Suuri suomalainen toivesukkakirja – sukat kaikilla mausteilla (2021)
Muumit Onnelliset villasukat – Aakkosmatka Muumilaaksoon (2021)
Minun islantilaisneuleeni (2021) = Isländisch stricken (2022)

UNELMIEN SILMUKAT
UNELMIENSILMUKAT
RAVELRY SINIUSVAN

ANNIKA KONTTANIEMI

Minun islantilaisneuleeni (2021) = Isländisch stricken (2022)

ANNIKA_KONTTANIEMI
RAVELRY AKONTTANIEMI
YOUTUBE ANNIKA KONTTANIEMI

KATJA MAKKONEN

Kaarrokeneuleita kettujen saaresta (2022)

KATJAMAKKONEN.WEBNODE.FI
SUKKANEUVOS
SUKKANEUVOS

NIINA LAITINEN

Villasukkien vuosi (2018) = Finnische Socken stricken für jede Jahreszeit (2020)
Suuri suomalainen toivesukkakirja – miesten sukat (2018)
Kaikkien aikojen villasukat – 90-vuotiaan Novitan juhlakirja (2018)
Satumaiset silmukat (2019)
Suuri suomalainen toivesukkakirja – lasten sukat (2019)
Suuri suomalainen toivesukkakirja – pitkät sukat (2020)
Suuri suomalainen toivesukkakirja – sukat kaikilla mausteilla (2021)
Villasukkien uusi vuosi (2020) = Scandi-Socken stricken (2021)
Lempivillasukkia (2021) = Finnische Socken stricken. Eine Liebesgeschichte (2022)
Villasukkien valtakunta (2021) = Neue Scandi-Socken stricken (2023)
Minun islantilaisneuleeni (2021) = Isländisch stricken (2022)
Siskoni mun (2022)
Villasukkatarha (2023)

NIINALAITINENDESIGNS.COM
NIINA LAITINEN DESIGNS
-**GRUPPE:** TAIMITARHA
NIINALAITINENDESIGNS_

SOILE PYHÄNNISKA

Minun islantilaisneuleeni (2021) = Isländisch stricken (2022)

S.PYHANNISKA

MERJA OJANPERÄ
Kauneimmat villasukat (2016)
Näyttävimmät villasukat (2017)
Sydämellinen sukkakirja (2018)
Suuri suomalainen toivesukkakirja – miesten sukat (2018)
Kauneimmat neuleet (2019)
Suuri suomalainen toivesukkakirja – lasten sukat (2019)
Neuleita vauvalle (2019)
Rakkaudesta villasukkiin (2020)
Pitsisukkien taikaa (2021)
= Zauberhafte Lace-Socken (2023)
Minun islantilaisneuleeni (2021)
= Isländisch stricken (2022)
MERJADESIGN.COM
HYVATSILMUKAT
MERJAOJANPERA

MARJUKKA VUORISALO
Synkät kuteet (2014)
Suuri suomalainen toivesukkakirja – miesten sukat (2018)
Suuri suomalainen toivesukkakirja – lasten sukat (2019)
Suuri suomalainen toivesukkakirja – pitkät sukat (2020)
Joka koiran neulekirja (2021)
Suuri suomalainen toivesukkakirja – sukat kaikilla mausteilla (2021)
MAVUORIS.PORTFOLIOBOX.NET
RISAINERI
RAVELRY MAVUORIS

ANNA-KAROLIINA TETRI
Luonnonvärjäys (2008)
Huovutus (2011)
Sienivärjäys (2013)
Huovutetut lapaset (2013)
Perinteiset lapaset (2014)
Perinteiset villasukat (2015)
Tekstiilivärjäys (2016)
Suuri suomalainen toivesukkakirja – miesten sukat (2018)
Perinteiset neule- ja virkkuutyöt (2018)
Suuri suomalainen toivesukkakirja – lasten sukat (2019)
Perinteiset villasukat 2 – Suurmiesten, -naisten ja kansalaisten sukkia (2019)
Suuri suomalainen toivesukkakirja – pitkät sukat (2020)
Värjää ja neulo (2021)
Suuri suomalainen toivesukkakirja – sukat kaikilla mausteilla (2021)
Minun islantilaisneuleeni (2021)
= Isländisch stricken (2022)
TETRIDESIGN.COM
TETRI DESIGN
ANNAKAROLIINATETRI

MINTTU WIKBERG
Suuri suomalainen toivesukkakirja – sukat kaikilla mausteilla (2021)
Minun islantilaisneuleeni (2021)
= Isländisch stricken (2022)
Muumit Onnelliset villasukat – Aakkosmatka Muumilaaksoon (2021)
Klassikkokuosit neuleina (2022)
PAWLYMADE.COM
PAWLYMADE
RAVELRY PAWLYMADE

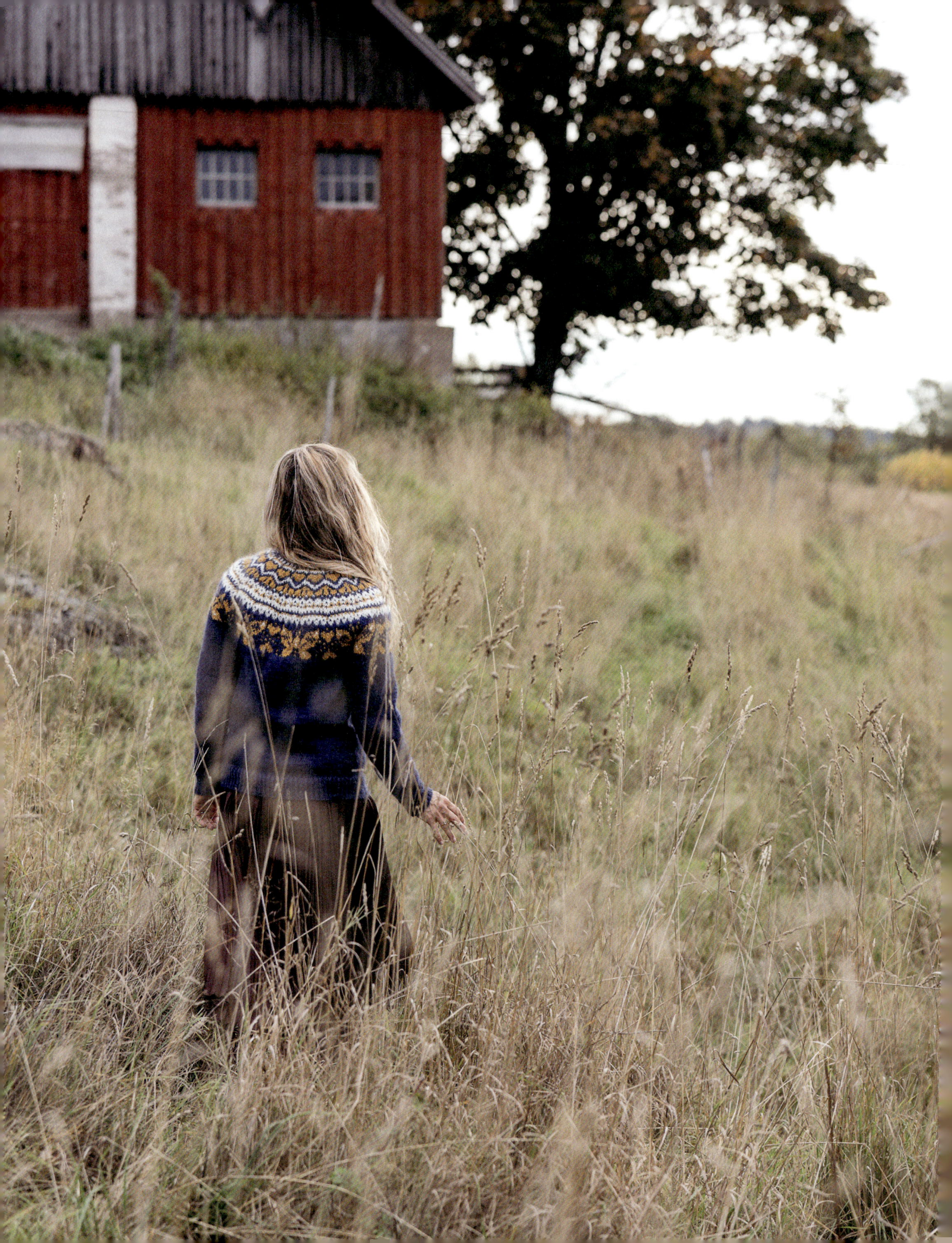